조선시대의 중앙과 지방

국립제주박물관 문화총서 **3**

조선시대의 중앙과 지방

국립제주박물관 편

서 경

국립제주박물관 문화총서 제3권
『조선시대의 중앙과 지방』을 발간하며

국립제주박물관은 한국과 제주의 전통문화를 폭넓게 이해할 수 있도록 매년 [박물관 문화강좌]를 개최하고 있습니다. 또한 강좌를 맡은 각 분야 전문연구자들의 강의 원고를 모아『문화총서』를 발간하고 있습니다. 이번에 발간되는『국립제주박물관 문화총서』3권은 "조선시대의 중앙과 지방"을 주제로 하여 조선시대의 문화를 이해하는 새로운 시각을 제공하고자 합니다.

이번에 발간되는『조선시대의 중앙과 지방』은 왕과 궁궐의 제도에서부터 민초들의 판소리에 이르기까지 최고위 통치자와 서민층의 제도와 풍속을 담았습니다. 책의 내용은 조선의 성립과 통치구조, 군사와 대외관계, 사회와 경제생활, 문화와 사상으로 구성되어 있습니다. 조선이라는 시간과 공간에서 다양하게 펼쳐

지는 선조들의 생활상을 통해 그 시대를 입체적으로 이해할 수
있는 기회가 되기를 기대합니다.

　『한국문화와 제주』, 『한국인의 사상과 예술』에 이어 세 번째로
발간되는 본 문화총서가 우리나라와 제주의 문화를 이해하는 밑
거름이 되기를 바랍니다. 공사다망한 중에도 원고를 집필해주신
선생님들과 출판을 맡아주신 서경문화사에 감사드리며, 계속 발
간될 『국립제주박물관문화총서』에 여러분의 많은 관심과 질정
을 부탁드립니다.

2004년 여름
국립제주박물관장　구 일 회

목 차

조선건국과 새로운 정치제도 형성

오종록 성신여대

조선건국과 새로운 정치제도 형성

I. 들어가며

흔히 새 술은 새 부대에 담는다고들 말한다. 그런데 조선이 건국한 직후에는 고려 말엽의 정치제도를 그대로 사용하였다. 국호 즉 나라의 이름마저도 몇 달 동안은 전 왕조의 것 그대로 고려라고 하였다. 그렇지만 정치제도의 바탕이 된다고 할 수 있는 경제제도, 그 가운데서도 가장 중요한 토지제도는 정작 조선이 건국되기 전에 이미 개혁되어, 과전법科田法이라는 이름으로 시행되고 있었다. 따라서 겉모양은 고려의 옛 제도 그대로일지언정, 실제 운영되는 내용은 이미 고려 때와는 달랐다.

조선이 제도적인 틀까지도 조선적인 모양새를 갖추어간 것은 왕위계승을 둘러싼 권력투쟁이 마무리되어 태종이 즉위한 다음부터이다. 조선의 정치제도는 태종 때 전체적인 골격이 갖추어졌다고 해도 지나치지 않다. 이어서 세종 때 제도의 세부 내용을 세련되게 다듬고, 운영 방법도 가다듬었으며, 세조 때 이후 일부 개편을 거쳐 『경국대전經國大典』에 수록되었다. 『경국대전』에 규정된 내용 전반을 경국대전체제라 부르는데, 뒷날 그 내용이 일부 개편되기도 했으나, 큰 틀은 조선 말엽까지 지속되었다.

넓은 의미에서 정치는 국왕을 필두로 한 지배층이 백성들을 통치하는 것까지 포괄한다. 따라서 중앙정부의 지방통치 역시 정치의 한 부분을 이루게 된다. 이와 달리 정치를 좁은 의미로 사용할 때에는 정치세력 즉 지배층 안에서 서로 대립 갈등하는 이해관계를 조절하는 것을 말한다. 그런데 조선 건국 초엽에는 이보다도 국왕과 신료들 사이의 위상의 차이를 어느 정도로 할 것인가를 놓고 대립을 넘어 싸움이 벌어졌고, 싸움의 결과는 결국 왕권 쪽의 승리로 돌아갔다. 이러한 연유로 조선 초엽에는 서로 밀고 당기며 세력관계의 조절을 이루어가는 정치의 모습보다는 국왕과 관료들이 일방적으로 통치하는 모습이 더 두드러졌다. 즉 정치제도라고는 하지만 통치제도의 성격이 강하였던 것이다.

이제 조선이 세워진 뒤 어떤 과정을 거쳐 조선적인 정치제도를 갖추어갔으며, 그 전반적인 구조와 내용은 어떠하였는지 차례로 살피기로 한다.

II. 조선 건국 과정과 그 의미

조선의 건국은 역성혁명易姓革命의 형식을 띤 평화적 왕조교체를 통해 이루어졌다. 그러나 그 이면에는 권문세족權門勢族과 신흥사대부新興士大夫 사이의 치열한 정치적 투쟁이 있었으며, 신흥사대부 안에도 고려왕조에 대한 충절을 지키는 것이 옳은가 아니면 새로운 정치를 펼치기 위해 새 왕조를 세우는 것이 옳은가를 놓고 죽음을 불사하는 싸움이 벌어졌었다. 그리고는 마침내 후자가 승리함으로써 새 왕조가 성립되었다.

고려로부터 조선으로 이행하는 커다란 변혁의 단서는 공민왕(恭愍王, 1351~1384) 때의 반원운동反元運動에서 찾을 수 있다. 원元의 정치적 간섭에서 벗어나 자주성自主性을 회복한 고려는 본격적인 개혁정치를 시도하는 한편, 원에 빼앗긴 영토를 되찾았다. 이어서 홍건적과 왜구 등 연이은 외적의 침입에 대응하여 군사력을 재정비하였다. 이러한 가운데 종래 원과 연결되어 정치적 지배세력으로 군림해 온 권문세족에 대항하여 대부분 향리층鄕吏層의 후예로 새로이 과거를 통해 등장한 신흥사대부가 도전하게 되는 국면이 전개되었고, 잦은 전쟁 속에 군사력을 지닌 무장武將들의 정치적 지위가 점차 높아지게 되었다.

우왕(禑王, 1384~1388) 때에는 중국대륙에서 원에 대신해 대두한 명明과의 외교관계가 난항을 거듭하였다. 여기에 더해 왜구의 침입이 격화되고, 정치 기강의 문란으로 민생은 도탄에 빠지게 되었다. 이러한 사정은 극심한 정치적 사회적 혼란과 갈등을 유발시켰고, 결국 신흥 무장인 이성계李成桂의 위화도 회군을 계기로 커다란 국면 전환이 이루어졌다. 구세력 사이의 정치권력 다툼 끝에 비교적 건전한 성향을 지닌 것으로 파악되는 최영崔瑩이 권력을 장악하였으나 곧바로 이성계 세력에 의해 거세되고, 우왕이 쫓겨남으로써 고려의 정치질서가 새롭게 재편성되었던 것이다.

정도전鄭道傳, 조준趙浚, 윤소종尹紹宗 등 신흥사대부 세력은 이성계와 굳게 결속하고 새로이 개혁운동을 벌였다. 그들은 도탄에 빠진 백성을 구하고, 국가재정을 충실히 한다는 명분 아래 전제개혁운동을 강력히 추진하였다. 그 과정에서 창왕(昌王, 1388~1389)이 다시 쫓겨나고 공양왕(恭讓王, 1389~1392)이 이성계 일파의 후원으로 즉위하면서 격렬한 정쟁이 전개되었다. 마침내 이성계 일파가 싸움에서 승리하면서 전제개혁운동 또한 과전법科田法의 성립으로 마무리되었으며, 이로써 구세력의 경제기반은 완전히 붕괴되었다. 이성계를 따르는 무장세력과 신흥사대부 세력이 고려 정계를 석권하게 되었다.

그들은 고려왕조의 온존을 주장하는 정몽주鄭夢周 세력을 제거

한 후 도평의사사都評議使司의 추대와 대비大妃의 교지敎旨라는
형식을 빌어 이성계를 왕위에 오르게 했다. 그리하여 고려가 멸
망하고 새 왕조가 개창되는 큰 변혁이 이루어졌다. 그것은 신흥
사대부 세력이 신흥 무장세력과 손잡고 권문세족을 따돌리며 왕
조교체에 성공했음을 뜻하였다.

　새 왕조는 국호를 조선朝鮮으로 정하고, 한양漢陽을 새로운 도
읍지로 삼아 천도를 단행함으로써 면모를 새로이 하였다. 사대
를 표방하며 명明과의 외교관계를 돈독히 하였고, 유교적 정치이

태조(이성계) 어진 : 용모에서 매부리코가 가장 두드러진 특징으로 지적되고 있으나, 정면을
향하고 있어서 잘 드러나지 않는다.

념을 전면에 내세웠다. 표면적으로는 역성혁명으로 인한 체제의 연속성이 드러나고 있지만, 조선은 새로운 정통왕조로서 새 틀을 짜면서 자리를 굳혀 나갔다.

조선의 건국이 지니는 큰 의미는 우선 오랜 동안 축적된 고려 사회의 여러 모순이 해결의 실마리를 찾아내게 되었다는 점에서 살필 수 있다. 고려 말엽의 모순과 혼란은 고려 귀족사회 속에서 배태된 것으로, 무신정권기와 원元 간섭기를 거치며 더욱 가중되어, 공민왕 때 반원운동과 개혁정치를 통해 이를 해결하려고 몸부림쳤음에도 성공하지 못하였었다. 결국 위화도 회군 이후 전제개혁운동을 거쳐 새 왕조가 탄생함으로써, 새로운 정치적 사회적 질서를 구축하고, 나머지 여러 모순도 해결의 실마리를 찾아가기에 이르렀던 것이다.

왕조의 교체를 가져온 이 변혁은 멀리는 12세기부터 전개된 농민항쟁에, 가깝게는 공민왕 때인 14세기 중엽에 본격적으로 대두한 신흥사대부 세력의 활동에 힘입은 결과였다. 이 가운데 신흥사대부는 대부분 지방사회에 토착적 기반을 가진 향리층의 후예로서 성리학에 소양을 갖고 과거를 통해 관직에 나아간 사람들이었다. 신흥사대부는 권문세족과 결탁된 불교를 비판하고 당시 고려사회가 지닌 문제점을 깨달아 그 개혁방향을 제시할 식견을 지니고 있었으며, 이를 바탕으로 공민왕의 개혁정치를 계기로 새로운 세력으로 부상할 수 있었다. 이러한 점에서 조선의 건국은 중요한 역사적 전진을 이룬 사건으로 파악될 수 있다.

Ⅲ. 통치기반과 제도의 정비

새 왕조 조선이 당면한 가장 큰 과제는 통치기반과 제도를 정비하는 일이었다. 고려왕조가 멸망한 까닭을 뒤집어서 생각해 보면, 결국은 지배층의 무분별한 수탈과 외적의 침입으로부터 백성을 보호하지 못한 데 있었다는 것을 알 수 있다. 농장이 발달하다보니 조세를 내는 백성이 크게 줄고 새로 관직에 오른 사람들에게 지급할 토지도 부족하게 되었고, 그 결과 군인들을 먹여 살릴 군량도 댈 수 없어 외적의 침입을 제대로 막아내지 못하고, 또 그나마 조세를 거두어서 운반하는 조운 길도 끊겨 국가 재정은 더욱 궁핍해지는 악순환이 곧 고려 멸망의 원인이었던 것이다.

이 문제를 해결하기 위해서는 잘 짜여진 중앙집권체제가 필요하였다. 그러나 권력의 핵심부에 있던 사람들의 관심은 당장 누가 권력의 주도권을 쥘 것인가에 쏠려 있었다. 정도전은 정치적 식견을 갖춘 재상이 중앙집권체제를 이끌어야 한다는 것을, 조선 건국에 공을 세운 왕자 이방원李芳遠은 왕권과 왕실을 확립하는 것을 제각각 명분으로 삼았다. 태조 때 정도전은 왕의 신임을 받으며 유교적 이상정치를 내걸고 권력의 집중과 체제의 정비를 꾀하였으나 태종 이방원에 의해 숙청되었다. 왕자로서 건국의 유공자임에도 불구하고 권력에서 점차 소외되었던 그는 정변을 일으켜 정권을 장악하였고, 마침내 왕위에 올라 그의 시대를 열었다.

태종은 사병私兵을 혁파하여 병권을 국가에 귀속시켰고, 도평의사사를 의정부로 고쳐 합좌기구合坐機構를 약화시키는 한편, 육조직계제六曹直啓制를 써서 왕이 정치실무를 직접 관장할 수 있게 하였다. 그는 또한 외척세력을 과감히 제거하였고, 공신세력의 견제에도 큰 힘을 기울였다. 10여 년에 걸쳐 전국의 토지를 새로 측량하여 양안(일종의 토지대장)을 만들고 인구를 조사하여 호적을 새로 정리함으로써 국가 통치의 기반도 튼튼하게 다졌다. 이로써 조선의 왕권이 확립되고, 새로운 체제가 골격을 잡을 수 있었다.

　조선은 당초부터 유교정치를 표방하였다. 건국초 정도전은 『조선경국전朝鮮經國典』을 편찬하고, 뒤이어 권근은 권학사목勸學事目을 올려 유교국가의 방향과 유교 교육의 이념을 제시하였다. 태종은 자신이 권력을 장악하는 과정은 유교 덕목에 어긋나는 것이 많았지만, 유교 이념이 중심에 서도록 하는데 큰 공헌을 하였다. 이어서 세종 때에 접어들어 이미 정치적 기초가 다져진 상황에서 유교정치가 크게 진전되었다. 집현전集賢殿이 설치되어 고전古典과 제도의 연구가 이루어지고, 경연經筵을 통해 유교

근정전 : 임진왜란 때 불타 없어지기 전의 근정전은 규모는 현존하는 것과 별 차이가 없으나, 체제는 달랐던 것으로 알려져 있다.

경전의 강론이 행하여짐으로써 유교정치의 이론이 심화되었으며, 실제로 왕도정치의 구현을 위한 여러 가지 시책이 이루어졌다. 그리하여 민생이 안정되고, 국가재정이 충실해졌으며, 문화가 크게 발전할 수 있었다.

세종 때에는 예악禮樂의 정리와 더불어 형벌의 완화와 조세 수취의 경감이 이루어졌다. 특히 공법貢法의 제정은 농민의 전조田租 부담을 줄이면서도 국가재정은 확충시키려는 목적에서 단행된 조치였다. 또한, 빛나는 편찬 제술 사업과 두드러진 과학 기술의 발전이 이루어졌으며, 민족의 고유한 문자로 한글이 창제되었다. 4군 6진의 개척을 통해 조선의 강역을 넓혀 국경을 획정지은 것은 이 시기에 쌓아 올린 또 다른 업적이었다.

유교윤리의 보급이 적극적으로 이루어져 『삼강행실三綱行實』과 『효행록孝行錄』이 간행되었고, 주자가례朱子家禮의 시행이 독려되고 국가의 여러 의례가 오례五禮로 정리되었다. 태종 때 시작된 불교 사원에 대한 정리 작업이 마감되어 모든 종파는 선禪·교敎 양종兩宗으로 개편되고, 많은 토지와 노비가 몰수되었다. 이에 따라 불교는 쇠퇴하고, 유교의 이념이 정치와 사회에 깊숙이 침투되었다. 그리하여 조선은 유교국가로서의 면모를 뚜렷이 하면서 정치를 펼쳐 나갔다.

IV. 『경국대전』의 편찬과 반포

조선의 정치는 문종에 뒤이어 나이어린 단종이 즉위하자 숙부인 수양대군首陽大君이 정변을 일으켜 스스로 왕위에 오르고(세조), 잇따라 사육신死六臣이 순절하는 큰 파란을 겪었다. 세종 때 유교정치의 진전에 따라 집현전을 중심으로 성장한 학자 관료 세력이 유약한 왕권을 압도하게 된 데 대한 왕실의 반발이 정변을 유발시켰던 것이다. 세조는 강력한 왕권을 추구하여 전제적인 통치를 하면서 태종 및 세종 때의 부국강병책을 더 강화하였다. 그 뒤 성종은 위축된 유교정치를 다시 진작시키고, 문물제도의 정비에 힘써 조선의 국가체제가 완비되기에 이르렀다. 경국대전의 반포가 바로 그것을 상징한다.

경국대전이 편찬 반포되기까지는 우여곡절이 많았다. 조선의 첫 공식적 성문成文 법전으로는 태조 때 조준이 위화도 회군 이후의 조례條例를 정리하여 『경제육전經濟六典』을 편찬한 바 있다. 그 후 새로 제정된 여러 법 규정이 쌓임에 따라 태종 때에 『원육전元六典』과 『속육전續六典』 편찬이 이루어지고, 세종 때에는 다시금 『정전正典』 6권이 나오게 되었다. 이처럼 조선의 유교적 이념에 따른 통치의 실제를 규정하는 법전들이 나타났으나, 이것들은 수준이 낮은 조례집에 가까웠다.

이와 같은 점을 지양하여 모든 법령을 전체적으로 조화시켜 새로이 조직적이며 통일적인 법전을 편찬하려는 움직임이 세조 즉위초에 나타났고, 그것이 왕 자신의 관심과 주도에 의해 본격적으로 진행되어 마침내 육전六典이 제정되기에 이르렀다. 그러나 이 뒤에도 법 규정에 많은 손질이 더해진 끝에, 1495년(성종 16년)에 『경국대전經國大典』이 완성판으로 반포되었던 것이다.

『경국대전』은 이吏 · 호戶 · 예禮 · 병兵 · 형刑 · 공工의 6전으로 구분한 위에, 각 전典마다 필요한 항목을 설정하여 조문들을 수록하였는데, 통일적인 체계와 추상화된 조문이 주요 특징이다. 경국대전의 편찬은 우리 고유의 양법良法을 찾아내어 성문화成文化함으로써 중국법中國法의 무제한적인 침투를 막게 해주었다는 데에 큰 의미가 있다. 그러나 무엇보다도 중요한 것은 이를 통하여 조선왕조의 통치규범이 확립되었다는 점이며, 이로부터 조선의 유교정치는 왕을 중심으로 한 전제정치이지만, 그 한편에는 법치주의가 자리 잡고 있었음을 볼 수 있다.

『경국대전』 자체는 법전이지만, 그 성립과 반포는 조선이라는 국가와 사회의 체제가 완벽하게 갖추어졌음을 뜻한다. 역성혁명을 통해 건국한 조선은 왕권의 강화과정을 거쳐 유교정치를 진전시키며 민생의 안정과 문화의 발달을 이룩하였고, 새로운 조정과 변화의 단계를 겪은 끝에 중앙집권적 양반관료국가로 확립되었다. 그 구조와 성격을 함축하여 담은 것이 바로 『경국대전』이었다.

V. 정치조직과 통치체제

조선의 정치제도는 태종 때에 크게 정비되었다. 이 때에 왕권강화와 더불어 통치체제의 개편이 이루어졌으며, 세조를 거쳐 성종 때에 보다 세련되고 관료적 성격을 지니는 조선의 정치조직으로 완비되었다.

정치기구로서는 의정부議政府가 최고위 기관으로 자리잡고 있었고, 6조六曹가 중추적 정무기관으로 중요한 지위를 차지하였다. 국왕과 직접 연결되는 관아를 제외하고는 모든 행정관서과 6조에 소속되도록 재편됨으로써 중앙집권체제의 내용을 갖추었다. 국왕과 직결되는 관서의 대표는 왕명王命의 출납을 맡는 승정원承政院이었다. 이 밖에 감찰기관인 사헌부司憲府, 왕에 대한 간쟁과 봉박을 맡는 사간원司諫院, 문한文翰을 다스려서 왕의 고문顧問에 대비하였던 홍문관弘文館이 언론 3사로 통칭되었다. 또한 왕명에 의한 추국推鞫의 임무를 띠는 의금부義禁府와 최고 군령기관인 오위도총부五衛都摠府 역시 독립된 기구들이었다. 이

밖에 최고 교육기관인 성균관成均館도 중요한 기구였다.

　이와 같은 정치조직은 절대적 권능을 갖는 국왕을 정점으로 하여 편성되어 있었지만, 그 운용의 실제는 복잡하였다. 정책의 결정과 정무의 집행에 가장 중요한 기구였던 의정부와 6조의 기능 및 상호관계는 왕권의 추이와 관련하여 상당한 기복이 있었다. 고려의 도평의사사都評議使司를 계승하는 의정부는 당초 수상인 영의정領議政과 좌左·우의정右議政이 합좌하여 모든 정무를 국왕에게 품달하기에 앞서 최종적으로 재결하는 서사권署事權을 갖고 있었다. 그러나 6조의 지위가 격상되어 그 판서判書들이 정무를 국왕에게 직계直啓하게 됨에 따라 의정부의 권능은 약화되었다. 태종 때에 6조 직계제職啓制가 실시되었다가 세종 중엽에는 의정부 서사제署事制가 부활되었으며, 세조가 즉위하면서부터 다시금 6조 직계제가 시행되었다.

　한편, 삼사三司의 역할도 권력구조상 주목할만한 것이었다. 특히 사헌부와 사간원이 언관言官으로서 탄핵과 간쟁의 활동을 폄으로써 정치권력의 견제와 균형에 지대한 영향을 미쳤다. 젊은 간관諫官들이 유교적 소양과 충군애국忠君愛國의 기백을 바탕으로 전제왕권과 맞설 때에, 일찍부터 특수교육을 받아 유교에 순치된 국왕은 외형상의 절대적 권능에도 불구하고 납간納諫의 도량을 베풀지 않을 수 없는 상황에 이르곤 하였다. 여기에는 정치의 거울로서의 역사歷史와 사관史館·사관史官의 제도가 은연중에 큰 작용을 하였다.

　조선 특유의 정치운용은 경연經筵으로부터 살펴볼 수 있다. 경연은 왕에게 유교경전과 역사서를 매일 진강進講하는 제도인데, 그것을 맡는 기관도 경연이라 하였다. 경연이 발달한 것은 세종 때의 일로서 왕은 열심히 경연에 나아가 학문을 토론함으로써 정치의 유교화에 크게 기여하는 한편, 유학의 발달에도 공헌하

광화문 앞 육조거리(개항기 사진) : 주요 중앙 관서는 모두 이 곳에 결집해 있었다.

였다. 그런데, 성종 때에 이르르면, 경연은 왕을 위한 교육기관으로서뿐만 아니라 정책협의기구로도 기능하게 된다. 일일삼강─日三講의 잦은 경연이 열리는 가운데 특히 조강朝講에는 홍문관을 비롯하여 의정부, 6조, 대간 등 주요 기관의 요직자들이 두루 참여하여 경사經史를 논구하는 한편, 중요한 국정을 광범위하게 논의하였던 것이다. 그러므로 왕의 임석아래 참석자들이 관직에 구애되지 않고 자유롭게 정책을 토론하는 경연정치經筵政治가 이루어질 수 있었다.

이와 같이 조선의 정치기구와 정치운용의 실제는 복잡하고 다양한 측면들을 지니고 있었다. 그러나 그 골격은 왕을 정점으로 하는 정제된 관료조직, 대간제臺諫制에 의한 왕권의 견제, 그리고 합좌와 협의를 통한 정책결정에서 찾을 수 있으며, 그 바탕에는 유교적 정치이념이 깔려 있었다.

조선의 지방통치는 8도체제에 입각한 것이었다. 도道가 차지하는 지방통치상의 중요성이 커지게 되었고, 마침내 태종太宗 때에 경기京畿, 충청忠淸, 경상慶尙, 전라全羅, 황해黃海, 강원江原, 평안平安, 영길(永吉 ; 咸鏡)의 8도가 확정되어 관찰사觀察使가 상주하는 도道의 행정상 지위가 확립되었다. 도의 관찰사는 중앙 조정朝廷의 정령政令을 각급 수령守令들에게 하달하고, 그들을 지휘 감독하면서 조선왕조의 중앙집권체제 확립에 큰 구실을 하였다.

고려후기 이래로 많은 감무監務가 파견되면서 속현屬縣이 정리되고, 향鄕·소所·부곡部曲도 소멸되어 갔거니와, 이러한 경향은 조선의 건국 이후 더욱 박차를 가하여, 세종 때까지는 대부분의 임내任內가 혁파되어 전국 각지는 수령이 파견되는 목牧, 부府, 군郡, 현縣으로 정비되었다. 그리하여 경국대전에는 모두 339개의 각읍各邑이 나타나 있다. 이러한 군현의 정비는 중앙집권력의 강화와 지방 토착세력의 약화를 반영하는 것이기도 하였다.

지방통치의 중심은 수령守令이었다. 그들은 목민관牧民官으로서 소관 지역의 백성을 직접 다스렸으며, 그 임무는 농업의 장려, 인구의 증가, 교육의 진흥, 군사행정의 처결 등 7가지로 규정되었다. 즉 수령의 임무는 인적人的 물적物的 자원을 풍부하게 하고 이를 잘 파악하여 중앙에 올려보냄으로써 중앙집권체제가 원활히 가동되도록 하는 것이었다.

수령의 밑에서 지방행정을 실제로 관장하는 것은 향리鄕吏들이었다. 6방六房으로 나뉘어 직접 대민 접촉을 하는 향리는 그 지방에 토착하면서 세습적으로 향역鄕役을 지는 부류였다. 그러므로 중앙에서 임명을 받아 부임하여 일정 기간(1800일) 근무하게 되는 수령보다는 향리들에 의하여 지방 행정이 좌우되는 경우도 많았다. 이러한 향리들의 작폐에 대비하여 원악향리元惡鄕吏에 대한 엄격한 처벌규정이 마련되어 있었다.

각읍에는 수령과 향리들의 관아官衙와는 별도로 지방 양반兩班

들로 구성된 향청鄕廳이 있었다. 고려 말 이래 지방 사류士類들의
자치단체로 존치해 온 유향소留鄕所가 향청鄕廳으로 개편되어 사
실상 지방통치의 일익을 담당하였다. 수령을 자문 보좌하면서
향리를 견제하는 구실을 하였던 이 기구는 덕망 있는 지방 유지
출신의 좌수座首와 별감別監이 이끌도록 되어 있었다. 그러나 향
청鄕廳은 그 지방의 이해관계와 관련하여 수령과 대립 마찰을 겪
는 경우도 적지 않았다.

조선의 지방통치는 철저한 중앙집권체제에 입각하여 이루어
졌다. 각도의 관찰사가 감영監營을 근거로 하여 예하의 수령을
끊임없이 감찰 독려하면서 그들의 근무를 평가하였으며, 수령은
통치를 받는 관내의 백성들을 철저하게 장악할 수 있었다. 오가
작통법五家作統法이나 호패제號牌制에 의해 백성들을 거주지에
긴박시킴으로써 그들에 대한 지배를 용이하게 만들었다. 관찰사
의 임기는 1년으로 제한되었고, 수령은 그의 고향에 부임할 수

무장객사 : 각 고을의 관아에는 국왕의 권위를 상징하는 전패殿牌가 모셔져 있었는데, 객사에 모셔진
경우가 많았다.

없었는데, 이것은 지방관들이 세력화勢力化하거나, 지방세력과 결탁하는 것을 막기 위해서였다.

조선왕조의 철저한 지방 지배는 역마제驛馬制와 봉수제烽燧制에 의해 뒷받침 받았다. 수도인 한양漢陽을 중심으로 하여 전국 540여개의 역이 거미줄 같은 역로驛路를 이루면서 교통로로서의 구실을 하였는데, 역에는 역마驛馬와 역졸驛卒이 준비되어 공문의 전달, 공무여행자에 대한 마필馬匹의 제공과 숙식의 주선 및 진상을 비롯한 관물官物의 수송을 담당하였다. 한편, 횃불과 연기로 급보를 전하는 통신방법이었던 봉수의 제도는 전국이 다섯 개의 봉수선烽燧線으로 망라되어 최종적으로는 한양의 목멱산(木覓山 ; 南山)의 봉수대에 보고가 와 닿도록 되어 있었다.

VI. 조선초엽 국가의 성격

조선왕조는 흔히 양반관료국가라고 일컬어진다. 특권적인 양반관료에 의해 정치가 주도되는 나라라는 뜻이다. 왕조사회에서 국가를 이처럼 규정할 수 있는 근거는 무엇일까?

우선 조선의 왕은 명분상 절대적 권리를 지니지만, 실제로는 커다란 제약을 받았다. 전통적으로 왕은 하늘을 대신하여 백성을 다스리는 절대적 존재이고, 천하는 모두 왕토王土라고 관념되어왔는데 조선의 경우도 마찬가지라 할 수 있다. 그러나 정치의 실제에서 조선의 왕은 권력을 혼자서 독차지할 수 없었다. 왕은 모든 정무를 재상에게 위임하는 초월적 존재가 되어야 한다는 정치원리가 제기되는가 하면, 합좌제의 발달, 대간의 언론활동이 왕권의 행사를 크게 제약하였다. 물론 태종이나 세조와 같은 강력한 전제권專制權을 행사한 왕들도 있었지만, 대체로 조선의 역대 왕들은 절대적 권위와 권력을 내세우면서도 실제로는 신하인 양반관료와의 조화와 타협을 바탕으로 그 위치를 지켜나갔던 것이다. 조선의 왕은 절대군주와는 거리가 있는 존재였다.

조선은 양반관료제의 발달이 두드러진 특징을 이루는 것으로 설명된다. 조선을 건국한 신흥사대부들은 새로운 지배층으로 관직을 독점하여 양반으로 대두한 후 관계조직과 정치기구를 정비하고, 과거제의 기능을 강화시켰다. 그리하여, 양반층으로서 과거를 통해 진출한 사람들이 관료집단을 형성하고, 정치를 실질적으로 이끌어나가는 지배체제가 형성되었다. 관료집단 가운데에서도 강력한 권한을 지닌 소수의 당상관堂上官들이 두드러진 존재인데, 그들은 때로 왕권과 협조하고, 때로는 왕권과 대립하면서, 지배세력의 중심을 이루었다.

또한 조선 양반관료국가는 강력한 중앙집권체제 아래 운용되었다. 도道를 통해 연결되는 지방 군현郡縣에 대한 중앙 권력의 지배는 철저하였다. 지방 각지에서 거두어진 조세租稅는 중앙으로 이송되었고, 양반관료의 경제기반이 된 과전科田도 경기 지역에 한하여 지급되었다. 그리하여 정치권력과 경제적 부가 중앙에 집중된 상태에서 지방 세력은 약화되고, 지방사회는 위축되지 않을 수 없었다.

그렇다면 조선을 중세 봉건제사회라고 부르는 것은 전혀 잘못된 것일까? 일반적으로 이 규정은 사회경제사를 연구한 학자들에 의해 이루어진 것이나, 그 성격은 정치적으로도 검증될 수 있어야 할 것이다. 여기서 생각해야 할 것이 조선 초엽의 중앙집권체제는 고려 말엽의 내우외환에 대응하는 측면이 강하였다는 점, 아무리 강력한 중앙집권체제가 구축되었다 하더라도 그 한계는 분명히 존재하였다는 점, 여러 계층 가운데서 특히 최고위 계층인 양반의 세습적 성격이 갈수록 심해졌다는 점 등이다. 대단히

강력했던 조선 초엽의 중앙집권체제는 국제정세가 안정을 찾아
가자 차츰 느슨해지고 오히려 각 지역의 양반세력의 분권적 성격
이 강화되는 양상을 나타내게 된다. 또한 제도적으로도 서울의
경재소 관원이 지방의 유향소를 지휘 감독하도록 하는 것의 의미
도 다시 생각해 볼 필요가 있다. 두 번째로 중앙의 권력은 지금처
럼 사회 구성권 개개인에게 미치는 것이 아니라 잘해야 호戸의
대표자인 가부장에게까지만 미쳤고, 보통은 각 고을 내지는 촌락
단위에까지만 행사될 뿐이었다. 조세 수취가 사실상 고을 단위
정액제로 시행되었다는 것이 그것을 뜻한다. 또한 현재의 입법
사법 행정의 3권을 나누어 보는 방식으로 생각해 보면, 형식적으
로는 강력한 중앙집권체제를 갖추었으면서도 실제 내용에서는
권력을 나누어 차지하였음을 알 수 있는데, 이것도 봉건적 성격
의 한 단면이다. 마지막으로 왕권의 전제적 성격이 약화되는 16
세기부터는 신분의 세습성이 더욱 강화된다. 성삼문처럼 무장의
아들이 뛰어난 문신으로 성장하는 일도 거의 없어지고, 문반 가
문과 무반가문이 정해지며, 심지어는 역관 가문, 화원畵員 가문이
등장하는 것이다. 따라서 조선초엽의 제도적인 모습을 보고 조
선국가의 성격을 규정할 경우에는 자칫 중대한 실수를 범할 우려
가 크다고 보아야 하겠다.

왕과 궁궐

홍순민 명지대

왕과 궁궐

I. 왕조의 주인 국왕

　왕조국가 조선에서 국왕은 주권자요 통치자였다. 행정부의 수반, 법의 제정자이자 집행자, 군대의 통수권자, 국가의 원수, 백성들의 어버이, 하늘의 대행자로서 어느 누구도 그 권위 앞에 복종해야 하는 성스러운 존재였다. 적어도 관념적으로는 말 한 마디에 하늘의 나는 새도 떨어뜨리는 절대 권력자였다.

　그러나 실제에서 국왕은 사족 관료들의 지지와 보필을 받으며 동시에 그들의 견제를 받기도 하였다. 국왕은 법의 규정을 초월하는 존재였지만, 법의 모든 조항이 국왕의 명령으로부터 출발하여 국왕에게 보고되고 마무리되었다. 국가의 정책과 시책은 관료제官僚制를 통하여 입안되고 집행되었다. 관료제의 핵심에 있는 관료들은 필요할 때마다 국왕과 함께 국정을 협의하고, 집행 결과를 보고하였다. 그들은 유교 이념을 잣대로 하여 국왕에게 성군聖君이 될 것을 요구하였고, 국왕의 공식적인 언행을 항상 공개하기를 요구하면서 이를 기록으로 남기었고, 국왕이 정도를 벗어났다고 판단될 때는 이를 비판하며 심할 때는 국왕을 축출하기도 하였다. 국왕권은 사족 관료들과의 관계에 따라 강약의 차이를 보였다.

　국왕은 정통성正統性이 있어야 폭넓은 인정과 지지를 받았다.

시흥행궁환어행렬도의 용기
(을묘년 1795)

정통성은 일차적으로 왕위 승계가 정당한가에 따라 좌우되었다. 왕위는 국왕의 적장자嫡長子가 승계하는 것이 원칙이었으나 조선 27명의 국왕 가운데 부왕과 왕비 사이의 맏아들은 여섯에 지나지 않았고, 나머지는 차자次子이거나 후궁 소생, 왕실 방계 출신이다. 조선후기에는 특히 왕실의 혈통이 미약하여 왕위 승계과 정국의 동향에까지 영향을 미쳤다.

조선중기 붕당정치朋黨政治 상황에서 정국의 향방은 붕당 사이의 역학관계에 주로 영향을 받았던 데 비해 조선후기 숙종肅宗대 이후 탕평정치蕩平政治 상황에서는 국왕이 정국의 주도권을 장악하였다. 이 시기 국왕의 위상은 크게 높아져 정치적 실권만이 아니라 이념의 주도권까지 자임할 정도였다. 정조正祖가 특히 그러하였다. 정조는 이전보다 더 활발하게 궁궐 밖으로 행차하여 위의를 과시하는 한편 일반 백성들을 직접 만나 그들의 호소를 듣고 해결하려 하였다. 정조의 잦은 능행陵幸과 그 때 폭발적으로 이루어진 상언上言과 격쟁擊錚을 그 예로 들 수 있다. 그러나 국왕에게 집중되었던 정치권력은 정조 사후 국왕들이 그에 합당한 역량을 발휘하지 못하자 급속히 서울의 몇몇 유력한 가문으로 이동하였으니 이를 세도정치勢道政治라 한다. 세도정치 이후 즉위한 고종高宗은 자신을 압박하는 국내의 정치적 여건과 외세의 침탈을 이겨내려 노력하였으나, 결국은 그 다음 순종純宗대에 이르러 일제에게 국권을 빼앗기고 말았다. 이로써 국왕은 우리 역사에서 사라졌다.

II. 국왕이 사는 집, 국정의 본산 궁궐

서울에는 궁궐이 있다. 서울은 궁궐이 있기에 서울이다. 궁궐이란 무엇인가? 궁궐이란 "국왕이 사는 곳"이다. 국왕이 "산다"는 것은 무엇인가? 국왕도 인간이기에 산다는 것은 우선 먹고, 입고, 자고 하는 일상생활을 뜻한다. 그러나 일반인들도 그렇지만 특히 국왕은 산다는 것이 그저 일상생활을 하는 것으로 그치지는 않는다. 국왕은 왕조사회에서 주권자요 통치자였다. 그렇다면 국왕이 산다는 것은 공적인 활동, 곧 통치행위를 한다는 데 더 큰 의미가 있다. 결국 궁궐은 국왕의 일상생활과 통치행위를 하는 공간이요, 그 가운데 국왕이 통치행위를 하는 공간, 다시 말해서 최고의 관부官府요 '국정의 본산'으로 정리할 수 있겠다. 왕조사회에서 국왕이 사는 도시가 국왕도王都요, 국왕도가 곧 수도首都였다. 달리 말하자면 국왕이 사는 곳인 궁궐은 서울을 서울로 만드는 가장 중요한 요소였다.

III. 궁궐의 역사 : 법궁—이궁의 부침

서울에는 그러한 궁궐이 모두 합하여 다섯이 있었다. 경복궁景福宮, 창덕궁昌德宮, 창경궁昌慶宮, 경희궁慶熙宮, 경운궁慶運宮, 덕수궁德壽宮이 그것이다. 서울에는 궁궐이 왜 다섯이나 되는가? 그렇게 된 배경에는 조선왕조의 역사가 깔려 있다. 가만히 생각해 보면 국왕이 궁궐 하나만으로는 정상적인 활동을 하기가 어렵다. 화재, 전염병, 병란兵亂, 혹은 요변妖變이나 정치적 파란이 발생하여 더 이상 어느 한 궁궐에 머물 수 없는 상황이 생기면 이를 떠나 머물 또 다른 궁궐이 필요하지 않을 수 없다.

이런 이유로 조선왕조에서는 대체로 두 개의 궁궐을 유지 경영하였다. 그 중 제1의 공식적인 궁궐을 법궁法宮이라 하고 그에 버금가는 제2의 공식적인 궁궐을 이궁離宮이라 하였다. 궁궐 경영 방식은 국왕이 필요에 따라 법궁과 이궁을 오가며 활용하는 "양궐체제兩闕體制"였다. 임진왜란 이전에는 경복궁이 법궁으로, 둘이면서도 하나로 연결되어 사용되었던 창덕궁과 창경궁이 이궁으로 쓰였다.

1592년 일본이 조선을 침략하여 서울과 궁궐들을 모두 파괴함으로써 첫 번째 양궐체제는 무너졌다. 임진왜란 이후 광해군光海君은 경복궁은 버려두고 창덕궁과 창경궁을 중건하는 한편 인왕산 자락에 인경궁仁慶宮과 경덕궁慶德宮을 새로 지었다. 광해군을 몰아내고 즉위한 인조仁祖대에는 인경궁은 헐어다 창덕궁과 창경궁을 보수하는 데 쓰고 경덕궁은 계속 궁궐로 사용하였다. 이로써 창덕궁과 창경궁이 합하여 동궐東闕이라 불리면서 법궁의 지위를 갖게 되었고, 영조대에 경희궁으로 이름이 바뀐 경덕궁은 서궐西闕로 불리면서 이궁이 되었다.

1863년 고종이 즉위하면서 그 생부生父인 흥선대원군興宣大院君이 실권을 장악하는 방편으로서 경복궁을 중건하였다. 270여 년 만에 경복궁이 중건되면서 다시 법궁의 지위를 회복하자 동궐이 이궁이 되었고, 경희궁은 더 이상 국왕이 임어臨御하지 않는 빈 궁궐이 되었다.

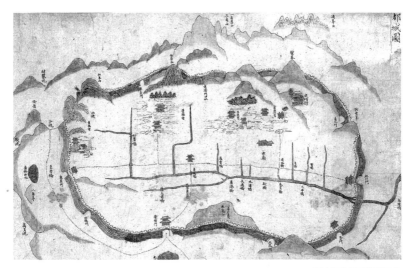

도성도(서울 옛지도)

1897년 고종은 일본의 압박을 피하여 잠시 러시아 공사관으로 피하였다가 옛 정릉동貞陵洞 행궁行宮 터에 경운궁을 중건하여 환궁함으로써 경운궁이 유일한 황제의 궁으로 되었다. 10년만인 1907년에 고종이 일본의 압박으로 황제위에서 물러나자 일제는 순종을 세워 창덕궁으로 이어케 하고 고종은 경운궁에 머무르게 하여, 경운궁은 물러난 황제가 머무는 궁궐 아닌 궁궐이 되어 이름도 덕수궁이 되었다.

IV. 궁궐의 짜임새

궁궐에는 국왕만이 아니라 왕실 가족과 그들을 수발드는 수많은 사람들, 궁궐을 지키는 군인들, 국정의 한 부분을 맡은 관원들이 혹은 상주하며 활동하기도 하고, 혹은 드나들며 근무하기도 하였다. 궁궐은 국왕과 왕실가족의 생활공간인 동시에 국가최고의 관청이었던 것이다. 궁궐에는 정확하게 말하기는 어려우나 줄잡아 1,500명 이상의 사람들이 상주 또는 출입을 하며 활동하였다. 자연히 궁궐은 그에 걸맞는 공간과 건물 규모를 갖추고 있었다. 건물 규모 역시 시기에 따라 변동이 있었고, 또 각 궁궐에 따라 차이가 있었으므로 일률적으로 말하기는 어려우나 경복궁의 경우 가장 많을 때 약 7,000간이 넘었다. 간이란 네 개의 기둥으로 이루어지는 사각형 공간, 대체로 한 사람이 드러누워 네 활개를 벌렸을 때 조금 여유가 있는 정도의 면적이다. 신분에 따라 건물의 규모를 제한하던 조선왕조에서 최고 신분의 사가에서 지을 수 있는 한계를 흔히 99간으로 잡았던 데 비해 보면 궁궐의 규모는 상당히 큰 것이어서 일개 도시, 그것도 매우 밀도가 높은 도시라 할 수 있었다.

이렇게 많은 사람들이 활동하는 많은 건물들은 각각 그 주인이나 시중드는 사람, 또는 드나들며 활동하는 사람에 따라, 또는 그들이 하는 일에 따라 서로 구별되었으며, 그렇게 구별되는 건물들이 모여 일정한 짜임새를 갖추었다. 궁궐은 지엄한 국왕이 사시는 특별한 공간이었으므로 높은 담장으로 외부와 구별되었다. 담장에는 보통 동서남북에 큰 문이 있고 그 사이사이에 작은 문들이 있었다. 여러 문 가운데 원칙적으로는 남쪽 문이, 궁궐에 따라서는 동쪽 문이 정문 구실을 하였다.

정문을 들어오면 대개 다시 중문을 지나게 되어 있는데, 중문의 바깥이나 안쪽에는 인공적으로 개울을 끌어들여 흐르게 하였다. 이 개울을 금천禁川이라 하고, 그 금천에 놓인 개울을 금천교禁川橋라 한다. 중문 안쪽에는 회랑으로 둘러싸인 공간이 조성되고 그 한가운데 매우 웅장하고 화려하며 위엄있는 건물이 자리잡게 된다. 이 건물을 법전法殿 또는 정전正殿이라 하고 그 법전을 둘러싼 회랑의 안 마당을 조정朝廷이라 한다. 조정은 외부에서

들어온 신료들이 국왕을 만나 조회朝會나 조하朝賀, 진찬進饌, 진연進宴같은 의식행사를 치루는 공간으로서 정문에서 조정까지의 공간을 외전外殿이라 한다.

궁궐의 중앙 부분은 국왕이 기거하며 활동하는 건물이 있다. 국왕이 주무시는 건물이라는 뜻으로는 침전寢殿이라 하고, 일상생활을 하는 곳이라는 뜻으로는 연거지소燕居之所라 하며, 그곳에 머물며 공적인 활동을 하는 곳이라는 뜻으로는 시어소時御所라 하고, 전반적으로 국왕의 공간이라는 뜻으로는 대전大殿이라 한다. 외전과 대전 사이에는 국왕과 관료들이 모여서 회의를 하는 건물인 편전便殿이 있게 마련이다. 대전의 뒤편, 궁궐에서 가장 내밀하고 그윽한 곳에는 왕비의 공간이 배치된다. 이곳 역시 왕비의 침전이요, 시어소인 바, 이를 뭉뚱그려 부를 때는 중궁전中宮殿, 중궁中宮, 중전中殿, 곤전坤殿 등으로 부른다. 대전과 중궁전을 합하여 내전內殿이라 한다.

내전의 동편에는 왕위를 이어받을 세자世子의 공간인 동궁東宮이 있다. 세자는 성장하는 존재이기에 동쪽에 배치하는 것이라고 할 수 있다. 내전의 서편에는 궁궐에 들어와서 활동하는 관원들의 관청들이 들어서 있는 궐내각사闕內各司 공간이 배치된다. 국가의 중추적인 관청들은 경복궁의 정문인 광화문光化門 앞에 있는 육조六曹거리 좌우에 늘어서 있었다. 이것들을 비롯해서 궁궐 바깥에 있는 관청들을 궐외각사闕外各司라 한다. 그런데 관청 가운데는 왕명을 출납하는 승정원承政院, 국왕의 학문을 보좌하는 홍문관弘文館을 비롯하여 왕실의 물품과 물자, 시설을 관리하는 관청들과 같이 본청 자체가 궁궐 안에 있는 것이 있다. 또 본청은 바깥에 있으나 궁궐 안에 사무실을 두고 국왕을 보필하는 관청들도 많다. 이들을 모두 합하여 궐내각사라 하는 것이다.

내전의 뒤편에는 그 연장으로서 왕실 가족 및 이들의 생활을

뒷받침해주는 궁녀宮女들의 생활 및 활동공간이 있다. 더 뒤 산
자락을 포함한 공간은 후원은 숲과 넓은 평지, 연못과 정자 등으
로 이루어진 후원으로 꾸며진다. 후원은 그저 자연을 접하고 유
흥을 즐기는 곳으로 그치지 않는다. 유흥을 위한 정자 외에도 과
거 시험이나 군사 훈련과 사열, 시범 활쏘기, 여러 종친 관원들의
집회 등에 쓰이는 광장이 있었고, 국왕이 농사를 직접 지어보고
관찰하기 위한 논이 있었다. 후원은 왕정王政을 펴는 데 없어서
는 안 될 다목적 공간이었다.

* 5대 궁궐의 주요 건물

궁 궐	法 殿	便 殿	大 殿	中 殿	東 朝	東 宮	正 門
景福宮	勤政殿	思政殿	康寧殿	交泰殿	慈慶殿	繼照堂	光化門
昌德宮	仁政殿	宣政殿	熙政堂	大造殿		重熙堂	敦化門
昌慶宮	明政殿	文政殿	歡慶殿	通明殿	慈慶殿	時敏堂	弘化門
慶熙宮	崇政殿	資政殿	隆福殿	會祥殿	長樂殿	興政堂	興化門
慶運宮	中和殿	德弘殿	咸寧殿	觀明殿		德慶堂	仁化門

인정전

V. 건물들의 신분 :
전殿—당堂—합閤—각閣—재齋—헌軒—누樓—정亭

궁궐의 주요 건물들은 그 건물의 주 이용자의 신분에 따라 계
서적인 품격을 띠며, 그 품격을 반영하는 고유명을 갖고 있다. 이
를 정리하여 보면 대체로 전殿—당堂—합閤—각閣—재齋—헌軒—
누樓—정亭 순이 된다.

'전'은 국왕이나 국왕비, 대비 등 최고 신분의 사람이 활동하
는 건물로서 대체적으로 크고 화려하다. 사찰에서는 대웅전大雄
殿 등 불상을 모신 건물, 성균관이나 향교에서는 공자와 그 제자
들이 위패를 모신 대성전大成殿에 '전'이라는 명칭이 붙는다.

'당'은 '전'보다 한 격이 떨어지는 사람들의 활동 공간이다.

건물의 이용은 신분에 따라 상한이 정해진다. 이를테면 국왕은 '전'이나 '당'에 기거할 수 있지만, 세자는 '전'에는 기거할 수 없다. '당'은 규모나 장식의 면에서는 '전'에 버금간다.

'합'은 독립 건물인 경우도 있지만 '전'이나 '당'을 보위하는 경우가 많다. 대체로 여성이 이용한다. 규모는 '전'이나 '당'에 비해 작고 장식도 단순하다.

'각' 역시 독립 건물인 경우도 있지만 전이나 당을 보위하는 경우가 많다. 2층 건물에서는 1층에는 반드시 '각' 자가 붙는다.

'재'는 주로 주거용 또는 학문 창작 활동을 하는 건물에 붙는다.

'헌'은 재보다 낮은 주거용 건물이거나 혹은 업무용 건물에 붙는다. 마루만을 지칭하기도 한다.

'누'는 지면에서 한 길 이상 떨어진 마루방이거나, 2층 건물의 2층을 가리킨다.

'정'은 휴식, 연회용으로 경치 좋은 곳에 지은 작은 건물이다.

향원정

VI. 궁궐이 품은 뜻

오늘날 서울에 궁궐이 다섯이나 남아 있기는 하지만 애석하게
도 온전한 궁궐은 하나도 없다. 일본이 조선을 침략하여 35년간
압제를 가할 때 궁궐은 그 첫 번째 표적이 되었다. 조선의 국권을
강탈한 일제는 조선 왕정의 상징인 궁궐을 철저하게 왜곡하고 파
괴하였다. 경복궁에서는 공진회共進會, 박람회를 열면서 전각들
을 없앴고 광화문과 근정전 사이에 조선총독부朝鮮總督府를 지어
본래의 축을 끊고 외부에서 바라보는 일반인들의 시야를 차단하
였다. 창덕궁은 순종과 그 일가가 살던 일부 지역을 제외하고는
일제의 관청이 들어서거나 관광지 "비원秘苑"이 되어 많은 전각
들이 사라졌으며, 창경궁은 식물원 동물원이 들어찬 놀이터 "창
경원昌慶苑"으로 전락하였다. 경희궁은 궁역이 절반 이상 잘려져
나갔고 일본인 자제들을 교육하는 중학교가 들어서면서 전각들
도 대부분 헐려 나가 궁궐로서의 면모를 거의 잃어 버렸다. 경운
궁도 외곽 구역이 대부분 잘려 나가 중심부만 남았으며 그중에서
도 주요 전각 몇 채를 제외하고는 대부분의 건물들이 없어졌다.

건물만 사라진 것이 아니다. 지금 서울의 궁궐에는 더 이상 국
왕이 살지 않는다. 국왕이 살지 않으니 왕실 가족도, 관원들도,
이들을 시중드는 사람들도, 아무도 살지 않는다. 궁궐은 죽었다.
그러나 궁궐이 죽었다는 말은 외형이 크게 변형되었고, 기능을
상실했다는 뜻에서 한 말이지 궁궐이 아무런 의미가 없는 폐허가
되었다는 뜻은 결코 아니다. 비록 죽은 궁궐이지만 그곳에서 살
던 사람들의 삶, 조선시대 정치와 행정, 역사와 문화가 오롯이 배
어 있음을 발견할 수 있다.

궁궐이 있는 자리 자체가 많은 이야기를 들려주고 있다. 뒷쪽

옛 창경원 박물관 앞의 벚꽃

으로 각기 산을 등지고 앞쪽으로 하천―청계천을 마주 대하고 있
어 햇볕이 잘 들고 바람도 잘 통하며 물을 쓰고 버리기 쉬운 자리
에 건물을 지으면서, 산자락을 마구 깎지 않고 산기슭이 끝나고
평지가 시작되는 지점을 잘 골라 지었다. 건물의 크기가 너무 커
서 위압적이며 불편하지도 않으며, 그렇다고 너무 작아서 초라하
지도 않다. 우리 재료를 써서 우리 실정에 맞게 지었고, 내부는
마루와 온돌방을 같이 만들어 사계절 쓰기 편하게 하였으며, 지
붕 모양도 날아갈 듯 부드러운 곡선을 만들어 마치 우리나라 버
선 코나 뒷산의 능선을 보는 듯한 느낌이 들게 하였다. 처마 밑
나무들은 푸른 색, 붉은 색, 검은 색, 노란 색, 흰 색 등을 잘 조화
시켜 갖가지 문양을 그린 단청으로 장식하여 화려하면서도 자연
과 잘 조화되는 장식을 하였다. 사람이 살기에 편하면서도 자연
과 잘 조화를 이루고자 하는 우리나라의 전통적인 건축 정신이
잘 표현되어 있다.

지금 궁궐에 남아 있는 옛 전각들은 1/10도 못된다. 궁궐은 이렇게 큰 상처를 안고 있어 옛 모습을 찾아보기는 불가능할 정도이다. 흔히 궁궐은 공원이나 놀이터 유원지처럼 받아들여지기도 한다. 하지만 궁궐은 궁궐이다. 아직도 궁궐에는 조선왕조 그 역사와 문화의 세계를 들여다 볼 수 있게 해주는 흔적들이 올올이 남아 있다. 현재 보이는 저것이 원래 모습일까, 원래 모습은 어떠했을까, 저곳에서는 누가 어떤 일을 했을까 등등 자꾸 생각을 하면서 보아, 그렇게 잘 볼 수만 있다면 궁궐에서 우리는 우리나라 건축이나 조경 뿐 아니라 옛날 이곳에서 살던 사람들의 생활과 문화, 그리고 정치와 행정 등 여러 면을 잘 이해할 수 있다. 왕조 사회에서 서울은 궁궐이 있었기에 서울이었다. 지금도 궁궐은 그 무엇보다도 서울을 서울답게 해주고 있다.

종묘제도의 변천과 의미

지두환 국민대

종묘제도의 변천과 의미

I. 머리말

종묘가 세계문화유산임에도 불구하고 이에 대한 연구는 미흡한 편이다. 종묘제도는 충효를 가장 중요시하며 조상숭배를 중시하는 유교사회에서 가장 중요한 제도이다. 따라서 종묘제도가 어떻게 변천해갔는가를 파악하는 것은 당시 사회가 어떻게 변천해갔는가를 밝히는 중요한 관건이 된다.

이러한 종묘제도의 변천을 살펴보려면, 다음의 여러 가지 문제들을 풀어나가야 한다. 어떤 임금은 종묘 정전에 모셔져 있고 어떤 임금은 영녕전에 모셔져 있는지. 그렇게 하는 기준은 무엇이었는지. 또 종묘나 영녕전에 모셔져 있는 임금 중에 실제로 임금이 되지 않은 분은 언제 모셔지게 되는지 어떻게 모셔지게 되는지. 그리고 어느 분은 태조 세조 선조 처럼 祖를 쓰고 어느 분은 宗을 쓰고 있는지. 배향 공신들은 어떻게 선정되었는지. 단종은 언제 복위되어 종묘에 모셔지는지, 어떻게 모셔지는지, 이러한 모든 것이 종묘제도를 살펴 볼 때 궁금한 점들이다.

II. 祖와 宗 어떻게 쓰이는가

조공종덕祖功宗德이라고 해서 '유공왈조有功曰祖요, 유덕왈종有德曰宗'이라 했다. 조祖를 붙이는 경우는 창업의 공이 있을 때나 그에 준하는 공이 있을 때 쓰는 것이다. 그리고 나라를 세운 후에 조상을 추증할 때 붙인다. 제후는 4대 추증, 천자는 5대 추증을 하여 조를 붙인다. 종宗은 성인聖人의 덕이 있다는 뜻이다. 어떤 덕이 있는가에 따라 세종 · 문종 등으로 하는 것이다.

창업을 한 예로는 태조뿐이다. 단종을 죽이고 왕위를 찬탈한 세조는 찬탈 공신들이 아부해서 붙인 것이라 본다. 선조는 처음에는 선종이었는데, 광해군 8년(1616) 선조로 바꿨다. 임진왜란으로 나라가 망하는 위기에서 나라를 건졌다고 보아 창업을 한 만큼 공이 있다고 본 것이다. 인조는 원래는 一조라고 하면 안되고 一종이라고 하여야 한다고 반대가 있었다. 인조반정을 하여 창업을 한 것 만큼 공이 있다고 인정한 것 같다.

영조도 영종이었는데 고종 때 영조로 바꾸었고, 순조도 순종이었는데 철종 때 순조로 바꾸었다. 이는 세도정치기에 원칙이 없어지고 조상을 높이려는 형식만 남은 것을 반영하는 것이다.

추증한 예로는 첫째로 태조가 임금이 되어 직계 조상 4대를 추존하여 붙인 경우이다. 태조의 4대조인 목조穆祖 · 익조翼祖 · 도조度祖 · 환조桓祖이다. 둘째는 시조로부터 41세世인 고종高宗이 황제가 되어 직계 조상 5대를 추존하여 붙인 경우이다. 고종의 5대조인 영조(英祖: 36세) · 장조(莊祖: 37세) · 정조(正祖: 38세) · 순조(純祖: 39세) · 문조(文祖: 40세)이다. 원래 영조는 영종이었고, 정조는 정종이었고, 순조는 순종이었다. 장조莊祖는 영조의 아들 사도세자가 추존된 것이고, 문조文祖는 순조의 아들 익

종이 추존된 것이다. 영조 순조는 미리 추존되었지만 그렇지 않
았으면 이때 추존되었을 것이다.

헌종은 고종과 같은 40세라 그대로 헌종으로 남았고, 철종은
39세이나 직계가 아니라서 그대로 철종으로 남았다. 고종은 익
종의 양자로 왕위에 오른 것으로 되어 있다.

이들 이외 임금은 성인聖人의 덕을 이어간다 하여 덕종 · 원종
처럼 추존한 임금이거나 단종처럼 복위된 임금을 포함하여 모두
종이라 하였다. 연산군 · 광해군처럼 성인의 덕이 없어 폐위된
임금은 제외되었다.

정종은 처음에는 정식 국왕으로 인정하지 않아 공정대왕恭靖大
王이라고 부르고 정종이라는 묘호를 올리지 않았다가, 숙종 7년
(1681) 9월에 가서야 정종이라는 묘호를 올려 정식 국왕으로 인
정하게 되었다.

단종은 숙부인 세조가 찬탈하여 영월에 유배가서 죽어 노산군
魯山君으로 불리다가, 숙종 24년(1698) 11월에야 복위되어 단종
이라는 묘호를 올린다.

Ⅲ. 종묘제도의 변천

1. 종묘 정전과 영녕전의 변화

종묘에는 정전 영녕전 공신당 칠사당이 있다. 그리고 조선전기
에는 원묘로 임금의 4대조만을 모신 문소전이 있었다.

종묘는 태조 4년 9월에 건립할 때 7칸으로 만들어졌다. 그러다
모시는 임금이 많아지자 명종 초에 4칸을 늘여 11칸으로 만들었
고 영조 2년에 다시 4칸을 늘여 15칸으로 만들었고, 헌종 2년에

다시 4칸을 늘여 19칸으로 만들었다.

영녕전은 세종 3년에 태조의 4대조인 목조穆祖, 익조翼祖, 도조度祖, 환조桓祖를 모시는 정전 4칸과 제기들을 두는 동서 협실 2칸으로 만들어졌다. 그러다가 현종 8년 동서 협실을 2칸씩 늘여 서협실에 정종 문종 단종 덕종을 모시고 동협실에 예종 인종 명종 원종을 모셨다. 헌종 2년에 다시 동서 협실을 2칸씩 늘여 서협실에 정종 문종 단종 덕종 예종을 모시고 동협실에 인종 명종 경종 진종을 모셨다.

2. 종묘宗廟 조천祧遷 논의

조선전기 종묘제도는 기본적으로 제후로서 5묘제를 기본으로 한다. 태조 4년 9월 29일에 종묘가 낙성되자 4대 신주를 봉안한 것을 알 수 있다.

태종 8년 5월 24일 태조가 돌아가시니, 태종 10년 7월 26일에 종묘 5실에 태조와 신의왕후를 모신다. 둘째부인이었던 신덕왕후 강씨는 모시지 않는다. 그리하여 1묘 목왕, 2묘 익왕, 3묘 도왕, 4묘 환왕, 5묘 태조를 모신 5묘제를 완성하였다. 그리고 태종 11년 4월 22일에 제후가 4대를 추존하는 예에 따라 이전의 목왕穆王, 익왕翼王, 도왕度王, 환왕桓王이라 하였던 존호를 목조, 익조, 도조, 환조로 바꾸어 종묘의 4실에 존호를 가상하였다.

세종 1년 9월 26일 정종이 돌아가시자, 정종을 종묘에 부묘하면 6묘가 되므로 세종 3년 4월 26일 목조를 옮기는 논의가 대두하니, 목조를 비롯하여 4대 조상을 차례 차례 옮길 영녕전을 세우기로 하여, 세종 3년 10월 9일에 정실 4칸 익실 2칸의 영녕전이 낙성되었다.

그리고 세종 3년 12월 16일에 종묘 1실에 익조, 2실에 도조, 3

실에 환조, 4실에 태조를 모시면서, 영녕전 정전 1실에 목조를 옮기고, 세종 3년 12월 18일 종묘 5실에 정종비 정안왕후 김씨와 같이 정종을 부묘하였다.

세종 4년 5월 10일 태종이 돌아가시자, 세종 6년 7월 12일 태종비 원경왕후 민씨와 함께 태종을 종묘에 모신다. 정종과 태종을 동세同世 1묘로 하였기 때문에 익조를 영녕전으로 조천하지 않고, 종묘 1묘 1실에 익조, 2묘 2실에 도조, 3묘 3실에 환조, 4묘 4실에 태조, 5묘 5실에 정종, 6실에 태종을 모신다. 그리고 7실은 비어 있었다.

세종이 승하하시자 대수가 지난 익조를 영녕전 정전 2실에 옮기고 세종을 모시고 문종이 승하하시자, 대수가 지난 도조를 영녕전 정전 3실에 옮기고, 문종을 모시었다.

단종 3년 윤6월 11일 수양대군이 단종을 보호하던 세종 후궁 혜빈 양씨惠嬪 楊氏와 · 금성대군錦城大君 이유李瑜 등을 귀양 보내고 단종이 세조에게 선위하는 형식을 빌어 왕위를 찬탈하고 단종을 상왕으로 하였다.

이에 상왕 복위를 계획했던 사육신 등의 거사가 세조 2년 6월 2일 成均司藝 金礩과 그 장인 의정부議政府 우찬성右贊成 정창손鄭昌孫의 밀계로 사육신 사건이 일어나고 세조 3년 6월 22일 단종이 영월로 쫓겨났다. 그리고 사육신 사건에 연루시켜, 세조 3년 6월 26일 문종비 현덕 왕후를 서인庶人으로 개장하게 하고, 세조 3년 9월 7일 예조의 건의로 종묘에 모셔져 있던 현덕 왕후 권씨의 고명과 책보, 장신구를 해당 관청에 보관토록 하였다. 따라서 문종은 문종비가 쫓겨난 종묘 6실에 홀로 모셔져 있었다.

이에 대해 사림세력을 대표하여 성종 9년 4월 15일 생육신인 남효온이, 서인으로 개장하였던 문종비 릉인 소릉昭陵을 왕비 릉으로 복위할 것을 상소하였다. 그리고 연산군 1년 12월 30일에 김일손金馹孫 등이 헌의獻議하여 소릉 복위를 주장하였다. 그러나 소릉 복위는 성종대 연산대에 이루어지지 못하고 중종대에 가서야 이루어졌다.

세조가 승하하시자 성종 1년 12월 16일에 세조를 종묘에 모시는데 세조와 문종은 동세이실同世異室이라 1묘 1실에 환조, 2묘 2실에 태조, 3묘 3실에 정종 4실에 태종, 4묘 5실에 세종, 5묘 6실에 문종, 7실에 세조를 모신다.

다음에 예종 1년 11월 28일에 예종이 승하하셨으므로 대수가 지난 환조를 영녕전 정전 4실로 옮기고, 예종을 모신다. 제후로 처음 봉해진 태조를 1묘로 하는 5묘제가 명실공히 갖추어진 것이다.

성종 7년에 1월 10일 성종의 生父로 의경세자에 봉해졌던 덕종을 추숭하여 종묘에 모시게 되었다. 여기에서 우선 덕종과 예종의 순서를 어떻게 하는가가 문제가 되었다. 제명帝命을 받은 차례로 하여 예종 덕종으로 하는가 아니면 천륜天倫으로 하여 나이 순서로 덕종 예종으로 하는가 논의하다 덕종을 예종의 위로 올렸다.

다음으로는 덕종과 예종은 동세이실이라 정종을 조천할 수 없고 종묘는 7칸 밖에 없어 정실로는 1칸이 모자랐다. 할 수 없이 정종을 제기를 넣어두는 익실에 모시기로 하였다. 따라서 종묘에 1묘 정전 1실에 태조, 2묘 정전 2실에 태종, 익실을 3실로 하여 정종을, 3묘는 정전 3실을 4실로 하여 세종, 4묘는 정전 4실을 5실로 하여 문종, 정전 5실을 6실로 하여 세조, 5묘는 정전 6실을 7실로 하여 덕종을, 정전 7실을 8실로 하여 예종을 모셨다. 정종을 공정대왕이라 하여 정통 임금으로 인정하지 않은 처사였다. 당연히 종묘를 다시 지어 늘여서 8실을 만들어야 하였다.

성종이 승하하자, 성종을 종묘에 부묘하였다. 성종을 부묘하게 되면 친親이 다한 정종과 태종을 옮겨야 하였다. 이에 정종을 영녕전으로 옮기고, 태종을 세실世室로 하여 영구히 종묘에 모시는 문제로 논의가 일어났다.

현재 종묘가 7칸이고 제후는 시조와 4대를 모시는 5묘제이므로 성종을 부묘하면 태종은 친연이 다하여 내어모셔야 하는데, 태종이 공덕이 있어 내모시지 못한다고 하였다. 이에 태종을 그대로 종묘에 모시기 위하여 태종을 세실로 삼고 옮겨서는 안된다고 주장하였다.

이에 따라 태종을 세실로 모시면 종묘는 7칸이라서 1칸이 모자라니 할 수 없이 문종은 정종의 예에 따라 좌익실로 옮기고 성종은 제7실로 가게 되었다.

연산군 12년 중종반정으로 중종이 즉위하니, 사림들은 정통론을 확립하기 위하여 소릉 복위를 주장한다. 중종 7년 11월 22일 경연에서 검토관檢討官 소세양蘇世讓이 소릉 복위를 주장하였고 이어 홍문관, 대간, 성균관 생원 김구 등이 소릉 복위를 주장하였다. 이러한 반복된 주장에 대하여 훈신들이 반대하여 미루어지다가 중종 8년 3월 12일에 소릉을 복위하기를 결정하였다. 그리고 중종 8년 4월 21일 문종비 현덕 왕후의 재궁梓宮을 문종릉인 현릉顯陵의 좌측에 모시고, 중종 8년 5월 6일에는 문종비 신주를 다시 종묘에 모셨다.

이렇게 중종대에는 사림들이 등장하면서 소릉 복위를 시작으로 정통론에 입각한 종묘제도를 확립하여갔다. 이러한 정통론 확립 노력은 문종을 종묘의 협실夾室에서 정실正室로 옮겨야 한다는 주장으로 이어졌다. 중종 14년 1월 16일 경연에서, 문종을 협실에 모신 것을 잘못이라 하여 바로 잡으려 논의하였다. 그러나 중종대에는 그대로 있게 되었다.

중종이 승하하시자, 중종을 종묘에 모시기 위해, 명종 1년 4월

8일 종묘 건축에 대해 논의하였다. 이러한 논의 끝에 명종 1년에 종묘에 정전 4칸을 증축하여 11칸으로 하였다. 숙종 32년(1706)에 만들어진 『宗廟儀軌』에 그려져 있는 11칸으로 증축한 종묘 모습을 확인할 수 있다.

그리고 체천해야 할 세종을 세실로 하면서, 1묘로 제1실에 태조를, 제2실에 세실로 태종을, 제3실에 세실로 세종을, 2묘로 제4실에 문종을, 제5실에 세조를, 3묘로 제6실에 덕종을, 제7실에 예종을, 4묘로 제8실에 성종을, 5묘로 제9실에 중종을 모시어, 문종을 협실에서 정전으로 옮기어 종묘제도를 바로 하였다.

인종의 3년상을 마치고, 명종 2년 9월 17일에 인종을 종묘에 부묘한다. 문종을 영녕전 동익실로 체천하고, 종묘에는 1묘 제1실에 태조, 세실인 태종을 제2실에 세실인 세종을 제3실에, 세조를 세실로 하여 제4실에, 2묘인 덕종을 제5실에 예종을 제6실에, 3묘인 성종을 제7실에, 4묘인 중종을 제8실에, 5묘인 인종을 제9실에 부묘하였다.

명종이 승하하니 명종을 10실에 부묘하였다.

임진왜란이 일어나 선조 25년(1592) 5월 1일 왜적이 종묘를 불태웠다. 왕이 환도하여 궁궐과 종묘를 임시로 마련하였으니, 궁은 정릉동 월산대군의 집으로 삼고, 종묘는 명종 때 영의정을 지낸 명신 심연원의 집으로 삼았다. 이러한 임시 거처 생활은 왕의 환도 뒤에도 약 15년 동안 지속되었는데 전쟁에 따른 나라 살림의 궁핍으로 무리한 조영을 벌이지 않은 까닭이었다. 종묘의 재건은 선조 28년에 종묘수조도감이 설치되어 선조 29년(1596) 추진되었으나, 구체적인 작업은 진행되지 못하였고, 다시 10년이 지난 선조 36년(1603) 10월에 논의가 재개되어, 선조 41년(1608) 공사에 착수하였으며 완공은 그해 선조가 승하하고 광해군이 즉위한 뒤에 이루어졌다

선조가 승하하니 광해군이 즉위하여 선조를 부묘한다. 1묘인 태조는 제1실에 세실인 태종은 제2실에, 세실인 세종은 제3실에, 세실인 세조는 제4실에 모시고, 예종과 덕종은 영녕전 익실로 체천하고, 2묘인 성종은 제5실에, 3묘인 중종은 제6실에, 4묘인 인종과 명종은 제7실 제8실에 모시고, 5묘인 선조는 제9실에 모신다.

인조반정으로 광해군이 쫓겨나고 인조가 즉위하니 광해군은 종묘에 모셔지지 않는다. 대신 인조의 아버지 정원군을 원종으로 추숭하여 인조 13년 3월 20일 종묘 10실에 모신다.

인조가 승하하자 효종 2년 7월 7일 인조를 종묘 11실에 모신다. 효종이 승하하고 현종 2년 7월 7일 효종을 종묘 10실에 모신다.

현종 8년 영녕전을 정전 4칸 익실 각 3칸을 만들어, 동서익실에 한꺼번에 모셨던 정종 문종 예종 덕종을, 정종을 서익실 1실에, 문종을 동익실 1실에, 덕종을 서익실 2실에, 예종을 동익실 2실에, 인종을 서익실 3실에, 명종을 동익실 3실에 모셔, 영녕전을 정전 익실체제로 전환한다. 이는 이후 정종에게 묘호를 올리고 단종을 복위하는 등 정통론을 확립하는 과정에서 정통군주를 정통군주로 인정하지 않고 창고 같은 익실에 모시던 것을 정통군주를 정통군주로 인정하여 정실 같은 익실에 모시려는 의도에서 영녕전 익실을 정실 같은 익실로 고친 것이라 본다.

현종 10년 1월 4일 송시열이 신덕왕후 능을 보수하고 종묘에 배향할 것을 건의하여, 현종 10년 10월 1일에 종묘 태조실에 부묘한다.

현종이 승하하자 숙종 2년 10월 14일 현종을 종묘 11실에 모신다. 숙종 7년 12월 7일에 정종에게 정종이라는 묘호를 올린다.

숙종 9년(1683) 2월에 영중추부사 송시열이 한나라 경제가 고

황제를 태조로 효문황제를 태종으로 추존하여 세실로 삼은 것을
예로 들어, 효종대왕을 세실로 할 것을 주장하였다. 이에 2월 24
일에 영의정 김수항 등 대신들이 의논한 결과, 한 선제 때에 무제
를 세실로 정하고, 송 휘종 때에 신종을 세실로 정한 예를 따라,
이전에 조천할 대에 당하여 세실로 정하던 것을 미리 효종을 세
실로 정하게 되었다. 숙종 9년 2월 30일 형조판서 김덕원이 인조
대왕이 반정을 이룬 것을 창업한 것과 같은 공이 있으니 효종과
같이 미리 세실로 정해야 한다 하여 세실로 정하게 되었다. 숙종
24년(1698) 10월 24일 단종을 복위하여, 숙종 24년 12월 27일에
단종과 단종비를 영녕전에 모신다. 숙종이 승하하고 경종 2년 8
월 1일에 숙종을 종묘 11실에 모신다. 경종이 승하하자 영조 2년
10월 13일에 경종을 종묘에 모신다. 인조를 세실로 하고 경종을
종묘에 모시게 되면 종묘 칸수가 모자라므로 영조 2년 4월 3일에
종묘를 15칸으로 넓히게 된다.

영조 15년 5월 6일 중종의 원비元妃 신씨愼氏에게 단경端敬이라
시호를 추상追上하고 태묘太廟에 부제祔祭하였다.

영조가 승하한후 정조 2년 5월 2일 종묘 13실에 모신다.

정조 즉위년 3월 19일 효장세자를 진종으로 추증하여 진종으
로 하여 정조 2년 5월 2일 종묘 14실에 모신다.

정조가 승하하자 순조 2년 8월 9일에 묘호를 정종으로 올리고,
정조를 종묘 15실에 모신다. 순조가 승하하자 헌종 3년 1월 7일
에 묘호를 순종으로 올리고, 순조를 종묘 16실에 모신다.

헌종 2년 익종을 부묘하기 위해 종묘를 19칸으로 늘이고 영녕
전을 정전 4칸 익실 각 6칸으로 늘인다. 헌종 3년 1월 7일 익종을
종묘에 모신다. 익종은 고종 36년(1899) 12월 23일(양력) 문조
익황제로 추존되었다.

헌종이 승하하자 철종 2년 8월 6일에 헌종을 종묘 16실에 모

신다. 철종이 승하하자 고종 3년 2월 11일 종묘 17실에 모신다. 철종 8년 10월에 순종은 순조로 추존되고, 고종 27년 1월에 영종은 영조로 추존된다.

고종 33년(1896) 2월 11일에 아관파천을 하여 대한제국을 선포하고 황제에 오른다.

이에 황제로서 5대 추존을 하여 5대조인 영종을 영조로, 4대조인 사도세자를 장조로, 3대조인 정종을 정조로, 2대조인 순종을 순조로, 1대조인 익종을 문조로 추존한다.

1묘인 태조는 태조고황제로 제1실에, 세실인 태종은 제2실에, 세실인 세종은 제3실에, 세실인 세조는 제4실에, 세실인 성종은 제5실에, 세실인 중종은 제6실에, 세실인 선조는 제7실에, 세실인 인조는 제8실에, 세실인 효종은 제9실에, 세실인 현종은 10실에, 세실인 숙종은 11실에, 세실인 영종은 영조로 추존하여 제12실에 모시고, 사도세자를 장조로 추존하여 영녕전 동익실 5실인 15실로 모시고, 2묘인 정종은 정조선황제로 추존하여 13실에 모시고, 3묘인 순종을 순조숙황제로 추존하여 14실에 모시고, 4묘인 익종을 문조익황제로 추존하여 15실에 모시고, 5묘인 헌종성황제를 16실에 모시고, 6묘인 철종장황제를 17실에 모신다. 이리하여 7묘제를 확립한다.

IV. 결론 – 종묘의 정신사 문화사적 의미

종묘宗廟는 성리학적인 이상사회를 건설하려는 조선시대의 정신과 문화를 가장 상징적으로 표현한 제도이다. 종묘는 가묘家廟처럼 시조인 태조와 4대 조상을 모시도록 되어 있다. 그러나 종묘는 이전에 중국에서 주대周代의 이상정치를 이룬 문왕文王 무왕武王을 세실世室로 모셔 영원히 옮기지 않은 것을 본받아, 이상 정치를 한 임금을 세실로 모셔 영원히 옮기지 않고 모시었다. 대신에 이상사회를 이루는데 공헌하지 못한 임금들은 대수代數가 지나면 영녕전永寧殿으로 모시었다. 그리고 이윤伊尹이나 주공周公처럼 임금을 도와 이상사회를 건설한 신하들을 배향配享하는 제도가 행해졌다.

그리고 태종이 즉위하면서 쫓아냈던 태조 계비 신덕왕후 강씨를 다시 종묘에 모신다든지, 공정대왕이라고 칭하였던 정종에게 묘호廟號를 올린다든지, 세조가 파헤쳤던 문종비의 능인 소릉昭陵을 복위하고 문종비의 신주를 다시 종묘에 모신다든지, 세조가 쫓아내 죽이고 노산군으로 강등했던 단종을 복위시켜 종묘에 다시 올린다든지 하여 의리명분론에 입각한 정통론을 회복하였다. 그러나 성리학 이념에 어긋난 무도한 정치를 하여 쫓겨난 연산군이나 광해군은 다시 복위시켜 종묘에 모시지 않았다.

이처럼 종묘는, 이상사회를 이루는데 공헌한 임금과 그렇지 못한 임금을 구별하여, 온 나라에 명확한 기준을 제시하는 제도이다.

따라서 조선시대의 임금들은 노약자가 편히 사는 성리학적인 이상사회를 이루기 위해 노력했다. 그리고 이러한 이상사회를 만든 중국의 상징적인 임금인 요순堯舜임금을 본받으려 하였다. 그래서 조선시대의 임금들은 요순같은 임금이 되려고 하였고, 세종대왕은 요순 임금처럼 조선왕조를 이상사회로 만든 대표적인 임금이었다. 그리고 영조 정조대의 문예부흥은 바로 성리학적인 이상사회를 이룩한 시기이다. 이러한 성인같은 임금들을 종묘의 세실世室로 모시고 이분들의 행적을 본받고 이분들에게 감사하기 위하여 제사지내는 곳이 종묘이다. 더불어 이런 임금들을 보좌하여 이상사회를 건설한 신하를 배향하는 곳이 종묘이다.

따라서 우리는 종묘에서 노약자가 편히사는 이상사회를
건설하려면 어떻게 하면 되는가 하는 정신과 문화를 배울 수
있다고 본다.

다음은 성종대에 만들어진 『國朝五禮儀』에 그려져 있는 당시
의 종묘와 영녕전의 그림이다.

태조 7칸 종묘 창건

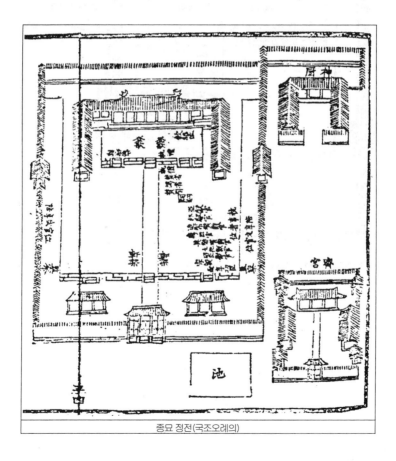

종묘 정전(국조오례의)

세종 3년 영녕전 4칸과 동서협실 2칸 (협실 4칸) 창건

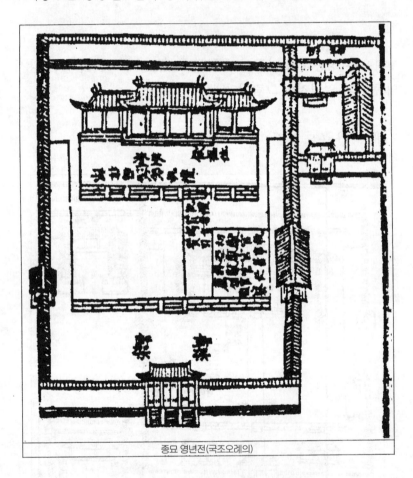

종묘 영년전(국조오례의)

다음은 숙종 32년(1706)에 만들어진 『宗廟儀軌』에 그려져 있는 11칸으로 증축한 종묘와 영녕전 그림이다.

명종 초 11칸 종묘

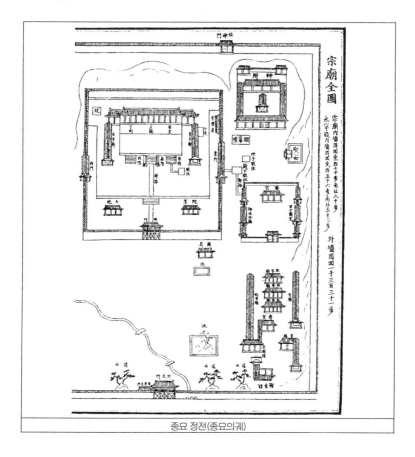

종묘 정전(종묘의궤)

현종 8년 영녕전 동서협실 각 2칸 늘림 (협실 8칸)

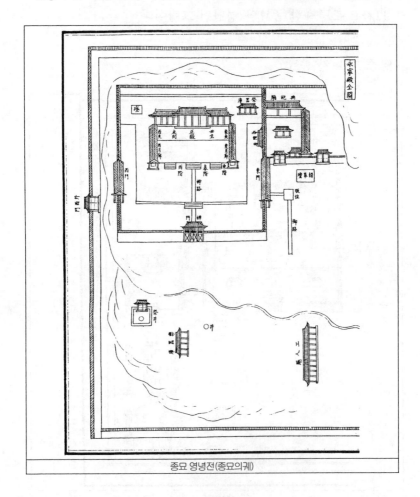

종묘 영녕전(종묘의궤)

영조 2년 15칸 종묘

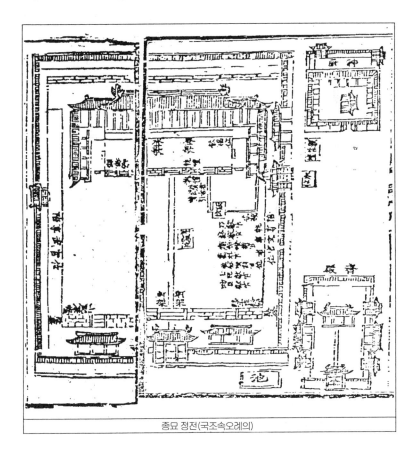

종묘 정전(국조속오례의)

헌종 2년 19칸 종묘

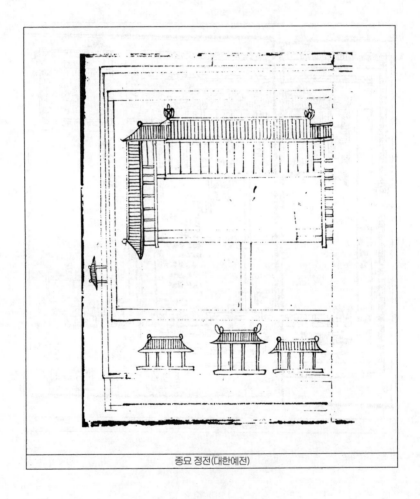

종묘 정전(대한예전)

헌종 2년 영녕전 동서협실 2칸 늘임(협실 12칸)

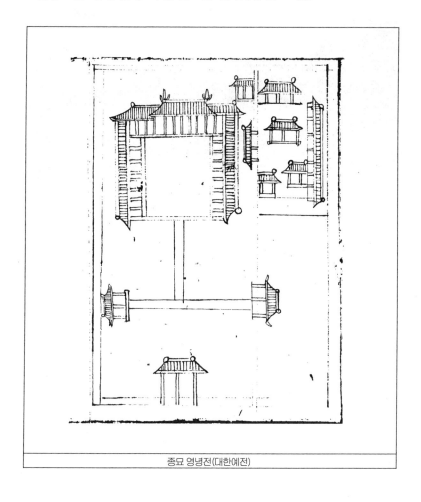

종묘 영녕전(대한예전)

▦ 정전

종묘 정전

종묘 정전

1실	2실	3실	4실	5실	6실	7실	8실	9실
태신신	태 원	세 소	세 정	성 공 정	중단장문	선 의 인	인 인 장	효 인
조의덕	종 경	종 헌	조 회	종 혜 현	종경경정	조 인 목	조 열 렬	종 선
고고고	대 왕	대 왕	대 왕	대 왕 왕	대왕왕왕	대 왕 왕	대 왕 왕	대 왕
황황황	왕 후	왕 후	왕 후	왕 후 후	왕후후후	왕 후 후	왕 후 후	왕 후
제후후	민	심	윤	한 윤	신윤윤	박 김	한 조	장
한강	씨	씨	씨	씨 씨	씨씨씨	씨 씨	씨 씨	씨
씨씨								

10실	11실	12실	13실	14실	15실	16실	17실	18실	19실
현명	숙인인인	영정정	정효	순순	문신	헌효효	철철	고명	순순순
종성	종경현원	조성순	조의	조원	조정	종현정	종인	종성	종명정
대왕	대왕왕왕	대왕왕	선선	숙숙	익익	성성성	장장	태태	효효효
왕후	왕후후후	왕후후	황황	황황	황황	황황황	황황	황황	황황황
김	김민김	서김	제후	제후	제후	제후후	제후	제후	제후후
씨	씨씨씨	씨씨	김	김	조	김홍	김	민	민윤
			씨	씨	씨	씨씨	씨	씨	씨씨

■ 영녕전

종묘 영녕전

西夾						正中	
5실	6실	7실	8실	9실	10실	1실	2실
정종대왕 정안왕후 김씨	문종대왕 현덕왕후 권씨	단종대왕 정순왕후 송씨	덕종대왕 소혜왕후 한씨	예종대왕 장순왕후 한씨 안순왕후 한씨	인종대왕 인성왕후 박씨	목조대왕 효공왕후 이씨	익조대왕 정숙왕후 최씨

正中		동협					
3실	4실	11실	12실	13실	14실	15실	16실
도조대왕 경순왕후 박씨	환조대왕 의혜왕후 최씨	명종대왕 인순왕후 심씨	원종대왕 인헌왕후 구씨	경종대왕 단의왕후 심씨 선의왕후 어씨	진종소황제 효순소황후 조씨	장조의황제 헌경의황후 홍씨	의민황태자 영왕 의민황태자비 이씨

조선후기 향촌사회에서
'유교적 전통'의 지속과 단절

김인걸 서울대

조선후기 향촌사회에서 '유교적 전통' 의 지속과 단절

-향촌 사족의 거향관居鄕觀 변화를 중심으로-

Ⅰ. '유교적 전통儒教的 傳統' 에 대한 역사적 이해의 필요성

한국문화의 근저에 '유교적 전통' 이 폭넓게 자리하고 있다는 지적에 대해서는 대부분의 사람들이 공감할 것이다. 그러나 그 유교적 전통에 대한 이해의 내용을 자세히 들여다보면 그 안에는 커다란 편차가 있음을 발견하게 된다. 심지어 극과 극의 대립적인 견해가 자리잡고 있다는 것을 확인하는 일도 그리 어렵지 않다. 이를테면 아직도 완전히 불식되지 못하고 있는 '유교 망국론' 이나 그 검증이 쉽지 않은 '유교 자본주의론' 은 양극단을 대표하는 예라고 할 수 있겠다.

'전통' 은 과거로부터 전래된 것이면서도 그 가운데 현재의 문화 창조에 이바지할 수 있다고 판단되어 선택되는 것으로서, 부정적 의미로 사용되어 온 인습과는 구별되며 지난 시기 문화에 대한 깊은 이해와 그 비판적 계승을 통해 재창조되는 것으로 이해된다.[1] 그런데 그 재창조의 방향과 관련하여 '취사선택되는 전통' 의 경우 자칫 해당 전통이 갖는 역사적 의미와는 상당한 거리가 있게 된다는 점이 문제로 남는다. 아울러 '유교적 전통'의 경우 흔히 한 사회의 전 구조(변동)와 관련지움 없이 현전하는 특정의 '가치관'이나 외형적인 의례(제사형태 등) 등을 가지고 피상적으로 이해하는 경향이 지배적인데, 이 같은 인식 태도도 전통에 대한 역사적 이해를 어렵게 만들고 있다.

예컨대, 동아시아의 유교적 전통에 대해 꾸준한 관심을 표명해 온 고병익 교수의 경우, 「현대 한국의 유교」를 설명하는 자리에서 유교(유교적 가치관; 유교적 전통)가 근대화에 장애가 되었다거나 역으로 근대화의 추진 동력이 되었다는 억지 설명을 정당하게 지적하고 있지만,[2] 그럼에도 불구하고 고 교수는 한국의 '유교적 전통'을 노인층이 지니고 있는 유교적 가치관이나 현대에도 끈질기게 존속하는 조상에 대한 유교적 제사, 성묘와 같은 행습(행동이나 습관) 등으로 파악하고 있다. 그런데 이제 설명할 바와 같이 이 같은 이해방식은 한국의 유교적 전통에 대한 '역사적 이해'와는 상당한 거리가 있다는 점을 지적하지 않을 수 없다. 여기에서 우리가 무엇을 '전통'으로 파악하고 창조해 내는가 하는 점이 문제로 대두한다.

일찍이 단재 신채호는 유교국儒敎國인 한국이 쇠약하게 된 이유를 '유교儒敎를 신앙信仰한 소이所以'에 있는 것이 아니라 '유교儒敎의 신앙信仰이 그 도道를 부득不得한' 데서 비롯된 것이라

---

1) 이기백, 「민족문화의 전통과 계승」 이대학보 1958.11.15 (『민족과 역사』 일조각, 1974 재수록)

2) Koh, Byong-Ik, Confucianism in Contemporary Korea, *CONFUCIAN TRADITIONS IN EAST ASIAN MODERNITY*, Edited by Tu Wei-Ming, Harvard Univ. Press, 1996 (1987년 1월 싱가포르의 동서철학연구소가 주최한 학회 발표문으로서 Tu Wei-Ming이 편한 The Triadic Chord - Confucian Ethics, Industrial East Asia and Max Weber, Singapore, 1991에 수록) (『동아시아사의 전통과 변용』 문학과 지성사, 1996 번역 재수록, 297쪽)

고 정당하게 지적한 적이 있다.[3] 신채호는 국망國亡이라는 위기의 시기에 형식과 수구에 빠져있는 유교계의 각성을 촉구하기 위하여 유교의 본질은 대동大同에 나아가기 위한 실천, 당시로 본다면 국운을 타개할 수 있는 신사업新事業의 착수에 있음을 강조한 것인데, 이 같은 본질적 · 총체적 파악 방식은 조선의 유교적 전통을 어떻게 이해할 것인지를 모색하는 우리에게 시사하는 바 크다고 하겠다.

우리는 아직도 우리 사회의 유교적 전통에 대해 역사적이면서도 객관적인 이해체계를 갖추고 있지 못하다. 이는 우리 근대사회의 형성과정에 연유하는바 크다고 하겠는데, 한국은 근대로의 전환기에 자주적인 민족국가 건설에 실패하고, 정작 '전통'을 새롭게 주체적으로 수립해야 할 시기에 일제의 식민지로 떨어졌다. 근대적 전통의 수립이라는 과제는 지연되고 그와는 정 반대의 '식민지적 체질'이 형성되었고, 그 결과 '식민지 잔재'의 청산이라는 부담을 안게 되었다. 이 가운데 본고에서 주목하고자 하는 점은 조선 사회를 총체적 · 역사적으로 파악할 수 있는 안목을 상실함에 따라 초래된 잘못된 조선 유교문화 전통에 대한 인식이다.

이 글에서는 유교문화, 유교적 전통에 대한 바람직한 이해를 도모하기 위해서 조선후기 향촌사회에서 유교적 전통의 지속과 단절 문제를 다루는데, 이 주제를 조선 유교문화의 주 담지자라고 할 양반 사족士族의 '거향관居鄕觀'의 변화를 중심으로 검토하고자 한다. 주로 향촌사회에 그 존립기반을 가지고 있었던 사족들의 거향관은 조선사회의 운영 전체와 유기적으로 연결된 것이

---

3) 「儒敎界에 對한 一論」 대한매일신보, 1909.2.28. (『개정판 단재신채호전집 별집』 형설출판사, 1977, 108~110쪽)

어서 조선 '양반사회' 의 역사적 전통, '유교적 전통' 의 핵심 가운데 하나로 파악되기 때문이다. 이를 통해 조선시대 유교문화라고 하면 흔히 떠올리는 동성촌락이라든가 문중(종중)제사 등과 같은 단편적인 이해에서 한발자욱 더 나아갈 수 있기를 기대한다.

II. 향당鄕黨 윤리의 위축과 가족家族 윤리의 전면적 대두

조선에서 흔히 '양반' 이라 칭해온 사족은 초기 왕권의 전제화 경향 속에서 국가권력으로부터 견제당하고 있었고, 군현제의 테두리 내에서 지배층으로서의 위상을 유지하고 자치력을 확보하는 데 있어 상당한 어려움을 겪기도 하였다.[4] 그러나 왕조가 안정기에 들어선 16세기 중엽 이후 사족들은 그들 나름의 자치조직을 만들어 운영해 나갈 수 있었다.

일련의 검토과정에서 필자는, 16, 17세기 지방사회에는 수령守令을 정점으로 한 관의 행정조직 외에 향촌 사족들이 중심이 된 향촌 지배기구가 독자적으로 기능을 수행하고 있었다는 점, 그리고 군현제적 테두리 안에서 사족들이 '향권鄕權' 이라고 하는 나름의 자치권을 확보하고 있었음을 확인할 수 있었다.[5] 이 향권은 '조권朝權' 에 대비되는 용어로서, 조권이 국가적 차원에서의 인사권(천망권)과 정책결정권을 의미하였던 것과 유사하게 향권은

---

4) 이태진, 「사림파의 유향소 복립운동」 (『한국사회사연구』 지식산업사, 1986 재수록)
5) 김인걸, 「조선후기 鄕村社會 변동에 관한 연구」 서울대학교 박사학위논문, 1991

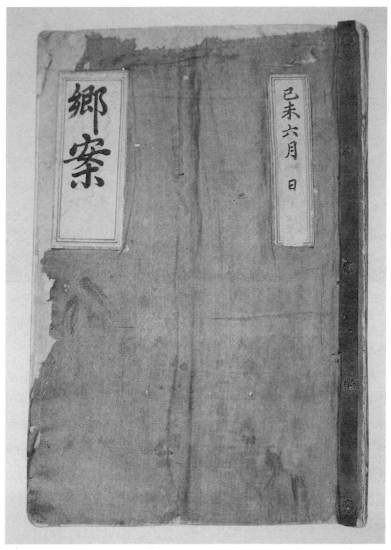

경주 향안 (숙종 5년, 1679)

향촌 권력기구의 각 직임에 대한 인사권(천망권)과 향촌기구 운영권(특히 부세운영권)을 지칭하였다. 그 중요한 기반이 되었던 것은 향안鄕案과 향회鄕會였는데, 사족들이 거주지를 중심으로

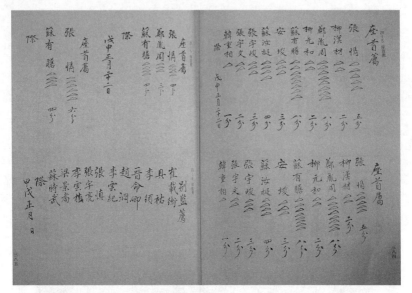

남원 좌수천 (현종 9년, 1668)

시행하였던 동계洞契나 동약洞約 역시 주요 기반이 되었다.

사족들이 군현단위의 향촌사회에서 독자적 권력기구를 확보하고 향권을 장악하고 있었기 때문에 그들 나름의 향촌 운영논리가 없을 수 없었다. 이것이 향당 윤리로서의 거향관이다. 실제 조선 중기, 즉 16, 17세기에 지방사회의 지배층이라 할 사족들은 거관居官, 거향居鄕, 거가居家 윤리를 통일적 · 유기적으로 사고하고 있었으며, 그 가운데서 특히 향촌사회 운영원리로서의 거향관을 곳곳에서 강조해마지 않았다.[6]

'거향', '거향지도居鄕之道'는 말 그대로 향촌에 거주하는 것,

6) 이하 사족들의 居鄕觀과 그 변화에 관련된 설명은 필자의 아래 두 논문에 따르고 특별한 경우가 아니면 주를 달지 않는다.
김인걸, 「조선후기 재지사족의 '거향관居鄕觀' 변화」 『역사와현실』 11, 1994
------ , 「16, 17세기 재지사족의 '居鄕觀'」 『韓國文化』 19, 서울대학교 한국문화연구소, 1997

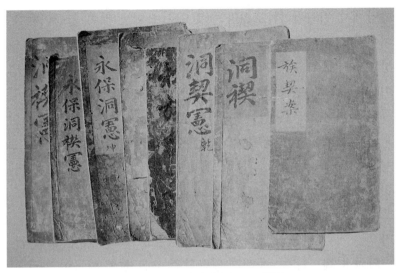

영암 영보정동약과 족계안 (17~19세기)

장흥 방약(면약)과 보민계 (19세기 전반)

향당에서 지켜야 할 도리라는 뜻으로 쓰이는 것이 일반이었다. 이이가 그의 유명한 수신 교과서인『격몽요결擊蒙要訣』의「접인장接人章」에서 '거향지사居鄕之士'의 자세를 제시할 때 쓰인 용법이[7] 바로 그러한 예이다. 그런데 16, 17세기 인물들이 남긴 문집류 기록과 각종 연대기를 검토해보면 같은 용어가 오히려 향촌사회 사족들의 향당운영에서의 처신과 관련된 '특정한' 정치적 성격이 강한 용어로 사용되고 있었음을 발견하게 된다. 즉, 당시에는 '거가居家' '거향居鄕' '거관居官' 등 3가지 용어가 병렬적으로 독특하게 사용되고 있었는데, '거향'이란 용어는 여타의 '거가' 나 '거관' 과는 구별되는 독자적 영역을 갖고 있었던 것이다.

위와 같은 '거향' 용례가 일반화된 것은 향촌 사족이 향당(향회, 향소)운영에 깊이 관여하고 있었던 사실, 당시 국가의 지방지배가 향촌 사족을 매개로 하여 이루어지던 사정 등에 기인한 것으로 볼 수 있다. 여기에서 거향관의 핵심은 관정官政의 득실得失이나 시비是非를 따지는 것, 조부租賦를 제 때 납부하지 않는 것 등을 경계하는 것으로서 관과의 마찰 방지라고 하는 정치적 성격을 띠고 있었다. 실제 16, 17세기 향촌사회에서 거향 처신을 문제삼을 경우 거의 모두가 관(수령)과의 마찰이나 정치세력간의 갈등에 관련된 것이었다.

위와 같은 거향관의 골격은 16세기 대표적 유학자 이황李滉과 이이李珥에 의해 그 기준이 제시된 이래 다양한 형태로 표현되었는데, 여기에서는 18세기 남인학자 안정복安鼎福에 의해서 정리된 내용을 중심으로 검토하기로 한다. 안정복은 총 15개조로 된 '거향잡의居鄕雜儀'를 남겼다.[8] 그는 중국측 인사 6인과 조선측

---

7) 李珥(1536~1584),『擊蒙要訣』「接人章 第九」
   "居鄕之士 非公事禮見及不得已之故 則不可出入官府"
8) 安鼎福(1712~1791), [順菴集] 권15, 〈居鄕雜儀〉

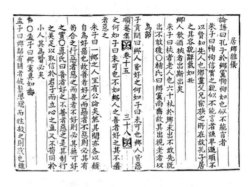

안정복(1712~1791), 「거향잡의」
(순암집, 권 15)

인사 3인 등 총 9인의 거향 사례를 가지고 거향잡의의 내용을 구
성하였다. 기본이 된 것은 공자, 맹자, 주자의 향당윤리였는데,[9]
여기에서 주목되는 점은 향당에서의 시시비비를 분명히 해야 질
서가 세워질 수 있다고 하는 공자의 태도를 강조한 점이다. 그러
나 무엇보다도 중요한 특징은 조선측 인사 3인, 퇴계退溪 이황,
학봉鶴峰 김성일, 율곡栗谷 이이의 사례에서 잘 드러난다.

우선 안정복이 이황의 예에서 주목한 것은, 1. 부역賦役은 반드
시 하호下戶보다 먼저 내서 이서들에게 책잡히지 말 것 2. 비록

---

9) 안정복이 기본으로 삼았던 것은 주자의 해석과 같이 鄕黨은 부형과 종족이
   사는 곳이므로 언행을 조심해야 한다는 점과 鄕大夫 등 지방 관리를 존중해
   야 한다는 점이었다.

품관品官이라도 그들을 무시하지 말 것 3. 수령에게는 백성이 관장을 대하는 예, 즉 민民·주主의 예를 다할 것 등이었다. 특히 경상도 예안 지방의 사인士人들이 품관의 반열에 서는 것을 수치스럽게 생각하는 점을 나무라면서 향당에서는 나이(齒)가 중요하다는 점을 강조한 것이 주목된다. 이는 거향윤리가 향당 운영과 관련 있음을 보여주는 것이었다. 다음 김성일의 예에서는 향당이 부형·종족이 있는 곳이기 때문에 항상 공경하는 자세를 가지라는 말을 인용하면서, 향중鄕中 집강자執綱者를 만나면 그가 비록 자신보다 나이가 어리더라도 가례加禮하라고 한 말을 뽑아 기록하였다. 여기서 집강자라 함은 좌수 별감이나 향회의 여러 직임을 지칭하는 것으로서, 거향이 바로 향촌사회 권력기구의 운영과 관련이 있었다는 점을 반영하는 것이다. 끝으로 이이의 예로는 앞서 인용한바 있는『격몽요결』의「접인장」의 거향관계 기록, 즉 거향지사居鄕之士는 공적인 일로서 예우를 갖추어야 할 방문이나 부득이한 경우가 아니면 관부에 출입하지 말며 수령에게 무엇을 간청하는 일은 하지 말라는 내용을 뽑아 수록하였다.

　이상에서 안정복이 이황, 김성일, 이이 등 3인의 사례를 가지고 이야기하려는 내용의 핵심은, 사족들이 향당 운영에 적극 협조하고 수령(관권)과 일정한 거리를 유지하면서 사족으로서의 지위를 유지할 수 있도록 노력하라는 것이라 하겠다. 그런데 위와 같은 16, 17세기 사족들의 거향관은 단순히 관과의 마찰을 피하고 자신의 지위를 유지하기 위한 것만이 아니었다. 자신들의 양보와 절제를 요구하였던 것은 오히려 관으로부터의 불법적인 요구를 견제하고 그들의 향촌지배를 관철시킬 목적에서 연유한 것으로 보아야 할 것이었다. 요약하자면, 16, 17세기의 거향관은 단순한 향촌사회에서의 생활태도만이 아니라, 구체적으로 향소나 향회의 운영(향당 운영)과 관련하여 사족이 가져야 할 태도를 가리키는 정치적 성격이 매우 강한 것이었다.

그런데 19세기에 들어오면 위와 같은 거향관에 커다란 변화가 나타난다. 19세기 이후에도 재지사족은 여러 형태로 거향처신의 문제를 거론하고 있었다. 대부분 그것은 자손에 주는 훈계나 가훈, 「거가잡의」 등의 형태로 표현되었다. 드문 경우이지만 「거향잡의」 등과 같은 독립된 저술의 형태도 간혹 발견된다. 그런데 이들 기록에서는 크게 두가지 경향을 확인할 수 있다. 하나는 기존의 향당윤리가 크게 위축(퇴색)되는 경향이고, 다른 하나는 그와 관련된 것이지만 형태상의 변화로서 기존 '거향윤리'에서 다루어졌던 내용들이 '거가윤리'의 일부로 편입된다는 사실이다. 「거향잡의」라는 별도의 저술 역시 과거의 정치적 성격을 탈각하고 일반 향촌사회에서의 삶의 자세에 관한 잡다한 내용으로 채워지는 경우가 대부분이다.

위와 같은 현상, 즉 거가윤리가 강화되어가는 속에서 가족이나 가문의 윤리를 통해서 유교적 전통이 지속된다는 점을 강조할 수 있을지 모르겠다. 그렇지만 거향윤리를 유기적 구성부분으로 포함하고 있던 조선 지배층으로서의 과거 모습에 비추어 본다면 조선 향촌사회에서 유교적 전통은 단절되어 나갔다고 보는 것이 보다 역사적 사실에 가까운 이해라고 생각한다.

III. 정치적, 유기체적 거향관의 단절이 갖는 의미

이상에서 살핀 바와 같이 16, 17세기 이래 정치적 성격을 강하게 띤 향촌 사족의 거향관이 19세기에 접어들면서 그 정치색을 탈색시키게 된 가장 큰 이유는 사족의 향촌 지배기구라 할 향회가 사족의 수중에서 떨어져나가면서 관권에 예속되는 18세기 중엽 이후의 정치적 변동에서 찾아진다. 즉, 18세기 중엽을 전후하여 사족의 결속력이 약화되고 향론이 분열되는 가운데 이제 사족은 수령의 지방지배에 동반자적 지위를 상실하고 향권에서 소외되어 나갔다. 그리고 그 과정에서 기존 사족의 이해를 대변해오던 향회는 수령의 부세운영 자문기관적 성격의 기구로 변질되었다. 정약용이 『목민심서』에서, 부세 책정을 위해 마련된 향회에서 향반들이 수령과 아전들의 농간에 놀아나고 있음을 비판적 시각으로 지적한 것은[10] 저간의 사정을 반영한 것이었다.

이제 19세기의 향회는 사족만이 아니라 부세운영을 중심으로 한 향촌사회 운영에 이해관계를 가진 향촌 '민民' 의 의견을 결집하는 장으로까지 전화하고 있었다.[11] 이 때 향회의 지향은 일면 '대동론大同論' 에 기초하고 있어서 유교적 전통 내에 머무르는 것으로 인식될 여지가 없지 않으나, 그 구성원으로 볼 때도 그렇고 당시 향회에서 주장되고 있던 내용 자체는 과거 유교적 윤리와는 거리가 먼 것이었다. 그리고 이 같은 성격은 보다 구체화되어 1894년 농민전쟁의 초기 대규모 집회, 보은취회報恩聚會에서 극명하게 드러난바 있다. 당시 모인 군중들은 자신들의 집회가 국가 대소사를 의논하는 서구의 의회와 성격이 같은 '민회民會' 임을 선포하였던 것이다.[12]

현상적으로 각 가문의 입장에서 본다면 '양반가문' 의 권위는 근래까지도 자부심의 원천이 되어온 것이고, 구래의 사족의 후예라 할 양반층의 결집 양상은 시기에 따라 다양한 형태로 변화되

---

10) 丁若鏞, [牧民心書] 권6, 〈平賦〉戶典 第五條
11) 安秉旭, 「19세기 鄕會와 民亂」 서울대학교 박사학위논문, 2000
12) 〈宣撫使再次狀啓; 魚允中兼帶〉[東學亂記錄] 123쪽
   "又曰 渠等此會 不帶尺寸之兵 乃是民會 嘗聞各國亦有民會 朝廷政令有不便
   於民國者 會議講定 自是近事 豈可措爲匪類乎 臣曰 汝等若有上達底情事 成
   文狀以來 當爲之轉達 汝等切不可西上 警動京師也"

어 왔는바, 그 사회적 영향력은 결코 과소평가할 수 없을 것이다. 그러나 사족의 후예들이 갖는 개개의 영향력이나 각 가문의 보존 능력이 그대로 유교적 전통의 지속을 말하는 근거가 될 수는 없을 것이다. 향촌사회의 유교적 전통은 총체적으로, 역사적으로 접근되어야 할 것이며 그 잔존 습관이나 행위양식만을 가지고 피상적 차원에서 운위되어서는 곤란하다. 앞서 언급하였듯이 구한말 신채호가 조선이 쇠약해진 것은 유교 때문이 아니라 오히려 유교의 근본정신을 잃고 있기 때문이고, 유자儒者가 형식에만 매달려 수구와 안일로 일관하는 것이야말로 유교와 한국을 같이 망하게 하는 길이라고 일갈하였던 것도 바로 그 같은 점과 무관하지 않은 것이었다. 향촌 사족의 거향관의 변화는 중세 지배층으로서의 사족의 역사적 임무의 종식을 상징적으로 보여준다.

조선시대의 군사제도

김우철 동해대

조선시대의 군사제도

-중앙군과 지방군-

I. 머리말

　인류가 사회를 이루어 살기 시작한 뒤로, 서로 다른 사회 사이의 갈등을 해결하는 수단으로 가장 빈번하게 선택된 것은 전쟁이었다. 따라서 평시에는 이러한 전쟁에 대비하고, 유사시에는 이러한 전쟁을 수행하는 조직으로서의 군대 또한 인류의 역사와 그 연륜을 함께 해왔다고 볼 수 있다. 대외적으로 외부 사회와의 전쟁을 대비하고 수행해왔던 군사조직은, 대내적으로는 반대 세력으로부터 정권을 유지하는 가장 강력한 기반이었다. 군대 통수권의 소재가 곧 정치권력의 소재와 일치할 수밖에 없었던 이유가 거기에 있었다. 또한 국가와 정권이 구분되어 이해되지 못했던 전통사회에서 특히 군사 권력의 소재에 민감할 수밖에 없었던 이유도 거기에 있었다.

　전통사회에 있어서 군대는 그 쓰임새에 따라 크게 '대궐의 호위'와 '외적의 방어'로 구분해 볼 수 있다. 이러한 쓰임새에 따른 구분은 곧 군대의 소재지에 따른 구분이기도 했다. 즉 대궐, 궁극적으로는 대궐에 사는 임금을 호위하기 위한 목적에서 서울에 편성되었던 군대가 중앙군이며, 남쪽과 북쪽에서 침입해 올 것으로 예상되는 외적을 방위하기 위해 전국의 각 지방에 편성되었던 군대가 지방군이었다.

임진왜란과 병자호란 이라는 두 차례의 커다란 전쟁은 조선사
회의 각 부분에 있어서 커다란 변화를 수반했다. 전쟁과 직접적
으로 연관되는 군사제도에 있어서도 그러한 변화는 예외가 될 수
없었다. 이 글에서는 조선시대의 군사제도를 시기적으로는 전기
와 후기로 구분하고, 기능적으로는 중앙군과 지방군으로 구분하
여 그 구조와 변화상에 대해 살펴보도록 하겠다.

II. 조선전기의 군사제도

1. 오위체제의 성립과 중앙군

조선시대 군사제도를 살펴보기 위해서는 우선, 국민의 군사제
도에 대한 부담 방식인 군역軍役에 대해서 살펴볼 필요가 있다.
군역의 대상자는 원칙적으로는 16~50세의 모든 양인 이상의 남
정男丁이었으나, 양반계층은 관직을 지니고 있다거나 다른 여러
가지 이유로 빠져나가고, 군역을 부담하는 양반계층도 근무조건
이 월등하게 좋은 병종에 편성되었으므로 실제적으로 군역은 양
인들만의 부담이 되었다.

군역의 대상자들은 어떠한 형태로든 직접 현역으로 복무하던
지, 아니면 현역을 돕는 보조인이 되어 임무를 수행하는데, 이는
호보제戶保制로 나타났다. 호보는 호수戶首와 보인保人을 가리키
는 것으로, 보인은 봉족奉足이라고도 한다. 원래 조선의 군역제
도는 중국의 부병제府兵制를 모범으로 하고 있었는데, 부병제에
서는 군역 복무에 대한 대가로 농민들에게 토지를 분급하도록 되
어있었다. 그러나 농민들에게 지급할 토지가 부족했던 조선에서

는 농민들에게 토지를 지급하는 대신, 현역병인 호수에게 그 부담을 보조하는 보인을 지급하도록 한 것이었다. 정부는 토지지급에 따른 부담을 덜 수가 있었지만, 군역 자원의 확보가 지나치게 과중해짐으로써 결국 양인들에게 큰 부담이 되었다.

고려시대 중앙군의 2군 6위는 여러 차례의 변화과정을 거쳐 세조 때 오위五衛체제로 확립되었고, 예종 때의 재조정을 거쳐『경국대전經國大典』에 명문화되었다. 오위체제는 중앙군과 지방군을 망라한 국방체제로서, 중 · 좌 · 우 · 전 · 후의 다섯 방위에 따라 편성된 의흥위義興衛 · 용양위龍驤衛 · 호분위虎賁衛 · 충좌위忠佐衛 · 충무위忠武衛를 가리킨다. 이 아래에 13개의 중앙군 병종이 각각 나뉘어 소속되어 있었으며, 그 아래에 역시 다섯 방위에 따라 편성된 오부五部 아래에 전국의 지방군도 각각 나뉘어 소속되었다. 제주濟州가 속해있던 충좌위를 예로 들어 살펴보면 다음과 같다.

〈표 1〉 조선전기 오위의 구성 - 충좌위

충좌위(전위 · 중앙군)		충의위 · 충찬위 · 파적위
(지방군)	중부	한성부 남부, 전라도 전주 진관
	좌부	전라도 순천 진관
	우부	전라도 나주 진관
	전부	전라도 장흥 · 제주 진관
	후부	전라도 남원 진관

방위상 전위前衛에 해당하는 충좌위 아래에는 충의위忠義衛 등 3개 중앙군 병종과, 한성부 남부 및 제주를 포함한 전라도 지방의 군사들이 소속되어 있었다. 그러나 지방군의 경우는 실제로 직접 상번해서 수도 방어를 하는 것이 아니며, 다만 전국을 망라

한 훈련체제로서의 성격을 지니는 것이었다.

오위를 구성하는 중앙군의 병종은 신분도 서로 다르고 수효나 임무, 근무 연한 등도 제각각 달랐다. 충의위나 충찬위忠贊衛 등의 경우는 왕실의 먼 친척이나 대신들의 무능한 자제, 공신자제 등과 같은 특권 지배층에 대한 특별대우의 하나로 편제된 병종이었다. 파적위破敵衛나 갑사甲士 등과 같은 병종은 일정한 무예시험을 거쳐서 선발된 일종의 직업군인이었다. 그밖에 양인들의 의무적인 군역으로서 상번·숙위하는 정병正兵 등이 있었다. 근무 연한이나 신분체제의 불균등, 대우의 불합리, 어렵고 쉬운 부담의 차이, 경제기반의 불안 등의 이유로 오위에 소속된 병종들의 질은 점점 저하되면서 허구화되었다. 이에 따라 군사제도가 해이해지고 대립代立의 폐단이 발생하였으며, 군사훈련 등이 장기간 시행되지 않으면서 변란 때에는 국방병력으로서의 지방군보다도 그 중요성이 떨어지고 있었다.

중앙군에는 수도방어를 임무로 하는 오위의 군사들 이외에도, 왕권을 직접 호위하는 친위병인 금군禁軍이 있었다. 금군은 보병인 내금위內禁衛와 기병인 겸사복兼司僕이 중심이었으며, 서얼 출신으로 구성된 우림위羽林衛와 함께 통틀어 내삼청內三廳이라고 했다. 뒤에 한량 중심의 정로위定虜衛와, 오위 군병 가운데 선발한 청로대淸路隊 등도 금군의 구실을 했다.

중앙군인 오위와 금군의 기능으로는 크게 입직入直과 행순行巡·시위侍衛 등이 있었다. 입직은 왕권을 보호하기 위해서 궁궐을 숙직하는 것으로 중앙군에 부과된 가장 큰 임무였다. 행순은 궁궐과 도성 안팎을 순찰하는 것으로 오위가 평시에 지닌 중요한 기능 중의 하나였다. 시위는 임금을 가까이에서 모시는 것으로, 임금이 참여하는 각종 행사가 있을 때 각각 맡은 지역에서 정렬하여 호위했다.

2. 진관체제의 성립과 지방군

세조 때 진관鎭管체제가 성립되면서 조선전기의 지방군제는
골격을 완성하게 된다. 진관체제는 전국을 주진主鎭에서 거진巨
鎭, 제진諸鎭으로 이어지는 체제로 편성하고, 각각의 행정단위가
이에 소속되도록 한 것으로, 군사와 행정을 일원적으로 파악하는
체제였다. 각 도道의 육군陸軍을 지휘하는 종2품의 병마절도사兵
馬節度使가 머무르는 곳이 주진이 된다. 그 아래에는 주로 정3품
의 목사牧使가 겸임하는 첨절제사僉節制使가 머무르는 거진이 있
었는데, 이 거진이 진관의 군사권을 장악했다. 종2품의 부윤府尹
이 장관인 고을이 거진이 될 경우에는 절제사節制使라 불렀다. 거
진에 소속된 그 밖의 많은 고을은 제진이 되는데, 각각 수령의 품
계에 따라 동첨절제사同僉節制使에서 절제도위節制都尉 등의 군직
을 맡고 있었다.

흔히 병사兵使로 약칭되는 병마절도사는 지역의 사정에 따라
수효가 달랐다. 경기도와 강원도의 경우는 따로 전임 병사를 두
지 않고 관찰사觀察使, 즉 감사監司가 겸임했다. 충청도와 전라도
· 평안도의 경우에는 감사가 겸임하는 병사 이외에 전임의 병사
가 1명씩 있었다. 경상도와 영안도의 경우에는 국방상의 중요성
에 따라 감사 이외에 전임 병사가 각각 2명씩 있었다.

수군水軍도 육군에 따라 진관조직을 갖추었는데, 정3품의 수군
절도사水軍節度使, 즉 수사水使의 아래에 첨절제사에서 만호萬戶
로 이어지는 구성을 가지고 있었다. 수사의 경우도 각 도의 사정
에 따라 수효가 달랐는데, 겸임하는 내용은 조금 달랐다. 강원도
와 황해도 · 평안도 · 영안도에는 전임 혹은 겸임의 병사 1~3명
이 수사를 겸임했다. 경기도와 충청도에는 감사가 겸임하는 수

사 이외에 1명의 전임 수사가 있었다. 경상도와 전라도에는 감사
가 겸임하는 수사 이외에 각각 2명의 전임 수사가 있었다.

역시 제주가 속해있었던 전라도를 예로 들어 진관체제의 구조
를 살펴보면 다음 표와 같다.

〈표 2〉 조선전기 진관의 구성 - 전라도

관찰사	(병사 · 수사 겸임)	감영=전주
병사/우후		병영=강진
(첨절제사)	(동첨절제사)	(절제도위)
(전주진관) 전주부윤(절제사)	익산 · 김제 · 고부 · 금산 · 전산 · 여산군수	전주판관, 정읍 · 흥덕 · 부안 · 옥구 · 용안 · 함열 · 고산 · 태인 현감, 만경 · 임피 · 금구현령
(나주진관) 나주목사	광주목사, 영암 · 영광군수	나주 · 광주판관, 함평 · 고창 · 장 성 · 진원 · 무장 · 남평 · 무안현감
(남원진관) 남원부사	담양부사, 순창군수	남원관관, 임실 · 무주 · 곡성 · 진안 · 옥과 · 장수현감, 용담 · 창평현령
(장흥진관) 장흥부사	진도군수	강진 · 해남현감
(순천진관) 순천부사	낙안 · 보성군수	광양 · 구례 · 흥양 · 동복 · 화순현감, 능성현령
좌수사/우후		좌수영=순천 오동포
(첨절제사)	(만호)	
(사도진관) 사도첨사	회령포 · 달량 · 여양 · 마도 · 녹도 · 발포 · 돌산도만호	
우수사/우후		우수영=해남
(임치도진관) 임치도첨사	검모포 · 법성포 · 다경포 · 목포 · 어란포 · 군산포 · 남도도 · 금갑도만호	
(병마수군절제사)	(동첨절제사)	(절제도위)
(제주진관) 제주목사		제주판관, 대정 · 정의현감

제주의 경우 특수한 지역이므로, 제주 목사가 육군과 수군 거진의 지휘관을 겸임하여 병마수군절제사를 맡고, 그 아래로 제주 판관과 대정·정의현감이 절제도위를 맡았다.

진관체제가 전국을 하나의 군사조직의 체제 아래에 편입되도록 했으나, 모든 지역에 무장한 군사를 상주시킬 수는 없었다. 따라서 전국 각지에 거주하고 있던 군정들은 평소에는 중앙에 상번하거나 특수 국방지대에 근무하는 유방군留防軍을 제외하고는, 비번인 상태로 자기 생업에 종사하여 실제로는 잠재적인 군사력을 이루고 있었다.

전국을 군사지대화하고 방위망화했던 진관체제는 성립기반이 지나치게 광범위한 것으로 실제 유사시에는 오히려 무력함을 드러내고 그 기능을 상실했다. 또 조선 건국 이후 장기간의 평화로 전면전의 위기감이 사라짐에 따라, 북방의 야인과 남방의 왜인에 대비하는 응급적인 대책으로 제승방략制勝方略이라는 체제가 보완적으로 등장하게 된다. 각 진관별로 각자 책임 아래 방어하는 진관체제와는 달리 유사시에 각 고을의 수령이 소속된 군사를 이끌고 본진을 떠나 배정된 방어지역으로 가서 공동 대처하는 것이었다. 이에 따라 후방지역에는 군사가 없어서 1차 방어선이 무너지면 그 뒤에 방어할 수 없는 2차, 3차의 방어선이 없어서 크게 위험할 수 있는 방법이었다. 즉 국지전에 대비하기에는 적절할 수 있을지 몰라도 전면전이 발발할 경우에는 효과적인 대책이 될 수 없었다. 이러한 우려는 임진왜란에서 현실화되었다.

III. 조선후기의 군사제도

1. 오군영의 성립과 중앙군

임진왜란의 초기 전투에 패배한 조선 정부는 수군과 의병의 분전, 명明나라 군대의 참전 등으로 반전의 계기를 마련했다. 특히 평양성 전투에서 소개된 척계광戚繼光의 『기효신서紀效新書』의 속오법束伍法은 새로운 병법의 가능성을 보여주는 것이었고, 이에 따라 중앙에는 훈련도감訓鍊都監을 지방에는 속오군束伍軍을 창설함으로써, 조선전기와는 다른 조선후기의 새로운 군사제도가 모습을 드러내게 된다.

흔히 조선후기의 중앙군 체제를 오군영五軍營체제라고 부른다. 그러나 조선후기적인 군사제도는, 다른 모든 분야에서도 그러하듯이 기능적으로는 조선전기의 것을 대체하는 형태였지만, 제도적으로는 보완하는 형태로 제시된 것이다. 따라서 오군영체제는 이미 허설화된 조선전기의 오위체제와 제도적으로는 중첩되어 운영되었고, 이에 따라 오위체제의 상당한 병종이 그대로 조선후기에도 남음으로써 군역자원의 부족은 더욱 심해졌다.

오군영은 훈련도감과 어영청御營廳·금위영禁衛營·수어청守禦廳·총융청摠戎廳의 다섯 군영을 가리킨다. 그러나 조선후기의 오군영은 조선전기의 오위와는 달리 일관된 원칙에 의해 편제된 것이 아니었다. 임진왜란이라는 비상한 시기에 임시기구로서의 훈련도감이 설치된 이래, 대내외적인 요인에 의해서 점차 증설된 것이 결과적으로 오군영이라는 형태를 갖추게 되었다고 보아야할 것이다. 이에 따라 같은 중앙군이라고 해도 수도방어 군영으로서의 훈련도감·어영청·금위영과 수도외곽방어 군영으로서

행렬도 『원행을묘정리의궤』 : 조선시대 군사들의 행진 광경이다. 가운데에 훈련도감의
장관인 훈련 대장 모습이 보인다.

의 수어청 · 총융청은 그 기능면에 있어서 서로 달랐으며, 이 밖
에도 오군영은 상호간에 편제나 운영 등에 있어서 서로 다른 점
을 많이 가지고 있었다.

　오군영 가운데 가장 먼저 성립된 훈련도감은 직업적인 급료병
으로 편성되었다는 점에서 또한 주목할 만한 것이었다. 그러나
이는 막대한 재원을 필요로 했다는 점에서, 재원마련에 대한 별
도의 전망이 없는 상태에서 다른 군영에까지 전면적으로 시행하
기에는 무리가 따르는 것이기도 했다. 훈련도감과 같은 속오법
의 원리에 의해 구성되었지만, 어영청과 금위영에서 상번제上番

制를 통한 농민병으로 편성한 것은 그러한 이유에서였다. 그러나 조선전기처럼 복무에 대한 대가를 호보제로 운영하다보니, 그 원활한 시행을 위해서는 많은 수의 군액을 확보해야하는 어려움이 있었다. 또한 상번병의 상번을 줄여주거나 면제해주는 대신 농민으로부터 군역세를 받아서 재정에 전용하는 경우가 빈번해졌는데, 이는 어영청과 금위영 상번군의 군사적 의미를 축소시키는 것이기도 했다. 아무튼 이상의 세 군영은 조선전기의 중앙군이 수행했던 것과 같은 행순·시위 등의 임무를 담당구역을 나누어 수행했으며, 아울러 궁성 뿐 아니라 도성 수비도 주요한 임무의 하나가 되었다.

수어청과 총융청은 오군영으로 분류되기도 하지만, 도성의 방위를 담당한 세 군영과는 달리 수도 외곽인 경기지역의 방위를 담당했다는 점에서 구별되는 존재였다. 즉 두 군영은 중앙군과 지방군의 성격을 함께 지니고 있었던 존재라고 할 수 있다. 여러 차례의 제도 개편을 거쳐 수어청이 남한산성을, 총융청이 북한산성을 각각 담당하면서 도성 외곽의 수비를 전담하게 되는 두 군영은 재정적으로는 둔전屯田을 바탕으로 하는 자체 경제기반을 가지고 있었으며, 휘하에 많은 병종으로부터 거두는 군역세에도 크게 의존했다.

조선후기에도 역시 금군이 있어서 국왕을 근접 경호했다. 종래의 내삼청 이외에도, 후기에 와서 호위청扈衛廳이 따로 설치되기도 했으며, 여러 차례 중앙 군영과의 통폐합 과정을 거치면서 영조대에는 금군이 따로 용호영龍虎營으로 독립한다.

2. 속오군 성립과 지방군

임진왜란을 맞아 응급적으로 편성되었던 속오군束伍軍은 이후

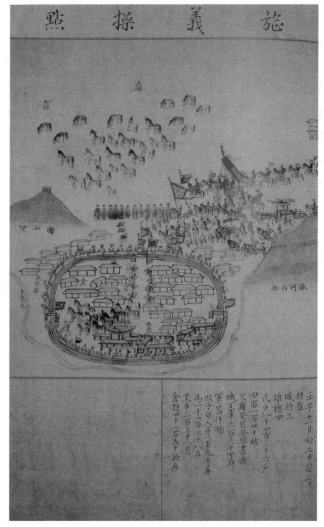

정의조점 『탐라순력도』: 정의현에서 속오군의 점검 및 군사훈련 광경이다.

몇 차례의 정비를 거쳐, 조선후기 지방군의 중추로 자리 잡았다. 17세기는 여전히 군사문제가 중요한 관심으로 대두한 시기였고, 이에 따라 속오군의 군사훈련을 효율적으로 하기 위해 영장營將

제도가 시행되었다. 영장제도는 제승방략처럼 특정 지역을 방어하는 것이 아니라, 지방의 주요 거점을 몇 개의 영營으로 나누어 방어한다는 점에서 진관체제와 유사했다. 다만 전임무신인 영장이 별도로 파견된 경우에는 진관체제의 거진巨鎭 위에 영장이 있어서, 영장이 거진을 포함한 제진諸鎭의 군사지휘권을 행사함으로써 진관체제의 거진 수령이 행사했던 군사지휘권을 장악한다는 차이점이 있다. 영장제도는 이후 삼남지방은 전임무신의 파견을 원칙으로 하되, 그 이외의 지역은 모두 수령의 겸직으로 하는 겸영장兼營將 제도로 운영된다.

속오군은 여러 가지 측면에 있어서 이전 시기의 병종과는 구별되었으며, 이는 달라진 시대상황을 반영하는 것이었다. 우선 속오군은 종래에는 군역에 편성되지 않는 것이 원칙이었던 천인을 포함해 신분의 구분 없이 편성되었다는 점이 주목된다. 속오군에의 편입을 계기로 천인들을 대상으로 한 각종 병종이 만들어지며, 이러한 상황은 종래의 양천 구분을 무의미한 것으로 만들었다. 즉 신분제의 동요현상을 초래했던 것이다.

또한 속오군은 '겸역兼役'으로 운영되었다는 특징을 지닌다. 속오군 자체가 독자적인 하나의 신역으로 인정되었던 것이 아니라, 본래의 역과는 별도로 부가적으로 지는 겸역이었던 것이다. 이러한 겸역은 속오군에게 큰 부담이 되었으며, 장기적으로는 속오군의 정상적인 운영이 불가능하게 한 요인이었다. 군사적 긴장이 고조되던 시기에는 보인이나 복호復戶의 지급 등을 통해 속오군의 부담을 완화시킬 수 있었지만, 18세기 이후 조정의 관심이 재정적인 곳으로 옮겨가면서 속오군의 군사훈련은 제대로 진행되지 못한다. 또한 여러 가지 이유로 양질의 군역자원들이 속오군의 편성에서 제외되면서 질적인 하락도 피할 수 없었다.

속오군은 유사시에 대비한 예비군적인 성격을 지니고 있었으

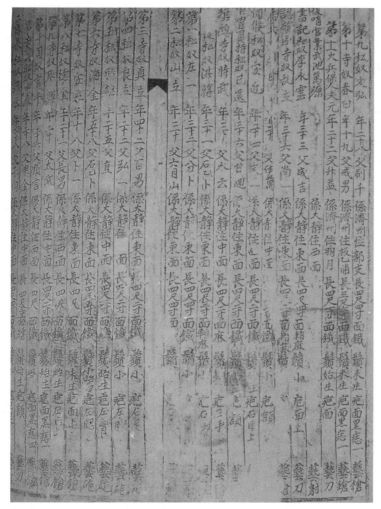

제주속오군적부 : 제주 지역 속오군의 군적부이다.

므로, 다른 신역과 같이 일정 기간 복무하는 형태를 띠거나 일정한 물품을 납부하는 형태로 유지되는 것이 아니었다. '속오역束伍役'의 주된 내용은 군사훈련에의 참가였다. 물론 전시에는 우선적으로 투입되는 것을 전제로 하고 있었다. 그러나 정부에서

재정적인 이유로 군사훈련을 정상적으로 시행하지 않게 되면서, 점점 '속오역'은 부역 동원을 위한 장치로 변화하게 되고, 이에 따라 속오군의 군사적 기능은 완전히 사라지게 된다.

18세기 이후로 속오군의 운영이 제대로 이루어지지 못하면서, 조정에서는 그 대안으로 새로운 병종을 신설하는데 그 방향은 크게 두 가지로 나타났다. 하나는 수령을 중심으로 한 친병親兵을 설치하는 것이었는데, 아병牙兵과 이노대吏奴隊 등이었다. 다른 하나는 기병騎兵을 확충하는 것으로, 친기위親騎衛나 별무사別武士 등이었다. 그러나 이 역시도 대부분 재정적인 목적으로 변질하면서 실효를 거둘 수 없었다.

IV. 맺음말

조선시대의 군사제도를 연구하면서 맞부딪히게 되는 가장 곤혹스러운 문제는 결국 조선이 식민지화되었다는 엄연한 사실이고, 그 식민지화 책임의 상당 부분은 군사제도의 붕괴에 돌려질 수밖에 없다는 것이다. 그러나 군사제도라는 것이 사회의 다른 부분과 무관하게 독자적으로 유지 · 발전될 수 있는 것이 아니고, 오히려 그 반대로 사회 역량의 총합으로서 나타나는 것이라고 볼 때 결국 식민지화의 책임도 당시의 전체 조선사회가 감당해야만 한다.

조선전기의 군사제도는 모든 양良 신분층에게 군역의 부담을 지우는 것을 원칙으로 구성된 것이었지만, 부병제府兵制의 기본 원리와는 달리 군역부담자에게 토지의 지급이 이루어지지 못하면서 불완전하게 출발했다. 토지의 지급 대신 이루어진 보인의 지급은 군역자원의 급증을 가져왔고, 이 역시 고스란히 백성들의 부담으로 남았다.

　임진왜란을 거치면서 재편된 조선후기의 군사제도에서도 근본적인 문제점이 해결되지는 않았다. 중앙군 가운데 일부 군영의 급료병화는 그것을 감당할 재원의 고려 없이 구성된 것이었으므로 중앙 재정에 어려움을 가중시켰다. 한편 다른 군영의 경우에는 군사적인 목적 보다 재정적인 목적에 관심이 두어지면서 변칙적으로 운영되어, 군사상의 공백을 가중시켰다. 겸역으로 운영된 지방군의 경우 문제는 더욱 심각하여, 결국 허설화되었다.

　한편 천인들이 일부 군역에 편입되기 시작한 대신, 양반들이 군역에서 이탈해 나가는 것이 제도화되면서, 군역부담의 불균형은 오히려 심화되었다. 이를 개혁하기 위해 많은 제도 개혁론이 제기되었지만 양반층의 거부로 시행되지 못하면서, 군제 개혁의 기회는 무산되었다. 아무런 대비 없이 맞이하였던 개항기에 특히 군사제도가 전혀 의미를 가질 수 없었던 것은 이러한 까닭에서 연유했다.

▌참고문헌▌

　차문섭,『조선시대 군제연구』, 단국대학교출판부, 1973.
　민현구,『조선초기의 군사제도와 정치』, 한국연구원, 1983.
　이태진,『조선후기의 정치와 군영제변천』, 한국연구원, 1985.
　국사편찬위원회,『한국사』 23, 1994.
　국사편찬위원회,『한국사』 30, 1998.
　김우철,『조선후기 지방군제사』, 경인문화사, 2001.

조선왕조의 도성과 지방성곽의 축조

차용걸 충북대

조선왕조의 도성과 지방성곽의 축조

I. 머리말

조선왕조는 고려왕조의 방어시설을 그대로 물려받고 시작하여 점차 조선왕조적인 축성을 하였다. 조선왕조적인 것은 조선왕조 도성의 축조와 고려말에 이르러 황폐된 연해와 도서지역의 개발을 현실화한 읍성의 축조, 영토를 지키기 위한 행성과 진보에의 축성에 이르기까지 점진적으로 축성 범위를 넓혀가고, 궁극적으로는 방어 상대인 여진족과 왜인들을 국경에서 철저히 막겠다는 육수·해방정책을 실현하는 것이었다.

대체로 도성과 지방의 유력한 도시에의 축성은 중앙집권력의 신장에 의하여 국가적인 계획으로 이루어졌으며, 북방 4군과 6진의 개척에 따른 진보와 행성 축조에 이어서 선군이 해상방어를 원칙으로 하였던 구조도 점차 안정된 분위기를 따라 성으로 둘러싸인 방어도시를 이루게 하였다. 산성 위주의 전통적 방어 방법은 후퇴하여 산성에 있었던 읍치나 군창은 평원으로 내려오게 되었으며, 종래의 소규모 산성은 읍성과 진보의 축조와 함께 고적으로 변하였다.

임진, 병자 양란 이후 도성이 함락 당하는 비운을 경험 삼아, 도성 방어력의 강화를 위한 새로운 시설로 남한산성과 북한산성, 강화도의 축성과 개성 및 수원을 유수부로 하여 축성하고, 지방의 요충으로 많은 사람들이 입보하여 농성할 수 있는 대규모 산성을 다시 경영하므로써 도성 방위체제의 재구성과 지방 방어를 위한 거점을 다시 보완하였다. 그러나 시대 변화에 대응하는 방식이 고식적이어서 노력과 경비의 소요에 비교하여 방어 효과는 문제시되었다.

조선시대의 축성을 편년적인 상황으로 알기에는 어려운 점이 있으므로, 일반적으로 연구된 성과를 종합하여 설명하면 다음과 같이 정리할 수 있을 것이다.

Ⅱ. 조선왕조 도성의 모델 – 고려의 도성

1. 구도舊都 개경

고려의 도성은 북쪽의 송악산과 남쪽의 용수산, 동쪽의 부흥산과 역암봉, 서쪽의 지네산(오송산)으로 둘려진 분지에 마련되어 여러 골짜기의 물길이 동향과 남향하여 동남으로 빠지는 명당에 자리하였다. 만월대는 궁성과 황성 구역이며, 전체의 서북쪽을 능선과 계곡을 횡단하여 토벽으로 축조한 것이 둘레 2,170m 규모의 궁성이며, 궁성 외곽으로 당초의 둘레 8.2km 규모의 성을 동서로 가르는 격벽을 쌓아 둘레 4,700m 규모의 황성을 마련하였다. 황성은 남쪽 정문인 주작문이 주작현에 있었으며, 남벽과 동벽 및 서벽의 연결이 거의 직각으로 되고 산능선을 따라 북쪽 산지로 이어진 것이었다. 황성도 서쪽 부분의 일부가 돌로 축조되고 나머지 대부분은 토축이었다.

궁성은 내부 면적이 25만 평방미터이고 사방에 승평문, 동화문(려경문), 서화문(향성문), 현무문이 있었고, 성안에 회경전, 장화전 등의 궁전이 있었다.

궁성의 외곽으로 황성이 919년에 동시에 축성되었다. 황성은 너비가 125만 평방미터이고 20개의 문이 있었는데, 남쪽에 주작문을 비롯한 5개, 서쪽에 5개, 북쪽에 1개, 동쪽에 5개, 중앙 격벽에 2개, 그리고 동남으로 광화문과 수문이 있었다. 황성 안에 주요한 관청들이 자리하였다. 당초 896년에 축조한 발어참성을 기초로 한 것이며, 황성의 격벽은 궁성 북쪽 10m 뒤로 축조되었다.

개경의 나성은 거란족의 침입을 경험한 후인 현종 원년에 시작하여 20년의 세월이 걸린 후인 1029년에 완공되었는데, 성벽이 29,700보로 약 23km의 규모였다. 성벽은 서북쪽의 송악산 정상 성벽에서 서쪽 눌리문 부근까지 5.5km의 구간이 석축이고 나머지 17.5km는 토축이었다. 크고 작은 문이 25개가 있었는데, 동쪽의 숭인문, 서쪽의 선의문, 남쪽의 회빈문, 동남쪽의 장패문(보정문) 등이 큰 것이었다. 이 나성의 축조에는 304,400명이 동원되었고, 나각이 13,000칸이 있었다고 하였다.(고려사에는 다른 기록으로 성의 길이 10,660보, 동원인원이 238,938명, 공장 8,450명, 성벽 높이 27척, 두께 12척, 낭옥 4,910칸이란 것이 있다)

나성의 내부는 5부 35방 344리로 구분되는 행정조직과 십자가를 중심한 동, 서 市廛의 상업지역, 수로를 중심한 수공업지역, 교육시설과 종교시설, 주거지역과 군사 주둔지가 궁궐과 별궁들을 둘러싸고 있었다.

고려의 도성은 궁성, 황성, 나성의 세 겹으로 토축되거나 토석 혼축된 것이었는데, 고려 말기에 이르기까지 강화로의 천도와 외침으로 퇴락했기 때문에, 그리고 나성이 너무 크게 퇴락되어 수비가 어려우므로 수창궁을 보호하기 위하여 내성을 축조하였다. 개경 내성은 조선 태조 3년에 완성된 것(1391~1393)으로 둘레 11.2km 규모이며 고려에서 조선시대로 이어지는 도성으로서 과

도기의 축조에 해당된다는 의미가 있다. 석축이 5.4km, 토축이 5.8km의 구간으로 되어 있고 실제로 나성 성벽과의 공유하는 성벽을 제외한 동벽과 남벽은 약 5.6km이다.

개경은 산수의 배치와 지형 조건, 총 연장 38.2km의 성벽과 38개의 성문, 15개의 옹성, 7개의 수문, 56개 이상의 치성, 여장(고려도경에는 여장이 없다고 하였으나 석축 부분에는 남아 있어서 의문된다), 장대, 봉수를 갖춘 것이었다. 도성의 규모, 서북쪽 기슭을 중심한 궁성의 배치, 보다 후방 박연리에 둘레 약 10km의 대흥산성(1676년 수축)을 가진 점 등에서 보면 한양도성의 한 모델 구실을 하였으며, 조선시대에는 내성이 유수부의 읍성으로 기능하였다.

2. 강도江都

몽골족의 침입으로 개경도성을 지키지 못하고 고종 때 집권자인 최우는 강화도에 일종의 피난도성을 마련하였다. 궁궐을 중심으로 내성과 중성을 마련하고 섬 전체에 걸쳐 외성을 쌓은 것으로 조선시대 강화 유수부의 성과 강화 외성의 전신이 되었다. 조선 숙종, 영조 연간에 섬은 진보와 돈대로 요새화되었다.

3. 진도 용장성

삼별초군이 승화후를 세워 개경 환도에 대항한 진도에 마련된 도성으로 주요 건물이 있는 부분과 광범위한 외곽성으로 구성되었다.

III. 조선왕조의 도성

1. 한양도성

조선왕조가 개창 된 3년 뒤에 한양으로 천도하고 이듬해인 1395년 9월 도성축조를 위한 관청인 도성축조도감이 설치되어 정도전이 성터를 측정하였다. 1396년 1월에 함길, 평안, 강원, 경상, 전라의 5도의 민정 118,070명이 동원되어 산지는 19,200자의 석축으로 쌓고, 평지는 10,300자를 토축했는데, 성벽은 바닥 너비 25자, 높이 25자, 윗쪽 너비 18자의 규모를 기준으로 하였다. 공사구간은 북악을 기준으로 97구간을 천자문 순서로 나누었는데, 하나의 구간은 600자씩으로 天에서 弔자까지 자호로 명칭을 삼았다. 각 구간에는 판사와 부판사 및 12명씩의 감독관을 두어 약 50일의 공사로 동대문지역 일부와 성문을 제외한 40,300자를 쌓은 것이다. 2차 공사는 8월에 경상, 전라, 강원도의 민정 79,400인을 동원하여 나머지 구간을 완성하였고, 남대문은 1396년에, 동대문 옹성까지는 1397년 4월에 완성되었다. 성문은 4개의 대문과 4개의 작은 문을 만들고 청계천이 흘러 나가는 수문을 만들었다.

세종 4년(1422)에는 도성개축도감을 두고 전국에서 322,400명을 동원하여 토축을 석축으로 고치고, 동대문 부근의 수문을 증설하고, 성벽 안팎에 너비 15자의 환도를 내고, 여장도 완성하였는데, 성벽의 규모는 산지 지형에서는 높이 16자, 언덕 지역은 20자, 평지는 23자를 기준 삼기로 하고 둘레 60,892자였다.

부분적 개수를 거쳐 숙종 30년(1704)부터 6년간에 걸쳐 수축이 대대적으로 이루어졌으며, 영조 21년(1745)에도 40여 개소의

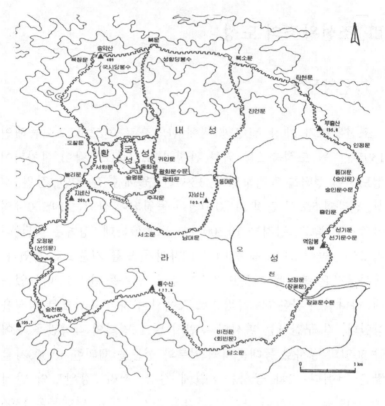

한양도성

무너진 곳과 여장이 개수되고, 고종 6년(1869)에 동대문의 지반
을 8자 정도 높여 개축하였다.

성벽의 전체 길이는 18,127m이며, 4대문은 흥인지문(중층문
루, 동대문, 고종 때의 편액, 옹성이 있음), 돈의문(서대문, 西箭
門, 新門, 塞門), 숭례문(중층문루, 남대문), 숙청문(북문, 후에 肅
靖門으로 평상시 폐문하고 기우제 때 등에만 엶)이며, 4소문은
홍화문(동소문, 혜화문), 광희문(수구문), 남소문(세조 때 문루
없이 일시 사용), 소덕문(서소문, 昭義門으로 개칭), 창의문(藏義

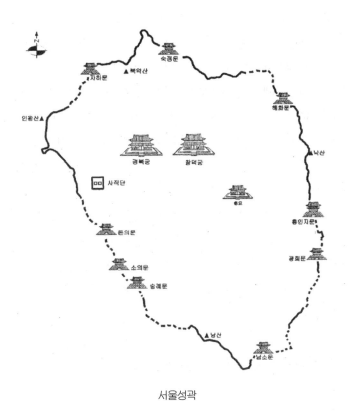

서울성곽

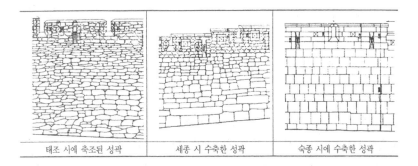

태조 시에 축조된 성곽	세종 시 수축한 성곽	숙종 시에 수축한 성곽

성곽

門, 紫霞門)이다. 수문은 오간수문이 있다. 1899년 전차 부설로 남대문과 동대문 주변 일부가 헐리고, 1915년 경성시가지계획에 의해 간선도로변과 주변 성곽이 많아 훼손되었다.

성벽은 태조 때 쌓은 부분은 면석이 불규칙하며 수평 난층으로, 세종 때의 것은 장방형 마름돌 수평적 홀형 성벽, 숙종 이후의 것은 가로와 세로가 2자씩 정방형으로 다듬은 상하직벽에 가깝다.

도성은 내부에 궁성인 경복궁성과 종묘, 사직으로 상징되는 국가의 표징이 있으며, 궁전과 관아, 창고와 시전이 있었다. 도성의 제도는 우리나라의 전통적인 도성체제를 이은 것으로, 고려의 개경에서처럼 산과 능선으로 둘러싸인 풍수지리에서의 명당에 자리하였다. 도성제도는 그대로 지방 고을에도 영향을 주어, 이후 조선왕조의 지방 고을들에 축조된 읍성들은 곧 한양도성의 축소형이 되었다.

2. 부도副都 - 유수부의 운영

· 개경
· 강화
· 광주 - 남한산성
· 수원 화성華城

3. 행궁을 가진 산성

· 북한산성

북한산성은 삼국시대 백제, 고구려를 거쳐 신라가 차지하여 진흥왕 때에는 순수비를 세운 곳이며, 서기 661년 5월 9일 성주 동타천이 2,800명을 이끌고 고구려와 말갈의 포위공격을 20여 일이나 견뎌 지켜낸 곳이라 알려져 있다. 고려시대에도 중흥산성,

북한산성 전체

한양산성이란 이름이 보이는데, 아마도 지금의 북한산성 중성문 북쪽이었다고 여겨지고 있다.

조선시대 후기에 이르러 임란이어臨亂移御를 위한 시설로 1691년(숙종 17) 강화 축성이 결정되자 북한산성의 수축은 미루어지고, 도성 수축까지 완료된 후 1710년(숙종 36)부터 3년간 수축되고 이후 계속하여 수축이 이루어졌다. 둘레가 12.7km(7,620보)에 7개의 성문과 6개의 암문, 수문 1개소, 성랑 143개소, 행궁 1개소, 창고 8개소, 장대 3개소, 사찰 18개소, 암자 2개소, 우물 99

개소와 못 26개소, 교량 7개소와 누각 3개를 가지고 있었다.

행궁은 유사시 왕의 이어移御 처소로서 1711년에 지어졌으며, 120여 칸의 내외 전각과 부속 건물로 되어 있었다.

도성과 북한산성을 이어주는 탕춘대성은 1718~1719년에 축조된 것으로 길이 약 5km(2,200보)이다. 홍지문과 오간수문 및 암문이 있으며, 인왕산 도성에서 북으로 향로봉에 이르는 구간이며, 성내에 세검정이 있다. 성과 용도甬道의 기능을 동시에 갖춘 것으로 특징적인 것이다.

· 남한산성

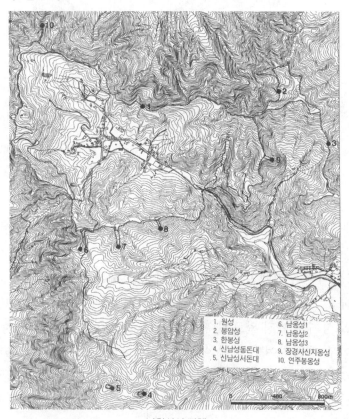

남한산성 전체

백제의 한산으로 알려져 있으며, 신라 문무왕 12년(672) 둘레 4,360보 규모의 한산주 주장성을 쌓았다고 하였다. 고려시기에도 외적 침입 때 일시적으로나마 광주산성으로 사용되었다. 조선 초기에도 광주 일장산성에는 군자고와 7개의 우물이 있었다는 기록과 일장성의 수축을 논의한 바 있었으며, 왜란을 겪으면서 수축하였다.

인조반정 이후 도성의 배후로 유사시의 이어 처소로 사용키 위해 수축되었는데, 인조 초기에는 둘레 6,297보, 여장 1,897첩, 옹성 3개, 대문 4개, 암문 16개, 우물 80개와 샘 45개, 125개소의 군포가 마련되고, 특히 임금이 이어할 때의 행궁으로 상궐 73칸 반, 하궐 154칸 등의 궁전과 객관인 인화관이 함께 지어졌다. 국청사 등 사찰 9개소까지 있었으며, 결국 병자호란으로 왕자와 비빈이 강화로 입보하고 왕과 정부는 남한산성으로 이어하여 13만의 청군과 45일간 대치하였던 곳이다.

이후 계속하여 임란이어처臨亂移御處로 사용할 것을 전제로 남장대옹성, 봉암외성, 한봉외성 등이 더 축조되고 행궁 내에 종묘와 사직을 모시는 좌우전, 제승헌 등이 시설되었고, 1683년(숙종 9) 광주 유수부로 승격되어 치소가 자리하였다. 1793년(정조 17)에는 유수가 수어사를 겸하였다.

성은 당초 약 8km의 둘레였으나, 이후 외성과 옹성이 늘어나 현재 약 12.3km의 둘레가 된다.

IV. 조선왕조의 읍성과 산성

1. 고려말기 읍성

고려 초기에 전국의 주요 도시 가운데 읍성을 가진 것으로는 나성을 동반한 삼국시대의 장안성(평양성)과 부여, 후삼국기에 궁예가 건설한 철원도성과 왕건이 건설한 청주성이 있었다. 보다 작은 고을들에는 통일신라 말기부터 소규모의 토축 읍성이 축조되었고, 어떤 곳에서는 벽체가 왜소한 석축의 읍성이 존재하였다. 북방의 새로 개척된 지역에는 산에 위치한 읍성들이 축조되었으며, 내륙의 도시들도 전란을 경험하면서 산에 의지한 읍성들이 있거나 평지에서 자연적인 물줄기를 해자로 삼은 읍성들이 축조되었다.

고려 말기에 이르러 연해지역을 중심으로 토축된 읍성들이 있었는데, 규모가 작고 전통적인 축조방법을 크게 벗어나지 못한 것들이 대부분이었다.

고려 말기에는 새로운 무기로 화약과 화포가 사용되었다. 이에 따라 성곽에도 변화가 생겼으며, 오랜 동안의 입보농성의 경험에 의하여 소규모에 물이 충분치 못한 산성들은 거의 폐기되었다.

2. 조선왕조의 읍성

조선왕조 세종 시기에 이르러 북방으로의 영토개척에 따른 읍성의 축조가 진행되고, 한편으로는 하삼도 연해안의 읍성들이 계획적으로 축조되었다. 특히 세종 20년(1438) 이전과 그 이후는 확연한 구분이 된다. 세종 11년(1429) 최윤덕이 읍성의 성터를

정하는 일을 맡아 읍성조축조건을 정하였을 때에는 5년을 기한
으로 모두 쌓고자 하였으나, 실농 등의 이유로 늦어져 세종 16년
(1434)에는 다시 10년을 기약하였는데, 이러한 계획이 순조롭게
진행되지 못하였음을 알 수 있다. 이때 마련된 조건은 하삼도의
연변 군현에는 산성을 대신하여 모두 읍성을 쌓도록 하여 호구수
를 기준한 규모를 결정한 것이었다. 이후 세종 20년에는 국가에
서 「축성신도」를 인쇄하여 배포하여 일정한 기준을 마련하였으
므로 당시 진행되고 있었던 읍성 축조의 기본적인 설계가 어떤
것이었는지를 알 수 있다. 이에 의하면 석축을 원칙으로 하며, 문
에는 옹성을 갖추게 하고, 100척~150척 마다 적대(치)를 만들
고, 성벽밖에 해자를 파고, 여장을 설치하며, 반드시 우물이 있는
곳에 축성하되 풍수지리에 맞추었음을 알 수 있고, 성벽은 바깥
은 석축 하되 아래에 큰돌을 쓰고 위로 차츰 작은 돌을 사용하며,
안쪽으로 16자까지 돌을 채워 쌓는 방식에서 외면의 6~7척만
석축하고, 안으로 7-8척은 잡석과 흙으로 다지며 위를 성안을 향
하여 경사지게 2자 정도 흙을 다지고 잔디를 입히는 구조였다.
읍성들은 도성의 제도와 동일하게 함을 원칙으로 하였다. 적대
는 앞면 너비 15자에 길이가 20자를 기준으로 하였고 여장의 높
이는 3자를 기준하였다.

　세종 때에 시작된 읍성 축조의 대 역사는 성종 때에 이르러서
야 일단 완성을 보았다. 성종 23년(1492)까지 축조된 읍성 축조
사업은 중종 때 삼포왜란을 계기로 동해안과 서해안으로 확대되
었다 경상도의 연해읍 23개소 전체와 전라도의 연해읍 24개소,
강원도의 연해읍 8개소 등은 100%가 축조되었고, 충청도는 14개
소 가운데 11개소가 축조되었다. 황해도 이남의 266개 고을 가운
데 120개 고을이 읍성을 가지고 있었는데, 그 대부분은 연해 고
을이고, 내륙에는 대도시로서 왜인의 왕래 교통로에 있는 도시들

이었다.

읍성 축조 사업은 지방 수령들의 고과와 관련되어 5년을 내구 연한으로 설정한 것이었다. 읍성의 축조에 이어서 보다 국경에 가까운 진보들에 축성이 추진되었다.

읍성은 기본적으로 평지에 축조된 것과 산을 의지한 것이 있으며, 성안에는 가장 중요한 시설들이 있었는데, 객관, 혹은 객사, 수령의 집무와 관련된 동헌, 각종 관아 건물과 창고, 감옥, 민간 거주 지역이 있었다. 지방의 도시는 도성과는 달리 향교가 읍성 내에 있지 않고 대략 동북 방향, 사직단이 서쪽에 자리하며, 성황과 여단 등의 신앙, 종교 관련 시설도 성 밖에 자리하는 것이 많았다.

3. 산성의 폐지와 재경영

고려 후기에는 비교적 대규모의 산성들이 입보용으로 이용되었다. 대부분의 고을들은 읍의 치소에서 멀지 않은 곳에 산성을 가지고 있었으나, 외적의 대규모 침입과 포위에 대응하기 위해 몇 개의 고을이 하나의 큰 산성에 입보하는 경향이었다. 태종 때에 높고 지세가 험한 곳의 산성으로서 물이 있는 곳에 대한 대대적 수축이 있었는데 1차적인 대상은 경상도의 화왕산성, 오혜산성, 황석산성, 금오산성, 렴산성, 부산성 등의 6개소와 전라도의 교룡산성, 금성산성, 입암산성, 수인산성, 나주 금성산성, 고산 이흘음산성 등의 6개소였다. 이러한 산성 위주의 축성사업의 경향은 차츰 고을마다 산성을 수축케 하는 경향까지 진행되어 경상도에서만도 약 40개소의 산성이 경영되었으나, 세종 16년(1434)을 고비로 혁파되고 예종 때에 이르면 부산성, 가야산성, 금오산성, 화왕산성, 천생산성, 미숭산성, 악견산성, 황석산성 등 8개소만이 유사시 사용할 수 있는 것으로 남게 되었다. 이러한 양상은 세종 때 이후 읍성 축조의 본격화를 거쳐서 산성들이 고적화 되었음을 의미한다. 세종 때까지 운영된 산성의 경우는 세종실록의 지리지에 보이듯이 군창을 가지고 마르지 않는 우물이 전제되었다. 그러나 읍성이 축조되어 창고가 읍성으로 옮겨지면서 산성들은 일단 기능을 정지하였고, 극히 일부의 산성들이 유지될 뿐이었다.

왜란과 호란 이후 산성의 효능에 대해 다시 논의되면서 전통적인 산성 방어는 당초처럼 여러 고을이 하나의 대규모 산성에 입보하는 방식으로 정비되었다. 특히 숙종 시기에 이르러 여러 곳의 산성이 수축되고 군창이 두어졌으며, 이후 대규모의 산성들은 수호사찰을 건립하여 승려들을 동원, 이용하면서 유지되었다.

V. 북방 행성과 연해 진보

1. 행성의 축조

세종 때에는 압록강과 두만강을 경계로 하여 새로 넓혀진 영토에 읍성과 진보를 만들었으며, 나아가 행성을 축조하였다. 주요한 교통로를 차단하기 위하여 평지와 산등성이를 이어 성벽을 만들었는데, 평지는 석축하고 낮고 습한 곳은 해자를 파거나 목책, 목익, 녹각성을 세우고, 높고 험한 곳에서는 삭토하거나 성보, 연대를 요소마다 만들었다.

세종 22년(1440) 우의정 신개의 건의로 황보인이 파견되어 성터를 파악하였는데, 이때의 연변비어책沿邊備禦策 13조에는 행성 축조후보지 124개소가 파악되어 있다. 이해 가을에 평안도의 조명간구자 행성을 시작으로 세종이 훙거할 때까지 13년간에 걸쳐 193,356명의 정부가 동원되어 672,134자(373리 122보 2척)를 축조하였는데, 평안도가 144리 27보, 함경도가 231리 188보 2척이었다. 현재의 길이로 환산하면 연장은 약 140km에 달한다.

이후 성종, 중종 때에도 더욱 행성을 축조하려는 논의와 일부 보완이 있었으나, 실용성에 대한 반대가 많아 대대적인 재축은 실현되지 못하고, 후방 요새지의 방장防墻이 보완되었다.

2. 수군 진보에의 축성

해안을 지키기 위한 시설은 당초 선상수어船上守禦를 원칙으로 하였다. 왜구가 상륙하지 못하도록 바다 위에서 막는 것이 선군船軍이었고, 따라서 기선군騎船軍이 해상을 수토搜討하였다.

적이 육지에 상륙한 뒤에는 육수군陸守軍이 방어하였다. 육수군은 기병과 보병으로 구성되었으며, 25명을 단위로 하여 교대로 부방하였다.

육지에서도 해안에 해당하는 지역에 대해서는 세종 24년(1442)에 잡색군을 조직하여 마을 주민들이 방어케 하였고, 이와 관련하여 연해 책보柵堡가 만들어지기도 하였다. 10인을 1통으로 하고, 10집을 1隊로 삼아 각기 창검을 준비케 하고 통과 대에 두목을 정하여 농사를 할 때의 출입에도 무기를 소지토록 하였다.

적변이 염려되거나 숨을 곳이 마땅치 않은 곳에는 목책, 석보, 토보를 쌓았으며, 두목과 색장의 영솔 하에 낮에 농사하고 밤에는 입보케 하였다. 남해안과 서해안에 규모가 작은 해안지역의 책보가 마련되기도 하였다.

이러한 조처는 연해 읍성의 방어력에 한계가 있어서 마련한 보완책이었다. 성종 15년(1484)에 이르러 수군이 오랜 동안 배에 있기 어렵고, 각종의 전투장비와 생활도구를 배에 싣고 수어하기 곤란하므로, 수군 진보에도 축성을 하여 평상시 근무처로 하며, 때에 따라 기선하여 순찰하는 방향으로 전술이 바뀌게 되었다. 이듬해에는 22개소의 수군 진영에 성보를 축조할 대상이 확정되고 성종 17년(1486) 제포성薺浦城을 필두로 하여 성종 22년(1491)까지 6년간에 걸쳐 23개소의 성보가 축조되었다. 이 때 축조된 것은 경상우수영관할과 전라 좌수영관할의 전체 수군 영진에 축성이 이루어지고, 경상 좌수영에서는 부산포, 염포, 다대포가 포함되었으나, 전라 우수영 관할은 하나도 축성되지 않았다. 이후 중종 때 삼포왜란과 사량진 왜변, 을묘왜변을 지나면서 남해안 뿐만 아니라 동해안과 서해안의 수군 진보에도 축성이 이루어지게 되었다.

VI. 조선왕조의 군사교통과 통신

1. 역로와 역참, 파발

2. 경봉수 · 내지봉수 · 연변봉수 · 권설봉수

VII. 맺음말

· 조선왕조 방어개념의 변화와 성보 축조의 양상

조선왕조는 도성을 축조한 다음 읍성과 행성을 축조하여 변경지역에서 외적의 침입을 막기 위한 조처를 장기적인 안목에서 추

진하였다. 이러한 변경지역 위주의 축성 사업은 작은 규모의 노
략질까지 막으려는 면밀한 계획이었으나, 임진왜란과 병자호란
을 겪으면서 도성을 지키지 못하는 한계가 드러나게 되었다. 종
래의 전통적인 전략으로서의 산성 위주 방어 개념이 다시 부활되
어 조선 후기에는 대규모의 산성을 다시 수축하고, 도성 주변에
대한 방어력을 높이는 방향으로 전략이 변화되었다.

조선중기 한·중관계

한명기 명지대

조선 중기 한·중관계

I. 조선 전기의 한중 관계 — 명과의 관계를 중심으로

조선시대의 한중관계는 대등한 것이 아니었다. 조선은 명의 제후국으로서 예禮와 명분에 합당한 불평등한 국가 지위를 감수해야 했다. 조선은, 국왕이 새로 즉위할 적마다 명의 승인을 받고 명의 연호年號를 사용하고 정기적으로 명에 사신을 보내 조공을 바쳐야 했다.

이같이 불평등한 양국관계는 '조공朝貢 - 책봉冊封 체제'를 바탕으로 형성되었다. 특히 조선과 명 사이의 '조공 - 책봉 체제'는 명과 여타 국가와의 '조공 - 책봉 체제'와 비교해서도 가장 전형적인 것으로 여겨졌다. '조공 - 책봉 체제'는 적어도 1644년 명이 망할 때까지 양국관계를 특징짓는 바탕이 되었고, 이후 명을 이어 중원의 지배자가 된 청淸 역시 이것을 원용하여 조선과의 관계를 정착시키고자 했었다.

1392년 건국된 조선과 명의 관계는, 과거 고려가 명과 맺었던 외교관계를 계승한 것이었다. 하지만 양국 관계가 평화적인 토대 위에서 정상적인 '조공-책봉 체제'를 구축하기까지는 상당한 시간과 많은 우여곡절이 있었다.

명은 원元을 중원으로부터 북쪽으로 몰아낸 이후에도, 고려가 여전히 명맥을 유지하고 있던 북원北元 정권과 연결되어 명에게 적대하거나 요동遼東 지역에 대해 영토적 야심을 지니는 것에 대해 극도의 의구심을 품고 있었다. 그 같은 의구심에서 명은 고려에 대해 무조건적인 복종과 받아들이기 곤란한 요구를 수용하라고 강요했다. 명은 심지어 과거 고려가 원에게 빼앗긴 영토를 자국령으로 편입하겠다는 의사를 내비쳤다. 그것은 1387년(우왕 13) 고려에 대해 철령위鐵嶺衛를 설치하겠다고 통고하는 것으로 나타났다. 1388년 고려에서 최영崔瑩 일파를 중심으로 요동 정벌론이 대두되고, 실제 고려군이 명을 치기 위해 원정에 나섰던 것은 기본적으로 명의 그 같은 압력에 반발했기 때문이었다.

원정길에 올랐던 이성계 일파가 위화도회군威化島回軍을 통해 요동 정벌을 철회하고, 이후 1392년 조선을 건국한 뒤까지도 명의 태도는 근본적으로 달라지지 않았다. 명은 처음에는 조선의 건국을 인정하고, 국호 '조선'을 승인하여 우호적인 입장을 보였지만 곧 태도를 바꾸었다. 즉 조선에 대한 의심과 경계의식을 감추지 않았는데 그 핵심 원인은 역시 조선이 요동에 영토적 야심을 갖고 있는지의 여부에 대한 의구심에서 비롯된 것이었다. 명은 결국 조선이 요청한 고명誥命과 인신印信의 제공을 거부하는가 하면 조선의 '본심'을 떠보기 위해 무리한 외교적 압력을 가했다.

이른바 '생흔 모만生釁侮慢'과 '표전表箋 문제'는 그 과정에서 불거져 나왔다. '생흔 모만'이란 1393년 명이 "조선이 명과 갈등을 조장하고, 명에게 모멸감을 주었다"고 시비를 건 것을 말한다. 구체적으로는 명 연안을 노략질했던 해적 가운데 조선인이 포함되어 있다는 것, 조선이 요동에 거주하는 명나라와 여진 주민을 끌어들이려 했다는 것 등을 문제 삼았다.

'표전 문제'란 조선이 명에 보낸 표전(: 국서) 가운데 "명을 능

멸하는" 내용이 들어 있다는 것을 문제삼아 국서의 작성자를 잡
아 보내라고 요구했던 사건이다. 사실 이 문제는 명 건국 직후 명
내부에서 살육극을 초래했던 '문자옥文字獄' 과도 일정하게 연관
되어 있었다. 빈농 집안에서 발신하여 홍건적의 지도자가 되고,
제위에 올랐던 주원장은 자신의 미천했던 '과거' 에 대해 대단한
열등감을 갖고 있었다. 더욱이 홍건적의 지도자가 되기 직전, 황
각사皇覺寺란 절에서 머리를 깎고 승려 생활을 했던 전력은 특히
숨기고 싶었던 일종의 '컴플렉스' 였다. 이 때문에 제위에 오른
이후 그는 자신에게 올리는 글 속에 자신이 과거에 중이었음을
연상케 할 수 있는 '光', '禿', '僧' 등의 글자를 사용했다는 이
유만으로도 수많은 관인들을 처형하였다. 이것이 바로 '문자옥'
이었다. 따라서 '표전문제' 를 들어서 조선을 힐책한 것은 명의
'문자옥' 이 대외적으로 조선에까지 확대될 수 있는 것을 뜻하는
것이었다.

　명의 이같은 압력에 처한 조선은 수차례 사신을 보내 명의 의
혹을 해명하려 노력하는 등 성의를 보였지만 명의 압박은 그치지
않았다. 표전 작성자를 압송하지 않으면 무력을 이용하여 정벌
하겠다고까지 협박하는 형편이었다. 결국 조선의 대응은 고려
말과 마찬가지로 요동 정벌론으로 분출되었다.

　실제 1397년부터 1398년 사이 표전 문제를 놓고 펼쳐진 양국
관계는 심각했다. 조선이 보낸 사은사 일행의 입국이 요동에서
저지되었는가 하면, 표전문제로 억류되었던 사신이 처형되었다
는 소식이 알려졌고, 명은 표전 작성에 관여한 조선 신료들을 추
가로 압송하라고 강요하는 등 양국관계를 최악의 국면으로 몰아
가고 있었다. 이 같은 상황에서 1397년(태조 6) 정도전 일파를 중
심으로 전개된 요동정벌 계획은, 명의 외교적 압력이 단순한 압
박이 아니라 조선에 대한 침략으로 구체화될지도 모른다는 위기

의식이 반영된 것이었다. 당시 조선과 명의 군사력이나 전쟁 수행능력 등을 고려하면 모험적인 성격이 강했지만 최악의 상황에 처한 양국관계를 고려하면 별다른 선택의 여지가 없어 보였다. 바야흐로 힘을 앞세운 명의 대국주의에 반발하여 신생국 조선 역시 힘으로 맞서려고 했던 것이다.

　1398년 조선에서 '왕자의 난'이 일어나 정도전 등이 피살되고, 같은 해 명에서도 주원장이 사망했던 것은 양국관계가 냉정과 정상을 되찾는 계기가 되었다. 조선에서 '왕자의 난'이후 태종이 즉위하고, 명에서 '정난靖難의 역役'이후 영락제永樂帝가 즉위하면서 조선과 명의 관계는 '조공 - 책봉 체제'에 입각한 본래적인 방향으로 가닥을 잡게 되었다. 조선에서는 이제 과거 정도전이 '요동 정벌'을 시도했던 것과 같은 명에 대한 도전적인 자세는 수그러들었다. 이 같은 태도와 맞물려 명 역시 과거 태조가 그랬던 것처럼 조선에 대해 강압적인 복속을 요구하지 않았다. 이제 조선은 명의 현실적인 힘을 인정하고, 명에 대해 '사대事大의 예'를 다하면서 명 중심의 '중국적 세계질서' 속에 순응해 들어갔던 것이다.

　나아가 조선은 명과의 외교관계를 안정시킨 바탕에서 주변의 일본이나 여진女眞과의 외교질서를 정립하였다. 즉 명을 중심에 놓고, 그 질서 속에서 일본과는 대등한 관계를 유지했거니와 그것을 보통 '교린체제交隣體制'라고 부른다. 조선은 여진에 대해서는 '상국上國'으로 자부하면서 그들의 경제적 욕구를 충족시켜주면서 회유하려고 시도했다. 하지만 명에 대한 사대를 바탕으로 주변국과 평화적인 관계를 유지하려 했던 조선의 지향은 16세기 중반 이후 국제질서 변화와 16세기 말엽의 임진왜란을 맞으면서 파란과 격동에 휘말리게 된다.

II. 조선 중기 이후의 한중 관계

1. 임진왜란의 파장과 한중관계

1592년 임진왜란의 발생을 계기로 조명관계는 새로운 전기를 맞는다. 명군이 조선에 직접 참전했기 때문이었다. "조선의 내정에는 간섭하지 않는다"는 기존의 「조공 - 책봉 체제」적 관점으로 보면 대국의 군대가 조선에 들어온다는 사실 자체를 상상하기가 어려운 일이었다.

명의 조선 참전은 "위기에 처한 조선을 구원한다"는 명분 아래 이루어졌지만 실제는 그것이 아니었다. 이미 16세기 중·후반을 통해 왜구의 침입 때문에 심각한 피해를 입었던 명은 토요토미 히데요시가 조선을 침략하면서 '가도입명[假道入明: 조선 길을 빌려 명을 친다]'을 표방했던 것에 주목했다. 명의 입장에서 조선이 만일 일본의 수중에 떨어지면 곧바로 압록강 너머의 요동이 위기에 처하고, 그것은 바로 북경도 안심할 수 없는 상황으로 치닫게 되는 것을 의미했다. 말하자면 명의 입장에서 조선은 입술[脣]이고, 요동은 이[齒]였던 셈이다. "입술이 없어지면 이가 시리다"는 순망치한론脣亡齒寒論이야말로 명군이 조선에 직접 참전하게 된 결정적 배경이었다.

1593년 1월, 명군이 평양전투에서 일본군에게 대승을 거둘 때까지만 해도 명은 전쟁이 오래 끌 것으로 생각하지 않았다. 그러나 곧 이은 벽제碧蹄 전투 패전을 계기로 강화講和 논의가 제기된 이래 전쟁은 끝나지 않은 채 시간만 끌었다. 남해안으로 철수한 일본군이 장기 주둔 태세에 돌입하고, 그에 맞서 명군도 철수를 미루면서 전쟁은 장기화되었다.

동래부순절도 : 임진왜란

　명은 강화논의 대두 이후 일본군과의 접전을 회피했거니와 그 과정에서 많은 부작용이 나타나게 되었다. 명은 조선군의 작전권을 탈취했음은 물론 조선 국왕의 인사권의 일부까지 장악했다. 명의 일부 신료들은 조선에 명의 군현郡縣을 설치하고 직접 통치해야 한다는 직할통치론直轄統治論까지 제기했다. 과거 정동행성征東行省의 망령이 되살아나려는 순간이었다. 나아가 '싸울 의지가 없는' 명군 장졸들이 조선 사람들에게 끼치는 민폐도 심각했다. 오죽하면 민간에서는 "명군은 참빗, 일본군은 얼레빗"이라는 속언俗言까지 공공연히 유행할 정도였다.

그럼에도 임진왜란이 끝나갈 무렵부터 조선에서는 명군의 참전과 원조를 '망해가던 나라를 다시 일으켜 세워준 은혜'로 여겨 숭앙하는 관념, 이른바 '재조지은再造之恩'에 대한 숭앙의 분위기가 퍼져갔다. 그것은 왜란 초반, 일본군의 공세 때문에 수세에 몰렸던 선조를 비롯한 지배층의 위기의식이 그 만큼 컸었다는 것을 반증하는 것이었다. 선조는 누구보다도 '재조지은에 대한 보답'을 강조했다. 명 역시 자신들이 "조선에 대해 은혜를 베풀었다"고 자부했다. 왜란이 끝날 무렵 명나라 인사들 스스로 '재조지은'이라는 표현을 사용하는가 하면, 17세기 초에는 임진왜란을 '동원지역'(東援之役 — 조선을 돕기 위한 전쟁)이라 불렀다. 거기에는 '구원군'이자 '시혜자施惠者'로서의 '생색'이 드러나고 있었던 것이다.

2. 명청교체明淸交替의 흐름과 한중관계

앞에서 언급했듯이 임진왜란을 거치면서 조명관계의 전개 과정에는 본래적인 '조공-책봉 체제'의 바탕 위에 '재조지은'이라는 새로운 변수가 추가되었다. '재조지은'에 대한 숭앙을 강조하는 조선의 입장에 '시혜자'로 자처하는 명의 자부심이 맞물리면서 전쟁 직후 조선에 대한 명의 영향력은 급격히 커졌다.

한편 임진왜란을 전후하여 대륙에서는 '명청교체'라는 격변의 흐름이 가시적으로 나타나고 있었다. 1583년 이후 만주에서 누르하치[奴兒哈赤]가 이끄는 건주여진(建州女眞—후금)이 부상하여 명에게 도전하고 있었다. 건주여진의 경제권을 장악하고, 주변의 제 부족들을 평정하여 세력을 키웠던 누르하치의 위세는 임진왜란 이후 더욱 커졌다. 특히 1618년(광해군 10)에는 명에 대해 이른바 '칠대한七大恨'을 내걸고 선전포고한 뒤 만주의 전략적 요충인 무순撫順을 점령했다. 그것은 이제 누르하치가 명에 대해 전면적으로 도전한 것을 의미하는 것이었다.

누르하치의 무순 점령에 경악했던 명은 스스로 원정군을 동원하는 한편, 조선에 대해서도 원병을 파견하여 자신들의 원정에 동참하라고 요구했다. 그것은 전통적인 이이제이以夷制夷 정책의 일환이었다. '고분고분한 오랑캐'(順夷)인 조선을 구슬려 '중화질서에 도전하는 오랑캐'(逆夷)인 후금을 손봐주자는 것이었다. 하지만 '중화'이자 대국을 자처했던 명이 '오랑캐' 하나를 당하지 못하여 또 다른 '오랑캐' 조선에게까지 손을 내밀었던 것은 명으로서도 분명 자존심이 상하는 일이었다. 그러나 절박한 위기 상황에서 자존심만 내세울 수는 없었다. 명은 자신들의 파병요구에 고분고분하지 않은 조선의 광해군光海君을 설득시키기 위해 갖은 명분을 모두 동원했다. 그 가운데서 가장 크게 내세운 것

파진대적도 : 1619년 압록강을 건넜던 강홍립 휘하의 조선 원정군이 후금군과 맞서고 있는 장면이다.

은 역시 '재조지은' 이었다. "왜란 당시 거의 망해가던 나라를 되살려주었으니 이제는 그 은혜를 갚아야 한다"는 것이 명이 내세운 명분이었다.

그것은 조선에게 대단히 곤혹스러운 사태의 전개였다. 당연히 조선에서는 명의 요구를 수용하는 여부를 놓고 격렬한 논란이 빚어질 수밖에 없었다. 광해군은 왜란으로 피폐해진 조선의 사회 경제적 형편을 고려하여 원병 파견을 비롯한 명의 여러 요구를 거부하려 했다. 하지만 그것은 여의치 않았다. '재조지은'을 앞세운 명의 요구가 워낙 집요했을 뿐만 아니라 조정 안팎의 신료들과 사대부들은 광해군의 기도를 "부모의 나라를 배반하고 오랑캐를 편드는 패륜 행위"라고 격렬히 비판하면서 명의 입장에 동조하고 있었기 때문이었다.

양수투항도 : 1619년 심하전투에서 패했던 도원수 강홍립과 부원수 김경서가 후금의 수도인 흥경노성에 나아가 누르하치에게 항복하는 장면이다.

안팎의 압력과 채근에 떠밀린 광해군은 어쩔 수 없이 군대를 파견했다. 하지만 강홍립姜弘立 휘하의 조선 원정군은 1619년 심하深河에서 벌어진 전투에서 후금군에게 대패했고, 강홍립 이하 남은 장졸들은 후금군에게 투항하고 말았다. '파병' 논란의 귀결은 처참했던 것이다.

광해군은 '심하 전투' 패전 이후에도 거듭되었던 명의 군사원조 요청을 거부하는가 하면 후금과의 사단을 일으킬 수 있는 정책을 회피하면서 독자적인 외교정책을 펼쳤다. 후금과 명에 관련된 정보를 세심하게 수집하고, 후금의 요구를 일정 부분 수용하면서 그들과 사단을 만들지 않으려고 노력했다. 또한 최악의 경우 그들이 침략할 것에 대비한 방어 대책도 소홀히 하지 않았다. 그것은 임진왜란이라는 대전란을 직접 일선에서 치르면서 터득한 생존술을 외교에서 발휘한 것이었다. 동시에 그것이 가능했던 것은 후금에게 계속 밀렸던 명이 과거만큼 조선에 대한 견제를 통해 영향력을 행사할 수 없었던 것과 관련이 있었다. 1621년 만주 전체를 후금에게 빼앗겼던 이후 명은 예전처럼 육로의 요동도사遼東都司를 통해 조선을 견제할 수 없었던 것이다.

하지만 광해군의 대명정책은 그의 정치적 반대파들에 의해 '재조지은을 배신한 패륜적 행위'로 매도되었고, 내정에서 불거진 실정들과 맞물려 그가 폐위되는 정치적 명분으로 활용되었다. 1623년 서인西人 일파가 주도한 인조반정仁祖反正에 의해 광해군은 폐위되고 말았던 것이다. 인조반정의 성공은, 왜란 이후 조선의 사대부들 사이에서 '재조지은'이 갖는 사상적, 정치적 영향력의 위력을 실감케 하는 것이었다.

조선과의 연결 통로가 해로海路로 국한되었던 상황에서 인조반정의 성공은 조선에 대한 명의 정치적 영향력을 부활시켰다. 새로 들어선 인조정권은 정권교체의 정당성을 확보하기 위해 명의 승인을 얻어내는 것이 시급했고, 그 과정에서 '재조지은에 대한 보답', 구체적으로는 명의 대후금 정책에 적극적으로 협조하겠다고 약속했다. 최초 인조반정을 '난신적자들의 찬탈 행위'라고 맹렬히 비난했던 명 역시 시간이 흐르면서 태도를 바꾸어 인조와 새 정권을 승인했다. 본래 '조공 - 책봉 체제' 아래서 새로 즉위한 조선 국왕을 책봉해 주는 것은 일반적 관행이었지만 인조의 집권이 비정상적인 정변에 의해 이루어졌던 만큼 그를 인정해 준 것은 명과 조선 모두에게 '특별한 은혜'로 치부되었다. 명이 인조를 승인한 것은, 기존의 '재조지은'과 더불어 조선을 후금과의 대결 속으로 다시 끌어들이는 중요한 명분이 되었다.

이후 인조정권과 명의 관계는 가도假島에 머물던 명나라 장수 모문룡毛文龍을 매개로 전개되었다. 모문룡을 대후금 관계의 '화근'으로 여겨 기피했던 광해군대와는 달리 인조정권은 그에게 경제적 원조를 제공했고, 모문룡은 조선의 원조를 바탕으로 후금에 대한 견제, 나아가 '요동 수복'을 공언했다. 하지만 모문룡의 기도는 성공할 수 없었고, 그의 존재로 인해 후금의 조선에 대한 적대감은 증폭되었다. 인조정권이 후금에 대해 이렇다 할 적대적 정책을 취하지 않았음에도 1627년(인조 5) 정묘호란丁卯胡亂이 일어난 것은 거의 전적으로 모문룡의 존재 때문에 그렇게 된 것이었다.

정묘호란이 일어나자 조선은 후금과 형제관계兄弟關係를 맹세하고 화약和約을 맺었다. 정묘호란이 일어났을 때 조선은 명에게 도움을 청했으나 명은 내외적 난맥상에 휘말려 조선을 도울 여력이 없었다. 사실 모문룡을 빼놓고는 현실적으로 조선에 대해 더 이상의 영향력을 유지할 '채널'도 가지지 못했다. 하지만 화이론적 세계관을 바탕으로 '중화적 세계질서' 속에 머물고자 했던 조선은 명을 '배반'하지 않았다. '조공 - 책봉 체제'가 그 본래적 영향력을 상당히 잃어버린 가운데서도 '재조지은'을 숭앙하는 의식이 존재하고 '인조에 대한 승인'에 대해 감사하는 의식이 조선을 명 쪽으로 묶어두고 있었다.

이후 점증하는 정치적 난맥상과 농민반란 때문에 명이 스스로 붕괴하고 있었던 상황에서 후금의 힘은 더욱 커졌다. 명군 진영을 이탈하여 후금으로 귀순하거나 투항하는 명군 장졸들이 늘어나는 가운데 그들이 가져갔던 명의 무기와 정보들은 후금을 더욱 강하게 만들었던 것이다. 특히 1633년 명의 공유덕孔有德 등이 귀순했던 이후 후금은 전함과 수군, 홍이포紅夷砲까지 획득하게 되었다. 이 같은 상승 분위기에서 후금은 1636년 스스로 칭제건원稱帝建元하면서 조선에 대해 신복臣服하라고 요구했고, 조선이 그를 거부하자 병자호란을 일으켰다.

삼전도비

병자호란의 결과는 참담했다. 국왕 인조는 청 태종 앞에서 무릎을 꿇었고, 수십만의 포로들이 청으로 강제 연행되었다. 전쟁 이후 청은 조선을 '길들이기' 위해 폭압적인 태도를 보였고, 그 와중에 조선이 겪어야 했던 고통은 엄청났다. 특히 "오랑캐에게 무릎을 꿇었다"는 자괴감은 커다란 정신적 충격으로 다가왔다.

그럼에도 불구하고 조선의 사대부들이 지닌 대외

인식은 별로 바뀌지 않았다. 병자호란 이후 청의 강요에 의해 명에 대한 사대를 포기하고, 심지어는 청이 명을 치는데 필요한 병력과 군함을 원조하기로 약속했지만 그 이면에서는 명에 대한 충성 의식은 여전히 유지되었다. 1644년 명이 망하고, 청이 중원을 차지한 뒤에도 조선의 집권층과 지식인들은 망해 버린 명에 대해서는 '대명의리론對明義理論'을, 현존하는 청에 대해서는 북벌론北伐論을 내세우는 사상적 입장을 견지했다. 그 바탕에는 '재조지은'에 대한 숭앙의식이 여전히 자리잡고 있었음은 물론이었다.

병자호란 이후 '오랑캐' 청의 외교적 압박을 겪으면서 조선은 가능한 한 청을 자극할 수 있는 외교적 현안을 만들려 하지 않았다. 그 같은 배경에서 조선의 대외 인식과 폭은 더욱 협소해질 수밖에 없었다. 그리고 그러한 상황은 19세기 후반까지 이어졌고, 당시의 서세동점西勢東漸이라는 격변에 능동적으로 대응할 수 있는 역량을 감소시키고 말았다. 이웃 일본이 17세기 중반 이후 '쇄국鎖國'의 와중에도 나카사키長崎라는 창구를 열어놓고 네덜란드 등을 통해 국제질서의 변화를 인식하는 역량을 키워가고 있었던 것과는 너무나 대조적인 것이었다.

조선시대 한일교류사

손승철 강원대

조선시대 한일교류사

Ⅰ. 들어가는 말

　조선통신사朝鮮通信使란 조선시대에 조선왕국朝鮮國王으로부터 일본 막부장군幕府將軍앞으로 파견된 국가의 공식적인 외교사절을 말한다. 그러나 한일양국사이에는 조선통신사가 파견되기 이전 이미 오래전부터 2000년 이상 교류를 계속하여 왔다. 즉 역사적으로 한국사와 일본사는 각각 국가와 지역의 틀을 넘어 상호간에 깊은 영향을 주고받았다.

　물론 한일양국의 긴 교류사交流史의 과정에는 밝은 부분과 어두운 부분이 함께 존재하고 있다. 21세기를 맞이한 현 시점에서도 식민지 지배의 후유증 때문에 양국간에는 마찰을 불러일으키고 있다. 그러나 한일양국은 숙명적으로 이웃나라의 관계에 있다. 개개인간에 좋고 싫음을 떠나 역사 이래 이웃나라로 함께 살아왔고, 또 지금부터도 함께 살아가지 않으면 안된다.

　그렇다면 한국과 일본, 일본과 한국이 이웃나라로서 어떻게 살아가야 할 것인가? 이러한 의미에서 선린우호의 상징으로 인식돼 온, 조선통신사의 의미는 우리에게 좀더 낳은 관계를 구축하기 위해 생각해 볼 재료를 제공해 줄 것이다.

II. 조선통신사 이전의 한일관계

자. 그러면 통신사가 있기 전까지의 한일관계의 단면을 간단히 살펴보겠다.

우선 〈표1〉을 참조하면서 고대古代부터 간단히 열거해보면, 역사적으로 신석기시대(新石器時代; 繩文時代)부터 시작되었다.

즉 신석기시대의 한일관계는 한반도 남부 해안지역인 부산釜山과 규슈지방九州地方에서 출토되는 즐목문토기櫛目文土器를 통하여 알 수 있다. 물론 이러한 교류가 언제부터 시작되었는지는 알 수 없지만, 적어도 BC 4세기까지 계속되었다고 한다. 그리고 BC 4세기경부터는 북규슈지방[北九州地方]의 가라츠[唐津]와 후쿠오카평야지방[福岡平野地方]에 벼농사가 시작되어 세토나이카이[瀨戶內海] 연안으로 이동하여 동북지방[東北地方]에까지 퍼져 나갔으며, 이때부터를 일본에서는 야요이시대[彌生時代]라고 한다. 그 대표적인 유적이 후쿠오카지방의 이타즈케유적[板付遺蹟]과 가라츠[唐津]의 채전유적菜畑遺蹟이다.

또한 일본에서는 이때부터 청동기시대靑銅器時代가 시작되는데, 세형동검細形銅劍 · 지석묘支石墓 · 동모銅矛 · 동과銅戈 · 동탁銅鐸이며, 대표적인 유적이 가라츠시 우키구미타[宇木汲田] · 후쿠오카 이타즈케 다바타[板付 田端] · 요시다케 다카키[吉武高木] 등이며, 여기서 출토된 유물들을 후쿠오카시립박물관[福岡市立博物館]에 가면 많이 볼 수가 있다.

그다음은, 기원후 4~5세기에 해당되는 고분시대古墳時代이다. 소위 전방후원분前方後圓墳이라는 특이한 형태의 고분을 말한다. 이 시기에도 한반도의 고구려 · 백제 · 신라로부터 많은 도래인집단渡來人集團에 의해 철기鐵器를 비롯하여 많은 기술과 문화

中　國		朝　鮮				日　本
春秋戰國	前500 400					繩文時代
秦	300	夫餘	古朝鮮		辰國	
前　漢	200 100					
	西紀 1					彌生時代
後　漢	100					
三國	200	高 句 麗	百 濟	伽 耶	新 羅	
東晉 ｜ 五胡十六國	300					
	400					
南北朝	500					古墳時代
隋	600					
	700	渤海	統一新羅			飛鳥時代
唐	800					奈良時代
五代	900					
北宋	1000	高　麗				平安時代
南宋	1100 1200					鎌倉時代
元	1300					南北朝時代
明	1400 1500	朝　鮮				室町時代
	1600					戰國時代
清	1700 1800					江戸時代
	1900	日本植民地時代				明治・大正・昭和
中華民國	1945	北朝鮮 ｜ 大韓民國				日　本

〈표 1〉 한중일 역사연표

가 이전된다. 이 시기는 아직 민족이나 국가의 개념이 없었던 시기로, 일본열도의 토착민들은 한반도로부터의 도래인渡來人들을 '옆 마을에서 신기한 문화와 기술을 가지고 이사 오는 기분'으로 맞이했고, 그들과 공생共生했던 것이다. 또 이때에 유학儒學과 불교佛敎가 수용되었으며, 그 대표적인 사례가 왕인박사王仁博士와 일본국보 1호인 법륭사法隆寺의 미륵보살상彌勒菩薩像이다. 이 시기는 한일관계사상 가장 활발했던 문화교류가 이루어진 시기이며, 이를 바탕으로 일본 고대문화가 꽃을 피웠으며, 현재 아스카문화[飛鳥文化]라고 부르고 있다.

한편 7세기가 되면, 일본의 해외활동이 활발해지는 시기로 중국에는 견당사遣唐使가 파견되고, 한반도의 발해와 통일신라에 무역사절단貿易使節團이 파견된다. 예를 들면 천무天武·지통持統·문무文武 3대에 걸친 약 30년간 일본은 신라에 10회, 신라도 일본에 24회나 사절을 파견했다. 발해와의 경우를 보면, 727년부터 919년까지 190년간 발해에서 일본에 34회, 일본에서 발해에 15회에 걸쳐 사절을 파견했다. 일본에서는 이 사절을 통해 무역을 하는 동시에 많은 유학승留學僧이 한반도를 통해 중국에 왕래했다. 특히 통일신라와의 관계는 동대사東大寺의 정창원正倉院에 보관된 신라물품新羅物品을 통해 그 규모를 짐작할 수가 있다.

다음은 고려시대인데 이때 일본은 헤이안시대[平安時代]였다. 이시기에는 전시대에 비하여 양국간에는 그렇게 활발한 교류가 이루어지지 않았다. 특히 13세기 전반 몽고의 고려와 일본에 대한 침략으로 동아시아 정세가 매우 불안했기 때문이다. 몽고가 약해지면서 한반도와 일본열도는 모두 정치적으로 혼란기를 겪게 되며, 양지역간에는 바다를 사이에 두고 왜구倭寇의 활동이 극심해졌다. 이즈음 한반도에는 조선이 건국되고, 일본에는 아시카가 요시미즈[足利義滿]가 남북조를 통일하여 무로마치막부[室町幕府]를 열었다. 당시 조선왕조와 무로마치막부에서는 왜구문제를 해결하기 위한 공동의 노력을 기울이게 되는데, 이 과정에서 조선통신사가 탄생하게 되었다.

Ⅲ. 조선통신사의 역사

1. 조선통신사와 일본국왕사

1392년, 새로 건국한 조선왕조에서는 무로마치막부에 승려 각추覺鎚를 보내 왜구 단속을 요청했다. 이에 대해 장군 요시미츠는 승려僧侶 쥬잉[壽允]을 조선에 보내 '해적선海賊船을 금하고 조선피로인朝鮮被虜人을 송환해서 인교를 다질 것을 염원한다'는 서한을 전달했다. 이렇게 건국초기부터 우호적이었던 양국은, 1404년 7월, 아시카가 요시미츠가 '일본국왕 원도의源道義'라는 이름으로 조선국왕에게 사절을 파견함으로써, 드디어 정식의 선린우호관계善隣友好關係가 성립되었다. 당시 일본으로부터 파견된 사절을 일본국왕이 파견한 사절이라는 의미로 '일본국왕사'라고 하였다. 이때부터 1592년 임진왜란(文祿慶長의 役)까지 일본으로부터 71회에 걸쳐 '일본국왕사'가 파견되었다. 이에 대해 조선에서는 17회에 걸쳐 사절을 파견했는데, 처음에는 '보빙사報聘使'라고 했으나, 1428년부터는 '통신사'라고 했다. 통신사라는 명칭이 사용된 것은 이때부터이며, '통신通信'이란 '신의信義를 통通한다'는 의미였다. 즉 선린관계善隣關係를 유지하기 위하여 신의를 통하기 위한 사절을 파견한다는 의미였다. (표2. 조선전기 통신사일람표)

그러나 세토나이카이[瀨戶內海]에서는 여전히 해적의 활동이

회수	서기	使行名	正使	派遣對象	使行目的	出處
1	1392		覺鎚(僧)	征夷大將軍	倭寇禁止要請	善隣國宝記, 上
2	1399	報聘使	崔云嗣	日本大將軍	報聘	實錄,定宗元/8,癸亥
3	1402		朝官	日本大將軍	和好,禁敵,被虜人刷還	實錄,太宗2/7壬辰
4	1404	報聘使	呂義孫	日本國王	報聘	實錄,太宗4/7己巳
5	1406	報聘使	尹銘	日本國王	報聘	實錄,太宗5/12戊辰
6	1410	回禮使	梁需	日本國王	報聘,義滿弔喪賻儀	實錄,太宗10/2辛丑
7	1413	通信官	朴賁	日本國王	使行道中發病中止	實錄,太宗14/2乙巳
8	1420	回禮使	宋希璟	日本國王	國王使回禮,大藏經賜給	老松堂日本行錄
9	1423	回禮使	朴熙中	日本國王	國王使回禮,大藏經下賜	實錄,世宗4/12癸卯
10	1424	回禮使	朴安信	日本國王	國王使回禮,金字經賜給	實錄,世宗5/12辛亥
11	1428	通信使	朴瑞生	日本國王	國王嗣位,致祭	實錄,世宗10/12甲申
12	1432	回禮使	李藝	日本國王	國王使回禮,大藏經下賜	實錄,世宗14/7壬午
13	1439	通信使	高得宗	日本國王	交聘,修好	實錄,世宗21/7丁巳
14	1443	通信使	卞孝文	日本國王	日本國王嗣位,致祭	實錄,世宗25/2丁未
15	1460	通信使	宋處儉	日本國王	國王使報聘,使行中遭難	實錄,世祖5/8壬申
16	1475	通信使	裵孟厚	日本國王	修好,日本內亂中止	實錄,成宗6/8丁酉
17	1590	通信使	黃允吉	豊臣秀吉	倭政探聞	金誠一,海槎錄

〈표 2〉 조선전기 통신사일람표

활발하여 통신사일행의 안전이 보장되지 않았고, 조선 연해안 지역에서의 왜구활동도 여전했다. 그래서 조선에서는 다시 대마도를 중간자로 하는 왜구를 평화로운 통교자通交者로 전환시키는 무역체제를 새로이 구축했고, 그 결과 삼포개항三浦開港과 계해약조(癸亥約條, 1443)에 의해 효과적인 통교규정通交規程이 정해졌다. 즉 조선통신사와 일본국왕사의 외교관계 그리고 삼포개항을 통한 무역관계라는 이원적인 구조에 의해 양국관계가 안정되어 갔다. 삼포가 양국인의 만남의 접점接點이 되는 것도 이렇게 시작된다(표3. 일본국왕사의 상경로). 물론 삼포 가운데 후에는 부산포釜山浦만 남아 초량왜관草梁倭館으로 이어졌다(표4. 포소浦所와 왜관倭館의 변천표).

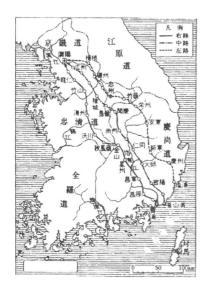

〈표 3〉 일본국왕사의 상경로

왜관수	소재지	설치연대	비고
2個倭館	富山浦, 薺浦	1407	
4個倭館	富山浦, 薺浦, 鹽浦, 加背梁	1418	
1次閉鎖		1419-1422	對馬島征伐
3個倭館	富山浦, 薺浦, 鹽浦	1423	三浦時代
2次閉鎖		1510-1512	三浦倭亂
單一倭館	薺浦	1512	
2個倭館	薺浦, 釜山浦	1521	
單一倭館	釜山浦	1544	蛇梁倭變
3次閉鎖		1592-1601	壬辰倭亂
單一倭館 (釜山)	絶影島, 豆毛,浦, 草梁	1603 1607 1678	
完全廢止		1876	江華島條約

〈표 4〉 포소와 왜관의 변천표

2. 에도시대江戶時代의 조선통신사

일반적으로 조선통신사라고 하면, 조선후기(도쿠가와막부[德川幕府]의 에도시대)만을 강조한다면, 이상과 같은 역사적 배경을 가지고 있다. 그러나 조선통신사가 본격적으로 파견되는 것은 역시 조선후기에 들어서면서부터 였다.

1592년부터 7년간에 걸친 도요토미 히데요시[豊臣秀吉]의 조선침략이 끝난 후, 조일양국은 강화교섭에 노력을 기울이고, 그 결과 1604년 조선에서는 도쿠가와막부[德川幕府]의 강화講和에 대한 진의眞意를 살피기 위하여, 승려 유정(惟政; 松雲大師·四溟大師)을 일본에 파견했다. 이들은 교토[京都]에 가서 새로 장군이 된 도쿠가와 히데타다[德川秀忠]도 만났고, 순뿌[駿府]에 은퇴해 있던 이에야스[家康]도 만났다. 사명대사四溟大師가 조선피로인朝鮮被虜人 1,390명을 데리고 일본에서 돌아온 후, 양국은 본격적인 강화교섭을 진행했고, 드디어 1607년 조선 사절이 파견되어 양국간에 전쟁에 의해 단절되었던 국교가 재개되었다. 그러나 당시 사절단의 명칭은 '통신사'가 아니라 '회답겸쇄환사回答兼刷還使'라고 하는 단순한 명칭이었다. '통신사'의 명칭이 다시 회복되는 것은 1636년부터이다(표5. 조선후기 통신사일람표). 물론 조선후기(에도시대, 江戶時代)의 양국관계도 조선전기(무로마치시대, 室町時代)와 마찬가지로 이원적인 구조를 가지고 전개되었기 때문에, 외교기능은 조선통신사가 그리고 무역기능貿易機能은 부산에 있는 초량왜관草梁倭館에서 전담하였다. 물론 통신사를 자주 파견할 수 없었기 때문에 왜관에서 외교업무를 처리하기도 했다.

그러면 정례화된 통신사의 목적·편성·행로에 관해 간단히

순번	서기	조선	일본	임 무	총인원 (오사카 잔류인원)	일본기행문	비 고
1	1607	선조40	慶長12	강화, 국정탐색, 피로인쇄환	467	경섬『해사록』	回答兼刷還使
2	1617	광해군9	元和3	피로인쇄환, 오사카평정축하	428(78)	오윤겸『동사상일록』 박재『동사일기』 이경직『부상록』	
3	1624	인조2	寬永원	피로인쇄환, 장군습직축하	460	강홍중『동사록』	
4	1636	인조14	寬永13	태평축하	478	임광『병자일본일기』 김세렴『해사록』 황호『동사록』	通信使 大君호칭사용
5	1643	인조21	寬永20	장군탄생축하	477	조경『동사록』 신유『해사록』 작자미상『계미동사록』	日光山參詣
6	1655	효종6	明曆	원장군습직축하	485(100)	조경『부상일기』 남용익『부상록』	
7	1682	숙종8	天和2	장군습직축하	473	김지남『동사일록』 홍우재『동사록』	
8	1711	숙종37	正德	원장군습직축하	500(129)	조태억『동사록』 김현문『동사록』 임수간『동사록』	아라이 하쿠세키개정 (大君-將軍)
9	1719	숙종45	享保4	장군습직축하	475(109)	홍치중『해사일록』 신유한『해유록』 정후교『부상기행』 김흡『부상록』	개정환원 (國王-大君)
10	1748	영조24	延享5	장군습직축하	475(83)	조명채『봉사일본시문견록』 홍경해『수사일록』 작자미상『일본일기』	
11	1764	영조40	宝曆14	장군습직축하	477(106)	조엄『해사일기』 오대령『계미사행일기』 성대중『일본록』	崔天淙被殺
12	1811	순조11	文化8	장군습직축하	328	유상필『동사록』 김청산『도유록』	對馬易地通信

〈표 5〉 조선후기 통신사일람표

살펴보겠다.

조선후기(에도시대, 江戶時代)의 통신사는 원칙적으로 조선국왕이 막부장군(幕府將軍, 日本國王)에게 파견한 사절로, 이들은 조선국왕의 국서國書와 예물禮物을 지참하였으며, 모두 '통신사'의 명칭을 사용했다(초기 3회는 회답겸쇄환사). 그리고 사절단의 삼사(정사 · 부사 · 서장관)는 중앙의 관리로 임명했으며, 조선전기(무로마치시대, 室町時代)와는 달리 회례回禮나 보빙報聘의 의미가 아니라 막부장군의 습직襲職이나 양국간의 긴급한 외교문제를 해결하기 위한 목적으로 파견되었으나 대부분이 장군습직將軍襲職의 축하였다. 그리고 통신사의 편성과 인원은 각 회마다 약간의 차이가 있지만, 대략 300명에서 500명이 넘는 대인원이었다(표6. 1682년 통신사의 편성표).

통신사의 파견절차는 먼저 일본에서 새로운 막부장군의 승습承襲이 결정되면, 대마도주對馬島主는 막부의 명령을 받아, '관백승습고경차왜關白承襲告慶差倭'를 조선에 파견하여 그 사실을 알렸다. 그리고 곧이어 다시 통신사파견을 요청하는 '통신사청래차왜通信使請來差倭'를 파견했다. 이에 따라 조선에서는 예조에서 논의한 뒤, 통신사파견을 결정한 후, 이 사실을 왜관에 알렸다. 통신사가 한양(서울)을 출발하여 부산에 도착하면 다시 대마도에서 파견된 '신사영빙차왜信使迎聘差倭'의 인도를 받아 대마도에 도착 한 후, 대마도주의 안내를 받아 에도[江戶]까지 왕복했다. 이들이 임무를 마치고 대마도로 돌아오면 그곳에서 부산까지는 다시 대마도주가 임명하는 '신사송재판차왜信使送裁判差倭'가 이를 호행하여 무사히 사행을 마치도록 안내하였다.

통신사의 여정을 보면, 일행이 서울을 출발하여 부산까지 대략 2개월 정도가 걸렸다(표7. 통신사여정표). 통신사일행은 긴 여행에 앞서 국왕으로부터 환송연을 받았으며, 그것이 끝나면 각기

職責	人員	日本側接待官	職責	人員	日本側接待官
正 使	1	三使	禮單直	1	中官
副 使	1	〃	廳 直	3	〃
從事官	1	〃	盤纏直	3	〃
堂上官	2(1)	上上官	使 令	18	〃
上通事	3	上判事	吹 手	18	〃
製述官	1	學士	節鉞奉持	4	〃
良 醫	1	上官	砲 手	6	〃
次上通事	2	〃	刀 尺	7	〃
押物官	3(1)	〃	沙 工	24	〃
寫字官	2	〃	形名手	2	〃
醫 員	2	〃	纛 手	2	〃
畵 員	1	〃	月刀手	4	〃
子弟軍官	5	〃	巡視旗手	6	〃
軍 官	12	〃	令旗手	6	〃
書 記	3	〃	清道旗手	6	〃
別破陣	2	〃	三技槍手	6	〃
馬上才	2	次官	馬上鼓手	6	〃
典 樂	2	〃	銅鼓手	6	〃
理 馬	1	〃	大鼓手	3	〃
伴 倘	3	〃	三穴銃手	3	〃
船 將	3	〃	細樂手	3	〃
卜船將	3	中官	錚 手	3	〃
部小童	19	〃	風樂手	3	下官
奴 子	52	〃	屠牛匠	18	〃
小通事	10	〃	格 軍	1	〃
導訓導	3	〃		270	
			總計	569(2)	

〈표 6〉 1682년 통신사의 편성표

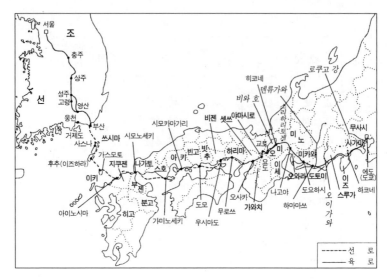

〈표 7〉 통신사여정표

집으로 돌아가 가족과 작별을 하였다. 보통 1년 내지 길게는 2년
이나 걸리는 긴 여정이었고, 또 바다를 건너야하는 위험부담 때
문에 죽음을 각오하는 듯한 이별이었다. 그래서 중도에서 여러
차례 연회가 베풀어졌다. 처음에는 충주·안동·경주·부산의 4
개소에서 베풀어졌으나, 민폐 때문에 후에는 부산 한곳에서만 베
풀었다. 부산에 도착해서는 영가대永嘉臺에서 해신제海神祭를 지
냈다. 해신제는 길일吉日을 선택하여 통신사일행이 일본으로 떠
나는 바로 그날 거행했다. 영가대에서 해신제를 지낸 통신사는
국서를 받들고, 기선騎船 3척과 복선[卜船] 3척에 나누어 타고,
호위하는 대마도선단의 안내를 받아, 대마도 사스나[佐須奈]에
도착한 후, 와니우라[鰐浦] - 서박西泊을 거쳐 대마도주가 있는
이즈하라[嚴原]의 부중府中으로 갔다. 그곳에서 대마도주의 영
접을 받은 후, 다시 이정암以酊庵의 장로長老 2인의 안내를 받아
이키[一岐] - 아이노시마[相島] - 지시마[地島]를 거쳐 시모노세

키[下關]을 거쳐 세토나이카이[瀬戸内海]로 들어섰다. 이어 나가시마[長島] - 가미노세키[上關] - 가마가리[浦刈] - 도모노우라 - 히비[日比] - 우시마[牛窓] - 모로츠[室津] - 오사카[大阪]에 이른 뒤 동東·서본원사西本願寺에 묵었다. 그 뒤 6척의 조선선과 몇 명의 경비요원만을 남겨둔 채, 다이묘(지방 영주,諸大名)가 제공한 배를 타고 요도우라[淀浦]에 상륙하여 육로로 교토로 향했다. 무로마치시대에는 여기가 종점이었지만, 에도시대에는 1617년을 제외하고는 모두 에도까지 갔다. 오츠[大津]을 출발하여 1620년대 특별히 건설했던 '조선인가도朝鮮人街道'를 거쳐 히코네[彦根] - 오가키[大垣] - 나고야[名古屋] - 오카자키[岡崎] - 도요하시[豊橋] - 아라리세키쇼[新屋關所] - 가케가와[掛川] - 등지[藤持] - 스즈오카[靜岡] -시미주[淸水] - 미시마[三島] - 하코네세키쇼[箱根關所] - 오다와라[小田原] - 후지사와[藤澤]를 지나면 드디어 목적지인 에도에 도착하였다. 통신사가 통과하는 객사客舍에서의 한시문漢詩文과 학술의 필담창화筆談唱和는 문화상의 교류를 성대하게 했다. 그러나 이에 따른 화려하고 사치한 향응은 결국 막부의 재정을 압박하는 하나의 원인이 되기도 했다. 특히 신정백석新井百石은 통신사접대의 향응장소를 5개소(오사카·교토·나고야·순뿌, 왕로에는 아카마세키[赤間關], 귀로에는 우시마도[牛窓])만으로 한정하고, 다른곳에서는 음식만 제공하는 것으로 했으나, 1711년 한번으로 끝나고 다시 종전의 형태로 돌아가 호화로운 향응을 계속했다.

　에도에서의 숙사宿舍는 1682년부터 본원사本願寺로 하였으나 뒤에 동본원사東本願寺로 했다. 에도에 체류하는 동안 1636년·1643년·1655년에 파견된 통신사는 도쿠가와 이에야스의 묘소인 닛코 도쇼구[日光 東照宮]에 참배를 강요받기도 했다. 또 1636년부터는 막부의 요청에 의하여 곡마단曲馬團의 공연이 있었는데, 1680년부터는 이를 위하여 마상재馬上才의 파견되었다. 막부로부터 길일이 정해져 국서와 별폭別幅이 전달되고는 며칠 뒤 장군의 회답서와 노고를 치하하는 선물을 받은 후, 왔던 길을 다시 되돌아서 귀로에 오르게 되었다. 다이묘[大名]들의 접대는 왕로往路와 마찬가지로 행해졌고, 대마도로부터는 차왜差倭가 동행하여 부산에 입항한 뒤 서울에 돌아왔다. 이와 같은 통신사일정에는 다소 차이가 있기는 하나 대개는 8개월이 걸렸으나 2년이 걸린 사행도 있었다. 그러나 이러한 통신사행도 양국의 사정이나 동아시아 국제정세의 변동에 따라 1811년에 끝이 나며, 그것도 對馬島에서 약식으로 국서를 교환하는 형식이었다. 물론 그 이후 1837년 이에나리[家齊]의 뒤를 이어 이에요시[家慶]가 장군직을 습직하자, 다시 통신사파견이 요청되었으나 일본 내의 사정에 따라 4차례에 걸쳐 연기를 하다가 결국 1868년 명치유신明治維新을 맞게 되고, 한일관계는 새로운 국면으로 접어들게 되었다. 이로써 통신사로 상징되었던 조선후기 260여 년간의 우호교린관계도 끝이 났다.

IV. 조선통신사의 역사적 의미

조선시대 460여년간 걸쳐 조ㆍ일양국사이에서 조선통신사가 갖는 역사적인 의미는 아주 크다고 생각한다. 앞서 언급한 바와 같이 조선통신사를 통하여 양국은 외교적인 문제를 해결하였고, 그 결과 선린우호관계를 계속할 수 있었다. 물론 중간에 도요토미 히데요시[豊臣秀吉]의 조선침략이라는 불행한 역사도 있었다. 그러나 조ㆍ일간에는 다시 통신사를 통하여 우호관계를 회복하였다. 이러한 의미에서 조선통신사는 조ㆍ일양국이 함께 연출한 성숙한 국제인식의 표현이라고 생각한다.

　조선통신사가 원활하게 왕래할 때는 양국사이에 우호友好 · 공존共存의 시대가 전개되었고, 조선통신사의 단절은 양국사이에 불행한 역사의 시작이었다. 지나간 20세기 전반기에 양국은 모두 불행한 상처를 남겼다. 그러나 이제 21세기를 새로 시작하고 있다.

　21세기 동북아시아의 동반자로 새로운 한일우호관계를 지향하는 전령사로서 우리 모두가 21세기의 조선통신사가 되어 보자.

▌▌참고문헌▌▌

　손승철,『조선시대 한일관계사연구』, 지성의샘, 1995.
　손승철역,『근세한일관계사연구』, 이론과실천, 1996.
　김세민외,『조선통신사와 일본』, 지성의 샘, 1998.
　한일관계사학회 홈페이지. http://hanilhis.org/

조선시대의 경제생활

이영훈 서울대

조선시대의 경제생활

I. 20세기 초의 모습

조선시대, 곧 1392년에 개창하여 1905년에 문을 닫은 이씨왕조李氏王朝가 지배했던 513년간의 경제생활을 살펴보자. 그 시대를 가리켜 통계학자들은 흔히 전前통계사회라고 부른다. 경제의 전체적 구조나 흐름을 한 눈에 조망할 수 있게 하는 통계가 작성되지 않은 전근대 사회라는 뜻이다. 통계가 결여되어 있기 때문에 조선시대 경제의 모습을 전체적으로 살피기란 매우 어려운 일이다. 조선시대의 경제에 관해 오늘날의 우리는 매우 단편적인 자료와 정보를 가지고 있을 뿐이다. 자칫하면 그야말로 장님이 코끼리 만지기 식의 오류를 범하기 싶다. 그러한 오류를 피하기 위해 우선 경제에 관한 근대적인 통계가 작성되기 시작한 1910년대의 모습을 자세히 살펴 둠이 유익하다. 그 이전 5백년간의 경제와 1910년대의 그것은 다른 면도 있지만 큰 구조에서는 서로 비슷한 전근대 경제였기 때문이다.

1911년 현재 오늘날 식으로 계산된 국민총소득은 당시 가격으로 5억4천만 원(엔) 정도였다. 당시 1원의 가치는 국제적으로 멕시코 1달러와 같은 수준이었다. 1인당 국민소득은 대략 34원에 해당하였다. 그 실질가치는 당시 백미 1석(180리터)의 소비자가

격이 12원 정도였으므로 백미 3석에 해당하였다. 오늘날의 가치로 환산하면, 2003년 현재 백미 한 가마니(80키로=100리터)의 소비자가격이 18만 원이므로 대략 97만 원에 해당한다. 4인 가족이라면 연간 4백만원의 소득 수준이다. 이런 정도의 계산만으로도 우리는 1910년대 초의 우리 선조들이 얼마나 열악한 경제상태에 있었는지를 넉넉히 짐작할 수 있다. 인구의 6할 이상은 3월이면 벌써 양식이 떨어지는 생존의 위협 상태에 빠졌다. 열악한 영양상태로 인해 성인 인구의 평균수명은 35세 정도였다고 추정된다. 한발·홍수와 같은 자연재해와 전염병으로부터의 주기적인 위협으로 한반도의 대부분의 인구는 생존의 한계수준에서 허덕였다. 그것이 1910년대 초 조선 경제의 적나라한 실태였다.

산업구조를 보면 1911년 현재 1차 산업 농업의 비중이 78%에 달하고 2차 산업 광공업의 비중은 7%의 유치한 수준이었다. 전국 289만 호 가운데 광공업에 전업으로 종사한 사람은 2.4만 호로서 1% 미만에 불과하였다. 이처럼 전통 조선경제는 전형적인 농업사회였다. 그런 가운데 자급자족의 자연경제의 비중이 지배적이었다. 당시 평균 농가의 연간 총생산=총소득 가운데 시장을 경유한 것은 그 비중이 3할이 못되었다. 7할 이상의 대부분의 생활자료는 농가가 직접 생산하고 직접 소비하는 자급경제의 영역에 속하였다. 농민들은 한 달에 한 번 정도 가까운 곳에서 5일마다 열리는 장시에 나아가 집에서 생산한 여유 물자를 팔아 필요한 다른 물자를 구입하였다. 장시에서 이루어지는 교환의 지배적 형태는 "사기 위해서 파는" 단순한 수준을 넘지 못하거나 직접적인 물물교환의 형태를 취하였다.

지배적인 산업인 농업의 구조를 보면 생산단위는 소가족 단위의 소농小農이었다. 농가의 평균 경작 규모는 지방마다 다르지만, 인구가 조밀한 남부지방에서는 1정보 내외의 소규모였다. 그

것도 논의 7-8할과 밭의 3-4할은 병작지幷作地, 곧 소작지였다. 대부분의 농민은 없거나 부족한 경지를 보충하기 위해 소작지를 얻었다. 농촌사회의 지배적인 생산관계는 지주-소작관계였다. 이 생산관계는 양반兩班-상민常民이라는 사회적 신분관계와 일치하는 경우가 많았다. 그렇지만 지주-소작관계 그 자체는 경제적인 계약관계였다. 상민이라 해서 사회적으로 강요된 양반 신분에 대한 부담은 없었다. 양반과 상민을 사회적으로 차별하는 신분법제는 20세기 초에는 이미 허물어지고 없었다. 소작료율은 타조打租인 경우는 5할, 도지賭地인 경우는 3-4할이 보통이었다. 도지의 경우 국가에 대한 세는 소작농이 부담해야 했는데, 이를 감안하면 타조와 도지 사이에 큰 차이는 없었다. 지주는 재촌지주와 부재지주로 나뉘었다. 재촌지주는 보통 동족부락의 종가宗家인 경우가 많았다. 때문에 재촌지주의 소작지 경영은 경제적인 타산보다는 동족이나 마을사람의 집단적 생존을 책임지는 온정주의적 방식을 취하는 경우가 많았다. 소작지의 규모도 그리 크지 않아서 2-3백 두락(1두락=200평) 정도가 일반적이었다. 반면 부재지주는 서울의 양반관료로서 그 소작지 규모가 일층 컸다. 부재지주의 소작지 관리는 현지의 마름[舍音]들이 담당하였다. 마름이란 말은 양반가의 호노戶奴라는 말에서 유래하였다.

1911년 현재 대외 수출과 수입은 7천3백만 원으로서 당시 국민총소득의 13% 정도였다. 그렇지만 이는 1876년 개항 이후 일본과의 무역이 급증한 결과이지 원래부터 그러했던 것은 아니다. 1876년 이전 일본과 중국과의 무역은 연간 3-4백만 원 정도로 추정된다. 1876년과 1911년의 국민총소득이 같다고 가정하면, 1876년 이전의 무역의존도(수출+수입/국민총소득)는 1%도 채 되지 않는다. 그만큼 조선의 전통 경제는 폐쇄경제였다. 조선의 전통 경제가 크게 발전할 수 없었던 것은 너무 폐쇄경제였기 때문이다. 요컨대 조선시대의 경제는 소농적 농업에 바탕을 둔 자급경제이자 폐쇄경제였다.

II. 선물경제와 재분배경제

조선시대의 경제에 관해 폐쇄적인 자급경제라는 규정만으로 그친다면, 그 정도는 다 아는 이야기가 아니냐고 불만을 느낄 분이 없지 않을 것이다. 실제로 전근대적 자급경제라 해서 나름의 경제학이 없었던 것은 아니다. 그 문제로까지 나아가 조선시대의 경제를 규정한 경제논리를 좀더 엄밀히 따져볼 필요가 있다.

경제인류학자들은 인류의 경제형태를 크게 선물경제膳物經濟, 재분배경제再分配經濟, 시장경제市場經濟의 세 형태로 구분하고 있다. 오늘날 우리는 시장경제가 지배적인 시대에 살고 있다. 얼마 전까지 시장경제가 싫다고 비시장적인 사회주의혁명을 실험했던 소련과 중국이 한 때는 나름의 매력을 발휘하기도 했지만 모두 실패하고 말았다. 그래서 지금은 시장경제가 그야말로 '역사의 종착역'이라도 되는 양 큰 위세를 발휘하고 있다. 그렇지만 그렇게 된 것은 인류 문명의 긴 역사에서 고작 2백년에 불과하다. 그 이전의 기나긴 역사에서 지배적인 경제형태는 선물경제와 재분배경제였다.

최초의 경제형태는 선물경제였다. 부족사회가 성립할 정도의 문명 수준에서 부족 성원 상호간이나 부족 상호간에 선물이 정기적으로 교환됨으로써 필요한 물자를 유무상통하는 경제가 선물경제였다. 선물은 대칭적으로 주고받음이 일반적이지만, 반드시 그렇지도 않아 주기만하거나 받기만 하는 관계가 염주알처럼 꿰

어져 하나의 구조를 이루기도 하였다. 다음, 국가가 성립하는 단계에 이르면 재분배경제가 성립한다. 부족사회에서도 재분배경제는 부분적으로 성립하지만, 그것이 전형적으로 성립하는 것은 국가가 성립하고 계급이 발생하는 단계였다. 재분배경제는 사회의 경제잉여를 국가권력이 조세의 형태로 수집한 다음, 다시 나누는 형태로 유무상통이 이루어지는 경제를 말한다. 재분배는 지역적으로 시기적으로 계층적으로 이루어졌다. A 지방에서 거두어 B 지방에 나누면 지역적 재분배이며, C 연도에 거두어 D 연도에 나누면 시기적 재분배이며, E라는 사람에서 거두어 F라는 사람에게 나누면 계층적 재분배이다. 이를 통해 재분배경제는 공간적으로나 시간적으로 훨씬 넓고 큰 통합 범위를 가지게 되었다.

　조선시대 경제의 지배적 통합형태는 선물경제와 재분배경제였다. 이 두 형태의 경제를 통해 함경도에서 제주도에 이르는 조선왕조의 통치 전역이 안정적으로 통합되었다. 조선시대는 오늘날과 달리 신분·계급사회였다. 조선시대의 신분은 잘 알다시피 양반과 상민과 노비라는 세 가지가 있었다. 남아 전하는 호적을 보면 17세기말 경상도 대구부에서 인구의 10% 미만이 양반, 40~50%가 상민, 40~50%가 노비라는 신분이었다. 물론 지역마다는 조금씩 차이가 있었다. 예컨대 평안·함경도와 같은 지방에서는 노비가 10% 정도였다고 보인다. 어쨌든 이렇게 신분·계급으로 나뉜 사회를 하나의 경제로 통합한 것은 선물경제와 재분배경제였다. 시장경제의 비중은 얼마 되지 않았다. 좀더 구체적으로 설명하면 다음과 같다. 조선시대의 상민과 노비 농민들은 그들이 생산한 물자의 일부를 국가와 양반에게 조세와 공물로 바쳤다. 국가는 조세와 공물을 관료와 군인들의 녹봉으로 지급하거나 물자가 적게 생산되는 변방으로 옮기거나 흉년에 대비하여 창고에 비축함으로써 계층적이거나 지역적이거나 시기적 통합을

실현한다. 양반은 그의 노비들로부터 공물을 받아 필요한 생활
물자를 조달할 뿐 아니라 그것을 양반끼리 선물함으로써 유무상
통의 통합을 이루었다.

  양반사회의 선물경제는 16세기와 17세기에 크게 발달하였다.
한 가지 잘 알려진 사례를 소개한다. 유희춘(柳希春 : 1513∼
1577)이란 명종·선조 연간의 관료가 있었다. 안으로는 사헌부
司憲府대사성大司成을, 밖으로는 전라도 관찰사까지 지낸 사람이
다. 그는 지금까지 전하는 유명한 일기를 매일 적었는데, 그로부

터 그의 경
제 생 활 의
토대를 알
수 있다.
1573년 그
해 양반관
료로서 유
희춘의 수
입원은 1)
녹봉(祿俸
: 쌀 81석
정도), 2)
봉여封餘,
3) 구종신
공(丘從身
貢 : 쌀로
환산 104
석), 4) 반
인신공伴

<그림 1> 양반과 노비

人身貢, 5) 노비신공(奴婢身貢 : 쌀로 환산 200석), 6) 선물 등으로
이루어져 있었다. 선물에 대해서 좀더 자세히 소개하면, 그의 일
기에서 기록이 비교적 충실한 66개월 간 이루어진 선물은 도합
2,796회, 한 달에 평균 42회의 빈도에 달하였다. 그가 외직에 나
가 있는 동안에는 받기보다 주는 관계에 있었으며, 반대로 내직
에 있을 때는 지방관으로 나가 있는 자들로부터 주로 받는 관계
에 있었다. 선물은 곡류, 포목류, 종이류, 치계류雉鷄類, 어패류,
과채류, 시초류柴草類 등 실로 다양하였으며, 유희춘은 이 선물로
부터 그가 필요한 대부분의 생활자료를 확보할 수 있었다. 요컨
대 16세기 양반관료들의 경제생활은 상민·노비로부터 조세와
공물을 수취하여 국가적으로 분배하거나 그것을 상호 증여하는
재분배경제와 선물경제에 입각해 있었다. 다른 한편 상민과 노
비의 피지배신분도 자기들끼리 선물경제를 조직하였다고 믿기
지만, 유감스럽게도 자료가 부족하여 그 실태를 알기 힘들다.

　관료들의 선물경제는 17세기 후반 이후 점차 해체되어 갔다.
무엇보다 대동법大同法이란 재정개혁이 실행되어 공물 대신 쌀을
대신 징수하기 시작했음이 큰 원인이었다. 또한 양반관료에 속
한 노비 인구가 점차 해방되어 간 것도 큰 원인이었다. 그럼에도
선물경제는 아주 없어지지는 않았다. 19세기후반 경상도 예천군
의 박씨 양반가는 연간 50~60회의 부조扶助와 행자行資를 지출
하였다. 이 호혜적인 지출에는 집안에 속한 머슴이나 마을의 하
민들도 대상이 되었다. 선물경제는 오늘날까지 면면히 이어지고
있다. 오늘날 대부분의 한국 사람들은 가까운 친지의 길흉사를
당해서는 일정 수준의 부조를 행함이 보통이다. 언젠가 자기도
같은 경우를 당할 때 보상을 받게 되리라는 경제적 기대가 거기
에 없다고 할 수 없다. 그러한 호혜적 기대에 기초한 선물경제가
조선시대에는, 특히 16~17세기에는 지배적 경제형태로 작동하

였던 것이다.

17세기 후반 이래 선물경제가 크게 위축되어 갔음에도 불구하고 재분배경제는 한동안 오히려 발달하였다. 조선왕조가 운영한 환곡還穀이 그 좋은 예이다. 환곡이라 함은 정부가 비축한 쌀을 종자와 양식으로 봄에 농민들에게 나누어 주었다가 가을에 1/10의 이자를 붙여 환수하는 쌀의 재분배제도를 말한다. 17세기후반 환곡은 전국적으로 대략 5백만 석에 달했는데, 대동법 시행 이후 재정흑자가 발생하자 그 규모가 늘어나 18세기 중반에는 무려 1천만 석에나 달했다. 그것은 대략 연간 총생산량의 1/3에 달하는 큰 규모였다. 그렇게 큰 규모의 환곡의 절반이 해마다 농민들에게 분급된 다음 가을에 회수되었다. 당시 중앙정부가 파악한 전국의 총 호수는 약 170만 호, 그에 대해 연간 500만 석의 환곡이 분배되었으니 호당 3석에 달하는 무척이나 큰 규모였다.(조선석=100리터=5/9일본석) 그로 인해 농가 경제의 안정성이 크게 제고되었다. 숙종肅宗 · 영조英祖 · 정조正祖에 걸치는 18세기 조선사회의 안정과 번영에는 이 같은 국가적 재분배경제의 역할이 매우 중요하였다.

이들 세 임금은 백성의 살림살이에 특별한 관심과 노력을 기울였다. 특히 영조는 잦은 금주령禁酒令을 통해 사치와 낭비를 억제하였다. 또한 세 임금은 훌륭한 성리학자였다. 성리학자로서 그들의 통치이념은 『論語』의 나오는 "국가를 다스리는 사람은 가난이 아니라 고르지 못함을 걱정한다"는 말 그대로 균등 그것이었다. 그렇지만 균등과 안정을 기본 이념으로 한 조선왕조의 국가적 재분배경제는 19세기에 들어와 크게 동요하다가 해체되고 말았다. 1천 만 석에 달하던 환곡을 저장했던 정부의 창고는 1860년대까지 사실상 텅 비게 되었다. 그로 인해 조선의 경제와 사회는 크게 불안정해졌다. 조금 뒤에 다시 언급하겠지만 조선왕조는 그로 인한 사회적 위기를 수습하지 못하고 패망했다고 할 수 있다. 그렇지만 조선의 재분배경제를 떠받친 균등 이념은 시장경제가 지배적 형태로 된 오늘날에까지도 국민경제의 운영원리로 큰 영향력을 떨치고 있다. 그에 대해서는 여러분 모두가 다 잘 아는 그대로이다.

Ⅲ. 시장경제

앞서 언급한대로 20세기 초 농가의 경제생활에서 시장경제가 차지하는 비중은 대략 3할 정도였다. 그 정도나마 시장경제가 전체 경제에 있어서 주요 형태로 자리 잡는 것은 17세기 후반부터였다. 1675년 상평통보常平通寶 동전이 성공적으로 발행되기 시작하였으며 농촌에까지 널리 보급되었다. 농촌 장시가 5일마다의 정기시定期市로 성립하는 것도 대체로 그 때부터였다고 보인다. 장시는 점차 그 수가 늘어 1770년에 전국적으로 1천을 넘었다. 인구가 조밀한 남부지방의 경우 대체로 반경 6km의 범위에서 하나의 장시가 성립하였다. 농촌사회에 동전과 장시가 보급됨에 따라 시장경제에 대한 인식과 대응자세도 보다 높은 수준으로 발달하였다.

농촌 양반의 일기에 물가에 관한 기록이 나타나기 시작하는 것은, 알려진 한에서, 1720년대부터이다. 물가 변동에 대한 정보와 그에 대한 기민한 대응이 농촌사회의 경제생활에서까지 중요해진 시대가 된 것이다. 이 초기의 시장경제는 무척이나 불안정하였다. 예컨대 가을 추수기와 봄 춘궁기의 쌀 가격은 4-6할의 큰 차이를 보였다. 약간의 경제적 여유라도 있으면 가격의 이 계절 차이를 이용하여 큰 득을 볼 수 있었다. 충청도 공주의 이유태李

<그림 2> 울산 병영 앞 장터(위)와 평일(아래)

惟泰라는 양반은 자녀들에게 유언하기를 고리대는 절대 하지 말
라고 한 대신, 가을에 곡식을 사서 봄에 되파는 것은 반가班家의
체면에 손상이 가지 않는다고 허용하였다. 그런 사람이 많아질
수록 곡가의 계절차이가 줄어들어 개인적으로 득이 될 뿐 아니라
사회적으로도 큰 득이 되기 때문이다. 시장경제는 이처럼 개인

적 영리추구가 결과적으로 사회적 복지를 증대시키는 기묘한 논리 구조를 갖은 경제형태이다.

이처럼 시장경제가 발달하였지만, 18~19세기 시장경제의 수준을 과장해서는 곤란하다. 얼마 전까지 근대적인 자본주의경제가 거기서 성립하기 시작한 것처럼 주장하는 학자들이 많이 있었는데, 모두 지나친 이야기들이었다. 시장경제의 주역인 상인자본의 발달 수준이 아직 그리 높지 않았다. 상인의 기본 형태는 봇짐과 등짐으로 장시를 순회하는 行商들이었다. 19세기말까지 점포를 차린 정주상업은 농촌사회에서 발생하지 않았다. 1940년의 조사에 의하면 당시 각종 재화의 판매에 종사한 대소 상점은 전국적으로 246천여 개에 달하였다. 그 가운데 창립 연대가 1899년 이전으로 올라가는 것은 587개(0.2%)에 불과하였는데, 그마나 서울과 같은 도시에 속한 것들이었다. 그러니까 한국사에서 근대적인 정주상업이 생겨나는 것은 20세기전반, 특히 1920-30년대부터였다.

상인자본의 축적 규모도 그리 크지 않았다. 18세기말 전국적으로 가장 큰 부자는 중국과의 무역에서 돈을 번 서울의 변상인 邊商人이었다. 그 재산이 20만 냥에 달하였는데, 1911년 국제시세로 따져보니 대략 7만 달러에 달하였다. 그 정도를 가지고 당시 "나라를 기울일만한 재물"이라 했다. 예컨대 18세기 일본 오사카 대상인들의 자본 규모는 최대 1백만 달러에 달하기도 하였다. 상업과 시장경제가 그리 크게 번성하지 못했던 것은 국제무역이 결여되었기 때문이다. 시장경제의 발전과 국제무역은 불가분의 상관관계에 있다. 16세기 이후 서양이 중국을 추월하여 세계경제의 패권을 차지하게 된 것도 그들이 세계시장을 활발히 선점하였기 때문이다. 앞서 지적한대로 1876년 당시 조선의 국제무역은 그 비중이 국민총소득의 1%가 못되었다. 18세기에는 그것보다는 더 높았다고 생각되지만 아무리 많이 잡아도 2-3%를 넘지 않았다. 그렇게 폐쇄경제였기 때문에 시장경제의 발전에는 한계가 있었던 것이다.

그럼에도 19세기 초엽까지만 해도 경제는 그런대로 안정되어 있었다. 다음의 그림은 전라도 영암 지방을 중심으로 18세기 초 이래 쌀값(벼 1석)의 장기변동을 나타내고 있다.

<그림 3> 전라도 영암지방 쌀값의 장기변동

쌀값은 풍흉에 따라 해마다 큰 진폭의 변동을 보였다. 그런 가운데 1840년대까지는 2-3냥 수준을 중심으로 다시 균형을 회복하는 안정성을 보였다. 그렇지만 1850년대 이후가 되면 지속적인 상승세에 접어들기 시작하였다. 1850년대 초 2-3냥 하던 벼 1석의 가격이 1910년까지 15냥대로 올랐다. 한국인들이 처음으로 인플레이션을 경험하는 것은 바로 이 때이다. 쌀값이 다락처럼

오르면서 경제가 점차 불안정해지자 그 영향이 사회 · 정치 곳곳에 점차 파급되었다. 특히 하층민의 생계가 곤궁해졌다. 정부 재정도 곤궁해지기는 마찬가지였다. 재정수입을 확보하기 위한 정부의 노력에 대한 농민들의 불만은 점점 커져만 갔다. 이윽고 1840년대부터 도처에서 농민들의 저항이 民亂의 형태로 발생하기 시작하였다. 1860년대에는 남부 지방의 70여 군현에서 민란이 연쇄적으로 발생하였다. 이러한 민중의 저항이 1894년의 東學亂으로까지 길게 이어졌음은 우리 모두가 다 잘 아는 바이다. 민란의 시대에 경제는 더욱 곤궁해졌다. 장시를 오가는 상인들의 행렬이 중단되었기 때문이다. 1876년 개항 이후 시작된 일본과의 무역도 경제의 혼란을 부추기는 데 한 몫 하였다.

19세기에 들어와 이렇게 경제가 어려워진 원인은 무엇일까? 이 문제는 앞으로 역사학자들이 풀어가야 할 큰 숙제이다. 아직은 19세기에 들어 경제 · 사회에 위기가 발생했다는 그 자체에 대해 논란이 많은 실정이다. 실제로 지방별로는 많은 차이가 있었다고 보인다. 우선은 지방별 위기 현상 그 자체에 대해 많은 연구가 필요한 실정이다. 연후에 그것을 초래한 경제적 사회적 정치적 이데올로기적 요인들을 차분히 분석할 필요가 있다. 한 가지만 여기서 분명히 해 두고 싶은 것이 있다. 흔히 폭력적인 형태로 발생한 민중의 저항을 역사가 진보하는 현상으로 평가하고 있지만, 이는 잘못된 생각이라는 것이다. 어느 경제가, 사회가 자기 조절적인 통합력을 상실할 때 그러한 비극적인 현상이 생김을 우리는 역사로부터 배울 수 있다.

조선시대의 관학과 사학

정만조 국민대

조선시대의 관학과 사학

I. 머리말

조선조를 건국한 주역의 대표라 할 정도전鄭道傳이 새로운 왕조의 통치구조를 밝힌 『조선경국전』朝鮮經國典에서 "학교는 풍화風化의 근원으로 인륜을 밝히고 인재를 이루는 곳이라"고 규정한 대로, 조선시대에는 국가에서 필요로 하는 인재를 양성하고(이를 養育人材 또는 育材라 함) 통치이념인 유교적 윤리관을 보급하는 기구로서 학교가, 서울과 지방에 널리 분포되어 있었다.

서울에 있던 성균관 4학四學 종학宗學 잡학雜學과 지방의 향교 양사재養士齋 등은 국가에서 설치 운영함으로 인해 관학에 속하고, 경향을 막론하고 사족 개인이나 사림, 때로는 비사족 신분에 의해서도 건립 유지되었던 서재書齋나 서당 가숙家塾 및 서원은 사학으로 분류된다.

조선시대에 존재했던 이러한 학교형태는 그러나 일시에 생겨나 모두 함께 존속했던 것은 아니다. 그것은 시대에 따른 지배층의 특히 신분적 이해관계와 교육정책의 변화에 의해 생성과 성쇠 부침이 적지 않았다. 이하 조선시대 학교의 내용과 그 변천해 간 모습을 찾아보기로 한다.

II. 관학

조선조의 관학은 고려 말의 학제를 계승하고 정비하는데서 출발하였다. 고려 때에도 중앙에 국자감·학당, 지방에 향학이 일찍부터 설치되어 인재양성의 장소로 운영되었지만 중간에 최충 등의 사학에 눌리고 몽고의 침입을 받는 과정에서 쇠퇴할 수밖에 없었다.

그래서 충렬왕 때 안향의 건의에 따라 국학(국자감의 바뀐 이름)을 성균관으로 개칭하며 관학 진흥을 도모했고 마침내 공민왕 때 이르러 성균관을 새로 중창하고 이색·정몽주 등 당대의 뛰어난 학자로 교육을 담당하게 하는 한편, 지방별로 향교를 세우게 하였다.

조선의 관학은 바로 이 때의 성균관·학당과 향교의 제도를 이어받아 정비하는 과정에서 성립하였다. 그것은 한성으로 수도를 정한 태조 때부터 시작하여 태종 연간 일단 틀을 갖추었고 세종 때의 수정 보완을 거쳐 성종 때 이르러 비로소 성균관·4학·종학·잡학, 그리고 향교로 완성을 보게 된다. 이하 이들 관학을 간단히 살펴보기로 한다.

성균관은 문과시험을 준비하는 최고의 교육기관이었다. 성균 成均이란 말은 중국 고대에 학교를 가리켰으며 예악禮樂을 통하여 국가의 인재를 양성한다는 뜻을 가졌다고 한다.

수도를 한양으로 옮김에 따라 국도 건설의 일환으로 서울의 동북부 지역인 숭교방(崇敎坊: 현 서울 종로구 명륜동)에 태조4년부터 명륜당 대성전 동·서재 등의 건물을 지었고 태종7년 중건했으며, 성종 때 성균관 양옆으로 반수泮水를 만들기 위해 물길을 냄으로써 성균관의 기본구조가 완전히 갖추어졌다.

"학교를 세워 교육을 행함은 모두 인륜을 밝히려는 것이라"(맹자孟子 승문공滕文公편)는 데서 유래한 명륜당은 유생들이 유학을 익히고 경전을 강론하며 때로는 임금이 친히 시험을 보이던 곳이기도 하였다.

그리고 대성전大成殿은 지방 향교의 경우 문묘文廟라고 하는데 대성지성문선왕大成至聖文宣王인 공자를 제사지내는 곳이다. 여기에는 공자뿐 아니라 그 학문의 정통을 계승했다는 안자(안자), 회자曾子, 자사子思 맹자孟子와 중국 역대의 유학자 및 우리나라의 명현 등 모두 133인의 위패를 같이 모셔놓고 있다. 안자 맹자 등은 아성亞聖이라 하여 대성전 안에 배향하였으며 정자程子나 주자朱子 같은 중국 명현과 우리나라의 유학자는 대성전 옆에 별도 건물로 지은 동·서무東·西廡에 위패를 봉안했는데 이를 종향從享이라 한다. 우리나라 유학자로는 설총·최치원·안향·정몽주·김굉필·정여창·조광조·이언적·이황·이이·성혼·김장생·김집·송시열·송준길·박세채·김인후·조헌 등 18현이 종향되었다.

대성전에 공자 이하 중국과 우리나라 유학자를 봉안하는 목적은 국가의 지배이념이 공맹지학孔孟之學에 있음을 드러냄과 함께 성균관 유생들이 지향할 바를 분명하게 제시하고자 함이었다. 제향 인물의 선정은 대개 중국의 예를 따랐지만 조선 유학계에서 이단으로 보는 왕양명 등은 제외되었고, 우리나라 유학자의 선정을 둘러싸고는 심한 논란이 일기도 하였다. 특히 학연에 토대한 붕당이 출현한 후 자파의 학문적 정통성을 통한 집권명분의 확보를 위해 자기 당의 유학자를 문묘에 올리려는 이른바 종사(從祀-陞廡)운동과 이를 저지하려는 반대파 간의 논쟁이 당론이 되다시피 하여 오랫동안 계속되었다. 우율종사牛栗從祀를 둘러싸고 인조 때부터 숙종까지 60~70여년간 일반 관료는 물론 수천명의

성균관 대성전

성균관 명륜당

유생이 동원된 찬반 상소가 끊이지 않았고 또 인조 이후 서인계
를 제외한 인물이 승무된 경우를 찾을 수 없는 것이 그 단적인 예
가 되겠다.

동재 서재는 유생들이 기숙하는 곳이다. 성균관은 유일한 국립
대학이니 만큼 서울뿐만 아니라 전국의 유생들이 자격만 갖추었
다면 누구나 이 곳에 유학할 수 있었다. 뿐만 아니라 국가에서는
비록 서울 거주 유생이라 하여도 원칙적으로 성균관에서 기숙하
도록 독려하였다. 성균관의 식당에서 아침 저녁의 식사를 해야 1
점을 받게 되는 원점圓點이 300점 이상이 되어야 문과에 응시하
게 한다거나(사실상 유명무실했지만), 천거를 통한 관직 진출에
잇점을 주게 한 것 등은 성균관 유생의 기재寄齋가 일종의 강제
적 규정이었음을 말해준다. 성균관에는 이외에도 부속 시설로서
「반궁도泮宮圖」에 나타난 여러 건물이 있었다.

성균관의 유생은 경국대전에 200인으로 규정되어 있으나 정원
을 채우는 경우는 드물었으며 후기의 영조 때 100인으로 한정되
었다. 흔히 관유館儒로 말해지는 성균관 유생은 상재생上齋生과
하재생下齋生으로 구성되었는데 전자는 사마시에 합격한 생원·
진사가 들어갈 수 있었고 후자인 하재생은 다음에서 말할 4부학
당에서 시험 승보시陞補試을 거쳐 올라온 유학幼學이거나 문음의
자제들이었다. 동서재에 기숙하는 이들의 하루는 학습활동으로
시종되었다. 그들은 4서5경은 물론 근사록 성리대전 통감 좌전左
傳 등의 경사經史와 함께 시부詩賦 등 과거시험을 위한 공령문功
令文을 공부해야 하였고『경국대전』,『동국통감』등의 우리나라
제도와 역사에 관한 지식도 교육받았다. 이들의 학습결과는 매
월 실시하는 강시(講試: Oral Test)와 1년에 두 번 실시하는 연고
(年考: 제술시험, Written Test)를 통해 평가되었다. 우수한 자는
문과시험에 몇 가지 우선권을 주고 또 관리로 서용하는 특전도

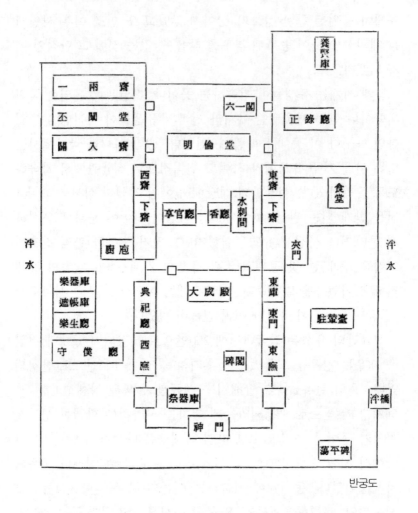

반궁도

받았다.

성균관이 비록 과거준비를 위한 학교이기는 했으나 그렇다고
유생 본래의 수기修己가 무시되지는 않았다. 학습과 함께 덕성의
함양은 장차 관료가 될 수 있는 기본자격이었기 때문이다. 이러
한 관유의 교육을 위해 국가는 대사성·좨주·사업·박사·학
정·학록·학유 등의 관직(겸관이 대부분)을 두었다. 경국대전

에는 모두 37인의 관리가 규정되었지만 조선후기에는 50명을 넘은 것으로 보인다.

학습 이외에 성균관에서 관유들의 일상생활은 그들 스스로의 자치활동에 의해 규제되었다. 관유들의 자치기구로 재회齋會가 구성되고 그 임원으로 장의掌議 · 색장色掌 · 당장堂長이 있어 내부문제를 처리하였다. 학업 도상에 있다 하여 관유들의 정치적 의사표시는 원칙적으로 통제되었다. 그러나 국가의 명운이 걸렸다고 판단되거나 인륜과 유학이 관련된 문제에 대해서는 재회를 통해 수렴된 의견을 유소儒疏의 형태로 표출하고 그들의 요구 관철을 위해 소행(疏行:집단시위) · 권당(捲堂: 식당출입거부) · 공관(空館: 동맹휴학) 등의 집단적인 행동을 감행하는 경우도 종종 있었다.

성균관 이외에 중앙에 설치된 관학으로는 4부학당 즉 4학과 종학 잡학이 있었다. 학당은 성균관이 최고학부인데 비해 중급기구로서 지방의 향교와 같은 수준의 학교였다. 원래 학당은 원나라의 제도를 모방해 고려 원종 때부터 비롯되었다고 하나 조선에 들어와 태종11년 처음 남부학당을 세운 이후 세종 때 비로소 남 · 동 · 서 · 중학의 4부학당 체제가 갖추어진다. 각 학당의 정원은 100명씩이나 입학시험이 따로 있는 것이 아니었고 정원을 채우지 못하는 때도 많았다고 한다.

4학은 생원 진사시험을 준비하기 위한 학교였다. 그런 만큼 교과목은 『소학』과 사서가 중심이었고『효경』·『삼강행실』·『주자가례』·『사략』이 교재로 활용되었으며 시문의 제술도 교육하였다. 4학의 생도를 가르치기 위해 6품의 교수관 2인, 7품 이하의 훈도관 5인씩을 두되 성균관의 관리가 겸하게 하였다.

종학은 왕족의 교육을 위해 세운 학교로 왕의 현손까지가 그 입학대상이었으나 역대 임금들의 노력에도 불구하고 별 성과를 내지 못했고 중종 이후는 사실상 폐지되다시피 하였다.

잡학은 기술학의 전수와 교육을 위해 둔 것으로 별도 학교가 있는 것이 아니라, 예컨대 통역관계인 역학譯學은 사역원에서 담당하는 바와 같이 해당관서에서 수행하였다. 조선초기에는 관직 진출로로서 잡직이 활용되었기에 양반자제 가운데 잡학에 들어온 자도 있었으나 君子는 전문기예에 종사하지 않는다는 "군자불기君子不器"의 관념이 자리잡으면서 잡학은 기술직 종사자나 양반의 서얼로 이루어진 이른바 중서층의 학문이 되고 말았다. 잡학생도는 중앙의 소관아문에서 전문서를 통한 지식습득과 경국대전을 학습하였고 평소의 성적을 연말에 종합하여 취재取才의 자료로 삼았다.

중앙에 설치된 이런 관학의 유지에는 적지 않은 비용이 들었다. 종학과 잡학은 학생도 얼마 안되고 또 해당관아의 경비로 충당할 수 있었으나, 성균관과 4학에 있는 수 백명 유생의 학습활동 뿐만 아니라 일상생활에 드는 모든 비용을 지출하는 것은 국고에 상당한 부담이었다. 그래서 성균관에는 유생의 공궤에 필요한 식량 확보를 위해 학전學田이란 명목으로 약 2000여결의 수세권(收稅權: 6백석)을 지급하였고, 일용 잡물 마련 비용은 고려말 안향이 기증한 3백구에 세종 이후 백 여구가 더하여진 노비에서 거두는 신공身貢으로 충당하였다. 그러나 여러 가지 불편이 있어 성종 때 양현고養賢庫를 복설해 양식 반찬 지필묵 향 돗자리 등불기름 등 일체를 공급하게 하였다. 4학의 경우도 마찬가지로 학전 노비신공과 호조의 경비지원으로 재정문제를 해결하였다. 특히 이 4학에는 전라도지역의 어장세漁場稅가 일부 이속되었으나 그 양은 미미하였다.

이와 같이 관학은 오로지 국고에 의존했으나 원래 국가재정이 넉넉지 못한데다 흉년이 들면 그나마 지원이 감축됨으로써 아예

방학을 하여 학생을 돌려보내거나 학생 수를 조절해야 하는 등 학교운영에 차질이 적지 않았다. 관학의 대표라 할만한 성균관 조차 그 재정이 이렇게 부실하였던 것은 결과적으로 관학 자체의 부진과 쇠퇴를 가져오는 하나의 요소가 된다.

한편 지방에 설치된 관학은 향교였다. 다른 교육제도와 마찬가 지로 조선의 향교 역시 고려말 공민왕이 추진한 1읍1교제를 계 승하였다. 태조는 그 즉위교서에서 이미 외방의 향교설치를 공 언하였고 태종 역시 수령이 지방관으로서 수행해야 할 7가지 임 무(守令7事) 중의 하나로서 수명학교修明學校를 두어 향교설치와 운영을 독려하면서 때로는 사찰을 혁파하여 거기서 몰수한 토지 와 노비로서 향교 건립에 소용되는 비용을 충당하게 하기까지 하 였다. 그러나 향교건립에 적지 않은 비용이 들고 국가 초창기의 군현 조정과 통폐합이 마무리되지 않았던 관계로 전국 330여 고 을에 향교가 대개 갖추어지는 것은 경국대전이 완성된 성종 연간 이었다. (전라도 용담현의 향교는 조선후기 현종 때에야 건립 된다)

향교는 중앙의 4부학당에 비견되는 중급교육기관으로서 국가 에서 필요로 하는 인재를 지방에서 양성하는 학교였다. 그래서 그 교육내용이나 수준은 4부학당과 같았다. 다만 향교는 향촌 사 회에서 유학의 이념과 윤리관을 전파하는 중심지로서의 구실도 하였다. 그러므로 4학에는 없는 문묘를 갖고 있었다. 조선시대 향교제도 보완책으로 주목되는 것은 교관의 파견이다. 태종 때 승문원 성균관 교서관의 권지權知들을 군현에 파견하려는 시도 가 있은 이래 성종 때 교수(직고 문과출신자) 훈도(직비 문과출 신자) 교도(생원 진사) 학장(향촌 유덕자)으로 정리되어 교수 72인 훈도 257인이 보내어졌다. 그러나 교관직은 별다른 실권 이 없는 한직이어서 기피의 대상이었으며, 그래서 한 때는 제독관提督官의 명칭이 나오기도 했으나 임란 후 소멸되고 말았다. 교관직의 천시는 향교에 질적 저하를 가져오게 한 요인이 되었던 것이다.

향교운영의 토대가 되는 재정문제는 혁파된 사원의 토지와 노비를 자산으로 하여 늠전廩田과 학노비를 지급하는데서 모색되었으나 성종 때 와서 군현의 대소에 따라 5~10결씩의 학전이 지급되는 것으로 확정되었다. 그러나 이 학전은 토지 자체의 지급이 아니라 수세권을 부여한데 불과하였다. 따라서 그 수입으로는 유생의 공궤나 춘추의 향사享祀 비용, 경상비의 충당에 터무니없이 부족했다. 부족분은 수령이나 유지의 보조에 의해야 하였다. 그러다 보니 유생의 동서재 기숙은 엄두도 내기 어려웠을 것이며 결국 부족재정의 충당을 위해 편법과 탈법이 나오지 않을 수 없었다. 향교의 부진은 재정상의 취약성에서 유래하기도 했던 것이다.

향교가 쇠퇴하게 되는 기본적인 요인은 아마도 입학대상에 제한을 두지 않음으로써 신분적 우월을 내세우는 지방 사족층의 외면을 초래한데 있을 것이다. 향교의 목적이 백성을 교화하고 특히 국가에 필요한 인재를 양성하는데 있었던 관계로 그 입학대상은 "凡民之俊秀子弟"라고 함에서 보듯 천인을 제외한 양인 이상이면 제한을 두지 않았다. 따라서 이론상으로 본다면 사족과 평민의 자제가 어깨를 나란히 할 수 있었다. 바로 이 점이 사족의 향교에서의 학습기피를 유발하였던 것이다. 향교의 유생은 교생校生이라 했는데 장차 국가의 동량이 될 것이라 하여 군역이 면제되는 특전을 누렸다. 사족이 빠져나간 교생의 자리는 이런 면역을 노린 양인이 차지하였다. 이제 향교는 교육적 기능을 상실한 채 단순히 공자의 제향처로서의 존재에 그치고 말았다. 같은 시기에 서원이 성립하여 사림활동의 근거지로서 발전하게 되는 것은 바로 이런 배경 위에서였다.

위와 같은 성균관과 향교가 중심이 된 관학의 부진과 쇠퇴는 조선 초기에 추진한 국가중심적이며 관리양성에 목적을 둔 교육 정책이 한계에 부딪힌 것을 말해준다. 그것은 사림이라는 새로운 이념세력이 등장하여 향촌 단위로 수기와 교화 위주의 교육을 추구하는 서원이란 사학이 보급됨에 따라 새로운 국면을 맞게 된다.

III. 사학

관학이 국가에 의해 설립된 관리양성을 위한 교육기관이라면 사학은 민간에 의해 학문전수나 지식보급을 위하여 세워진 학교라고 할 수 있다. 고구려의 경당이나 신라의 화랑도를 사학의 형태로 인정한다면 우리나라 사학의 전통은 상당히 오래 되었다고 할 것이다. 고려시대도 최충의 구재학당 등 12공도의 사학이 발달해 한때 관학을 압도할 정도였다고 하며, 고려말 지방관학의 부진 속에서도 학문연구와 지식보급을 위한 서재, 정사精舍 등의 사설학교가 세워져 이를 보완하고 있었다.

조선 초기 국가는 학제를 정비하는 과정에서 이들 사학을 관학 체계 속에 흡수하려 하였다. 그러나 거기에는 적지 않은 문제가 있었고 또 서재 정사 운영자들의 심한 반발로 성공할 수 없었다. 이러한 가운데 새로운 이념 집단으로서 사림이라 불리는 사회세력이 새로이 성장하였다. 이황 조식 이이 등의 대표적인 유학자에 이끌려진 그들은, 도학道學을 믿고 실천하며 임금에 의한 중앙 집권적 관료정치보다는 산림山林이 제시한 주자성리학적 이념에 의해 사림의 공론중심으로 정치를 운영하고, 특히 향촌사회를 사

도산서원

림세력의 주도 하에 주자학적 사회질서 속에 운영해 가려는 열망
을 갖고 있었다. 이를 달성하기 위해서는 우선 그들의 주장을 확
산시키고 거기에 공명하는 동조자들을 양성할 기구가 필요하였
다. 퇴계는 바로 그것을 주자가 발전시켰던 서원에서 찾았다.

그는 서원이 임금과 함께 지치至治의 재현을 담당할 사림을 양
성하는 장소로서 가장 적합한 학교라고 하였다. 그것은 과거와
같은 세속적 이해관계에 휩쓸리지 않고 도학의 강명講明을 통해
터득한 성현의 가르침을 철저한 수기에 의해 실천함으로써 군자
로서의 인격체를 완성하는 학습과 도야의 공간이었다. 따라서
서원을 통해 유생은 나라의 원기로서 사회와 국가를 이끌어 가는
사림의 일원이 될 수 있었다. 그들을 양성하는 서원이 17세기 이
후 우후죽순처럼 생겨나고 국가 또한 서원을 지원하게 된 것은
바로 이러한 사림양성소로서의 서원 역할 때문이었다.

사학인 서원의 발전은 그러지 않아도 부진의 늪에 빠져있던 향

대구향교

교의 쇠퇴를 촉진하였다. 향촌의 유력자인 사림이 서원에 기반함으로써 향교는 양인 자제의 피역을 위한 소굴이 되다시피 했기 때문이다. 그나마 향교가 춘추로 공자를 제향하고 또 서원을 통해 수렴된 향촌 사림의 여론(즉 鄕論)을 조정 절충하는 회의처로서의 기능을 했던 점이 조선말까지 향교를 존속케 하였다.

17세기에 크게 발전했던 서원은 그러나 18세기에 들어가면 점차 문제점과 부정적 측면을 드러내게 된다. 말할 것도 없이 당론黨論의 영향으로 서원이 당인黨人의 결속과 당론을 모으며 상대당을 공격하는 향촌적 기반이 되었기 때문이다. 당론의 영향은 제향 인물의 면에서 두드러지게 드러난다. 원래 사림의 수기 장소였던 서원에 사묘祠廟를 두어 특정인물을 제향하게 한 것은 사림으로 하여금 그 인물을 본받고 바른 방향으로 나아가게 하기 위해서였다. 그러므로 그 제향인물은 저명한 유학자이거나 유학적 윤리를 몸으로 실천한 충절인이어야 하였다. 따라서 서원에 제향된 자기당의 인물이 많다는 것은 곧 그 붕당의 도덕적 학문적 우월성을 의미하였다. 그래서 당론이 격화되고 붕당간의 정

권경쟁이 심화되면서 다투어 자기당의 인물을 제향하는 서원건
립을 추진하였고, 그 결과 노론의 영수인 우암 송시열을 제향하
는 서원이 전국적으로 60~70개소나 되고 숙종 일대에 300여개
소가 난립하는 현상이 오게 되었다.

영조의 탕평책 아래에서 200여개소의 서원훼철이 단행된 것은
더 이상 방관할 수 없는 상황에서 나온 응급처방이었다. 이 조처
로 붕당적 이해에 따른 서원건립은 한풀 꺾였으나, 이제는 문중
과 후손에 의해 서원이 건립되는 풍조가 크게 일어난다. 이른바
문중서원이 나오게 된 것이다. 이와 같은 특정인물의 제향처인
서원에서 더 이상 학교로서의 기능을 기대하기는 어려웠다. 향
교에 뒤이어 서원마저 변질됨으로써 조선말기의 엘리트 교육은
관학 사학을 막론하고 침체하지 않을 수 없었다. 18세기 후반 이
후 현저해지는 양반층의 쇠퇴와 몰락은 이런 학교체제의 붕괴 현
상과도 전혀 무관했다고는 생각되지 않는다.

그러는 반면에 18세기 이후에 들어와 향촌에서는 새로운 교육
체계가 발생해 성장하고 있었다. 향촌서당이 바로 그것이다. 본
래 서당의 존재는 여말선초의 서재에까지 거슬러 올라간다고 하
나 17세기까지만 해도 여전히, 예컨대 퇴계의 도산서당에서 보듯
이 저명한 학자가 연구를 하거나 문인들과 학문을 토론하는 사학
의 한 형태였다.(그래서 그 학자의 사후 대개 서원으로 된다) 그
러나 18세기에 들어오면 양반이 아닌 일반 양인 신분 내에서 계
契의 형식을 통하여 기금을 모아 서당을 세우고 훈장을 고용해
계원의 자제를 교육하는 이른바 향촌서당이 생겨나 점차 보급을
보게 된다. 마침 경제의 발전으로 서민 가운데 재산을 모은 자가
생기고 그 경제력을 배경으로 신분향상을 꾀하였던 상황이 이런
서당의 발전을 촉진하였다. 18세기 후반부터 현저해지는 판소리
한글소설 민화 등 서민문화 성장의 이면에는 바로 이런 서당을

통한 지식의 확산이 그 밑거름이 되었던 것이다.

이러한 서당에서의 교육은 당연히 전통적인 유학 중심으로만 이루어지지 않았다. 아직 자료가 드러나지 않아 자신있게 말할 수는 없지만 실용성을 지닌 교육내용과 함께 사회의 모순과 현실의 부조리를 분석하고 비판하는 내용이 적지 않게 논의되었으리라 짐작된다. 갑오농민전쟁을 이끈 전봉준이 고부지역 서당훈장이었다는 사실은 그런 추측에 힘을 실어준다. 18세기 이후 발전하는 향촌서당은 그때까지 양반사족이 독점하였던 지식을 일반서민들에게까지 확대시키고 이를 통해 모순과 부조리에 대한 민중의 비판력과 문제의식을 일깨우고 고양시키는 지방적 근거로서의 사학이었다고 하겠다.

IV. 맺는 말

조선시대에는 국가에서 세운 관학과 민간이 운영하는 사학이 함께 존속하였다. 그중 조선 초기는 국가 체제의 정비라는 추세 속에 성균관·4학·향교 등의 관학체계가 갖추어졌으나, 곧 지배신분인 사족층의 이해를 대변한 사림에 의해 운영되는 서원이 발달하였다. 이는 향교의 쇠퇴를 가져오기도 했으나 국가는 오히려 이런 사학의 발전을 지원하고 장려하였다. 따라서 조선시대의 관학과 사학은 서로 대립하기 보다는 상보적인 관계에 있었으며 그런 속에서도 17세기는 서원, 18세기 후반 이후는 서당이란 사설학교가 실제적인 교육기구로서의 역할을 수행했다고 할 것이다. 한국교육에서 보이는 사학이 갖는 강한 전통성을 역사를 통해 찾을 수 있는 것이다.

조선후기 민중운동

배항섭 성균관대

조선후기 민중운동

Ⅰ. 민중운동의 배경

임진왜란(1592)과 병자호란(1636)을 겪은 이후 조선사회는 변화하기 시작하였다. 농업생산력이 발전하고 상업이 발달하였으며, 천민이 거의 없어지고 양반이 급증하면서 신분질서가 크게 동요하였다. 이러한 변화에 짝하여 기존의 정통 유학과 달리 사회 현실의 잘못된 점을 지적하고 그에 대한 개혁방안을 모색하는 실학이 발흥하기도 하였다.

이러한 변화는 곧 국정을 운영하는 각종 제도나 법 등에 대한 일대 개혁을 요청하는 것이기도 했다. 영조 정조 연간에는 탕평책을 통해 당쟁으로 약화된 왕권을 강화하기도 했고, 서얼이나 중인 노비 등의 처지를 제한적이나마 개선하는 등 개혁정치가 어느 정도 이루어졌다. 그러나 19세기에 들어와 특정 가문이 권력을 독점적으로 장악하는 세도정치가 시작되면서 조선사회는 커다란 위기를 맞게 되었다. 세도가문은 개혁을 외면하고 거꾸로 부정부패와 매관매직을 일삼았다. 그에 따라 탐관오리들이 판을 쳤고, 사회적·경제적 변화를 수용하지 못하는 각종 제도들은 삐걱거리기 시작하였다.

특히 농민들의 이해와 밀접한 관련이 있는 부세제도의 문란[三政紊亂]은 농민들의 삶을 도탄에 빠뜨렸다. 정약용에 따르면 당시 농민들의 70% 이상이 소작농이었다. 이들은 생산물의 절반 정도를 지주에게 바쳐야 했다. 그 나머지로 국가에 조세를 바쳐야 했으며, 삼남 지방에서는 자신들에게 전가된 지세까지 부담하여야 했다. 역시 정약용이 조사한 바에 따르면 토지를 기준으로 하여 부가되는 세목稅目이 모두 43종에 이르렀다. 여기에 더하여 지방관이나 아전들이 횡령한 세곡이나 군포, 환곡까지도 농민들에게 분배하여 거두어 들였고, 백골징포白骨徵布나 황구첨정黃口簽丁 등 갖은 구실을 붙여 거두어갔기 때문에 농민들은 규정된 세액보다 많게는 수십 배의 세금을 빼앗겨야 했다. 이와 같이 불균형한 토지소유와 문란해진 부세제도에 더하여 탐관오리들의 침탈로 법외의 수탈을 받아야 했던 대다수 농민들의 생존을 위협받을 지경이었다.

삼정문란이 비단 세도정권 시기에만 있었던 것은 아니지만, 19세기에 들어 돌이킬 수 없는 지경에 이르렀다. 그것은 공공연한 매관매직과 관기문란, 관권과 결탁한 토호들의 횡포 등으로 정치적 사회적 혼란과 무질서가 극에 달하였기 때문이다. 조선왕조 사회가 일대 위기에 처한 것이다. 1811년에 일어난 홍경래란을 비롯하여, 특히 19세기 후반에 접어들면서 민중운동이 격증하는 것은 그러한 위기의 표현이자 결과였다.

애절양(哀絶陽)

갈밭마을 젊은 아낙/설리설리 우는 소리/관문 앞 달려가 통곡하다/하늘 보고 울부짖네.
출정나간 지아비 돌아오지 못한 일이야/그래도 있을 법한 일이로되/사내가 제 양물을 잘랐단 소리/예로부터 듣도 보도 못하였네.
시부님 삼년상 벌써 지났고/갓난 아인 배냇물도 안 말랐는데/이 집 삼대의 이름이/모두 다 군적에 실렸구나.
관가에 가서 억울한 사정 호소하재도/범 같은 문지기 버티어 섰는데/이정은 으르렁대며/외양간의 소마저 끌어갔다오.
남편이 식칼 갈아 방안으로 들어가더니/선혈이 자리에 홍건히/스스로 부르짖길/"이 바로 자식 낳은 죄로다!"
잠실궁형은/어찌 꼭 죄가 있어던고?/민땅의 어린애 거세하던 풍속/참으로 가엾은 일이었거든
만물이 낳고 살아가는 이치/하늘이 내려주심이니/음과 양이 어울려서/아들이요 딸이로세
말이나 돼지 불알까기도/슬프다 이르겠거늘/하물며 우리 인간/대 물리는 일 얼마나 소중하냐?
부자집들 일년 내내/풍악 우리고 흥청망청/이네들은 한톨 쌀 한치 베/내다 바치는 일 없거니
다 같은 백성인데/이다지 불공평하니/객창에 우두커니 앉아/시구편을 거듭거듭 읊노라

II. 민중운동의 여러 형태

민중운동이 격증하는 것은 "민란의 시대'라고 불리는 19세기에 들어와서이지만, 그 이전 시기에도 다양한 민중운동이 전개되었다. 우선 개별적으로 행해지는 조세나 지대 거납拒納, 유망流亡이 있었다. 또 사회를 혼란스럽게 하거나 자신들을 억압·수탈

한 관리나 지주를 음해하는 소문을 퍼뜨리는 와언訛言, 수령이 실정을 하면 산에 올라가 그것을 꾸짖고 욕하는 산호山呼, 역시 밤에 횃불을 들고 산에 올라 관리들의 부정과 수탈에 항의하는 내용을 외치는 거화擧火가 있었다. 그밖에도 누군가를 비난하고 함정에 빠트리거나 민심을 동요시키기 위한 익명의 글을 관아에 보내거나 사람의 눈에 잘 띄는 곳에 붙이는 투서나 괘서掛書 등이 있었다. 와언이나 괘서 등에는 파자破字가 활용되기도 했다.

민중운동에 활용된 파자 1

민중운동에 활용된 파자 2

　또 억압과 수탈에 견디다 못한 몰락농민이나 일부의 저항적 한유寒儒・빈사貧士가 무장 집단화하여 지배층을 공격한 명화적明火賊의 활동, 그리고 도시하층민의 저항도 광의의 의미에서는 민중운동으로 볼 수 있을 것이다. 명화적은 조선왕조 전시기에 걸쳐 특히 흉년이 들 때면 빈발하였지만, 1862년 임술민란을 겪은 이후에는 더욱 치성해져 항상화・광역화하게 된다. 사회경제적인 변화와 함께 도시화가 진행되고 도시하층민이 형성되면서 도시하층민들의 크고 작은 집단적 저항운동도 가시화하였다.

이와 같이 다양한 양상으로 전개 된 19세기의 민중운동을 대표하는 것은 일반적인 민란[民擾]과 병대를 동원하여 일으키는 병란[變亂]을 들 수 있다. 조선후기의 재판기록 등에 나오는 "난리에는 병란兵亂과 민란民亂이 있다", "이것은 이민吏民들의 시비是非에 불과 하며 난리가 아니다"는 표현이 나온다. 또 1894년 1월에 전봉준이 일으킨 고부민란에서도 "민요가 월경越境을 하면 반란의 칭을 받는다"는 표현이 있다. 이러한 표현을 통해서도 내용상으로는 이민간의 시비, 공간적으로는 고을단위의 내부에서 일어나던 민란과 그것과 차원을 달리하는 난리, 반란으로 표현되던 '변란'이 구분됨을 알 수 있다. 정부에서도 변란에 대해서는 일반적인 민란과 달리 '칭병소란稱兵騷亂', '적변賊變', ' 세변世變', 변란 '變亂',모역 '謀逆' 등으로 규정하였다.

Ⅲ. 민란

민란과 유사한 민중운동은 19세기 이전에도 있었지만, 그 횟수가 매우 적었으며, 19세기의 민란과는 몇 가지 면에서 커다란 차이가 났다. 예컨대 임꺽정林巨正의 난(1559~1562), 효종대 장길산張吉山의 활동, 정여립鄭汝立의 난(1589년), 이인좌李麟佐의 난(1728년)에서 볼 수 있듯이 대체로 천민신분집단이 중심이 되거나 정쟁의 연장선에서 일어난 정치적 모반의 성격이 농후하였다. 1811년에 일어난 홍경래란의 경우 평안도 지역 농민들이 대거 가담하게 된다는 점에서 이전 시기의 반란들과 차이가 있지만, 오랜 기간 준비하였다는 점, 『정감록鄭鑑錄』을 활용하였다는 점, 처음부터 병란의 성격을 띤다는 점 등에서 다음에 서술할 변란과 유사한 면이 강하였다. 이는 농민들의 일상생활과 밀접한 관련이 있는 읍폐민막邑弊民瘼의 개혁을 요구하며 농민이 주체가 되어 일으킨 19세기의 민란과 중요한 차이를 보여준다.

민란은 19세기에 들어와서 빈발하기 시작하였다. 특히 1862년에는 전국 70여개 군현에서 민란이 일어났다(壬戌民亂). 민란의 발생지역은 주로 경상·전라·충청도 등 삼남지방에 집중되었다. 이 가운데 1894년 동학농민전쟁의 진원지가 되는 전라도의 경우 전체 54개 군현 가운데 2/3 정도인 38개 군현에서 발발하였다.

민란의 초기단계를 주도한 것은 당시 요호부민饒戶富民이라고 지칭되던 계층이었다. 요호부민에는 중앙권력으로부터 소외된 재지의 양반지주층, 양반은 아니지만 경제력을 바탕으로 성장해나가던 계층이 포함되어 있었다. 전자는 지방사회에서 차지하는 정치적 사회적 위세를 기반으로 종래 국세부담으로부터 상대적으로 유리한 지위를 인정받아왔다. 그러나 재지사족들이 향촌사회의 지배체제로부터 점차 소외되고 수령권이 강화되어 가면서 일반농민과 마찬가지로 지방관리들의 수탈대상으로 전락하고 있었다. 후자의 경우 수령이나 이서배들과 결탁하여 자신의 정치적·사회적 지위를 높이는 부류도 있었지만, 할당된 국세를 수취해야할 책임을 지고 있던 지방관에게는 가난한 농민들보다 이들이 손쉬운 수탈대상이 되었다.

민란은 지방관과 이서배의 농간이나 부정으로 인하여 부세부담이 가중되는 데 불만을 품은 일부 요호부민이 주도하여 통문通文을 돌리고 향회鄕會를 열면서 시작되었다. 국세문제는 곧 자신의 현실생활과 직결되는 중요한 문제였기 때문에 다수의 주민들이 자발적으로 집회에 참여하였다. 집회에 참여하지 않는 촌락이나 주민에게는 벌전罰錢을 부과하거나 강압적인 방법으로 동

원하기도 했다. 향회를 통해 요구조건을 마련하고 지방관에게
정소(呈訴=等訴)를 하지만, 대부분의 지방관은 이러한 요구조건
을 들어주지 않았으며, 오히려 주도자를 색출하여 체포하였다.
　민란이 폭발하는 것은 이러한 과정을 거친 후였다. 폭력투쟁을

日省錄 百九十八 哲宗十三年壬戌 六月 上

百爲犀以此呼訴而見甚悲亂矣予曰既經三邑
省有犀民聚黨作閙之事予秉弐曰兩邑民情稍
吳矣而惟高山之民黃通聚會奔走擾攘至發吏
校四五家故其通首乙爲移文于該道臣照律定
配矣又峯曰蓋山郡都結取則爲四千四百兩零
矣向時蓋散中雖有出給該民之意而亦不無
難便之端葡郡守欲捧都結之日混稱宮結則民
反授眩難以原宮結納稅者省曰都結云爾若此
而犀情安得不呼究乎軍簽虛伍尤是此邑之痼
瘼而臣之耳目所及果有的確故并從民願有頃

壬戌六月

利補獎之舉而亦難冤擅便之失不勝惶悚矣予
曰以都結名色改稱宮結者此何道理宮結亦宜
無原數之可辦乎秉弐曰其意則以爲愚民不能
分別故此予曰列邑農形與兩畓何如秉弐曰兩
麥稍乙盛場而移秧之時歲有旱乾之欺矣予當
此移秧之舉天氣早早悉可憂憫也

嶺南宣撫使李參鉉進別單

別單以爲全嶺七十一州臣昕肳行恰爲二十郡
邑而無邑不病無疾院永去害興利之方條
條歸奏之命故冒悚條列于左 一 路遠繁最爲

壬戌六月

功骨之瘼者有三曰役時價也曰移貿已曰加作
也盞圖病民莫此爲甚自今作錢一以詳定爲準
而更勿用從時價之聲例移貿一欵永勿擧論加
作等節藏加申飭作爲定式無或遠越之意行會廟
本道監兵營及統營俾有恔力之意行會蓂
堂稟處一丹城遠惣爲十萬后亦頗爲十萬
徐后軍威爲八萬餘后以若至殘在小之邑鎭無萬
褒數交合道臣詳報則賜恤恐需之地請令道臣昭
憲一尙州星州善山三邑三浪米道遠多

價輸送之意行會該營護邑及統營恕好請令
廟堂稟處一統營各殼爲十六萬七千三百九十
七后零而分在於各邑每年取耗爲該營支放之
需者也各邑輸納之際本邑則較加精鑿糶民情則
糶之高價故各邑輸納之粟偕若於糶糴雜民情則
譬民力數困不可無變通之道每年取耗糶支放之
巡營作錢例施行而如難沒數盡作則以錢米叅
半一以爲該營支放一以爲邑民移力之方蓂令
廟堂稟處一公木者入給於倭館者而惣爲六百

임술민란당시 선무사 이삼현의 조사보고 1

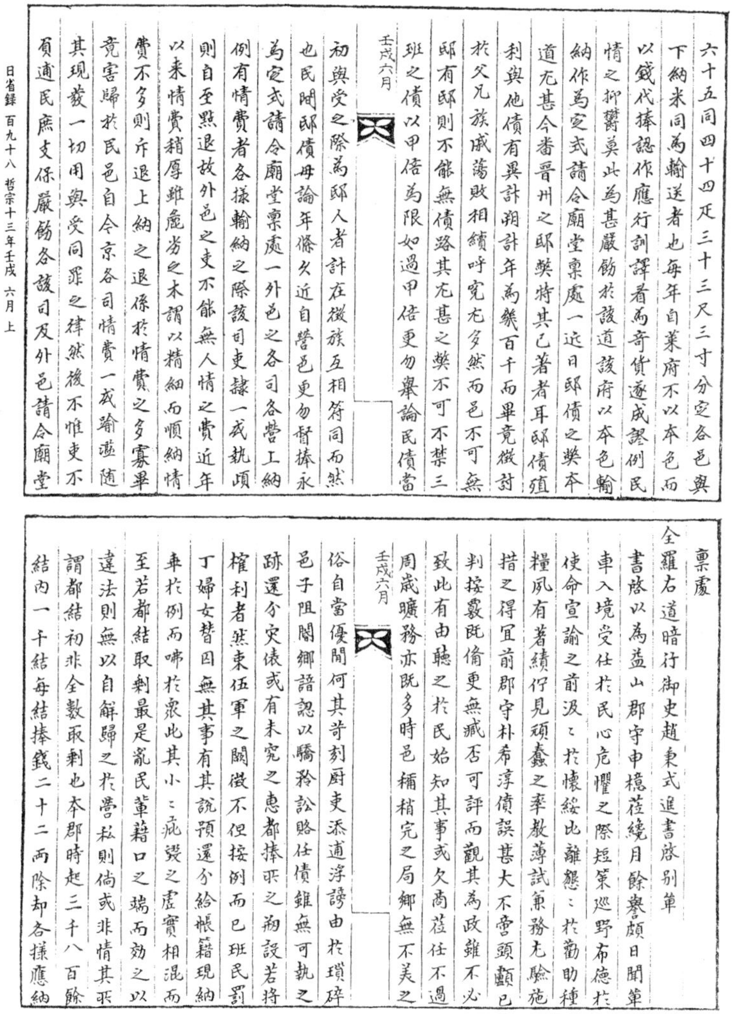
六十五同四十四疋三十三尺三寸分定各邑與
下納米同爲輸送者也每年自萊府不以本色而
以錢代捧認作應行訓譯看爲奇貨遂成謬例民
情之抑鬱莫此爲甚嚴飭於該道該府以本色輸
納作爲定式請令廟堂稟處一近日邸債之弊本
道尤甚今番晉州之邸弊特其已著者耳邸債殖
利與他債有異計朔計年爲幾百千而畢竟徵討
於父兄族戚蕩敗相續呼冤尤多然而邑不可無
邸有邸則不能無債路其尤甚之弊不可不禁三
班之債以甲倍爲限如過甲倍更勿擧論民債當
壬戌六月
初與受之際爲邸人者許在微族互相符同而然
也民間邸債毋論年條久近自營邑吏勿督捧永
爲定式請令廟堂稟處一外邑之各司各營上納
例有情費者各樣輸納之際該司吏隷一或執頉
則自至黜退故外邑之吏不能無人情之費近年
以來情費稍厚雖麤劣之木謂以精細而順納情
費不多則斥退上納之退係於情費之多寡畢
竟害歸於民邑自今京各司情費一或踰濫隨
其現發一切用與受同罪之律然後不惟吏不
負逋民庶支保嚴飭各該司及外邑請令廟堂
日省錄 百九十八 哲宗十三年壬戌 六月 上

稟處
全羅右道暗行御史趙秉式進書啓別單
書啓以爲益山郡守申檍莅繞月餘譽頗日聞第
車入境受任於民心危懼之際短策巡野布德於
使命宣諭之前汲汲於懷綏比離懇懇於勸助種
糧夙有著績仍見頑蠢之率教薄試兼務尤驗施
措之得宜前郡守朴希淳債誤甚大不啻頭顱已
判按覈既備更無臧否可評而觀其爲政雖不必
致此有由聽之於民始知其事或久而莅任不過
周歲曠務亦既多時邑種稍完之局鄉無不美之
壬戌六月
俗自當優間何其苛刻廚吏添逋浮謗由於瑣碎
邑子阻閣鄉語認以驕矜訟賂任債雖無可執之
跡還分灾俵或有未究之惠都捧所之剏設若將
權利者然束伍軍之闕徵不但按例而已班民罰
丁婦女替因無其事有其說預還分給帳籍現納
乘於例而咈於衆此其小小疵纇之虛實相混而
至若都結取剩最是亂民輩藉口之端而効之以
違法則無以自解歸之於營私則倘或非情其所
謂都結初非全數取剩也本郡時起三千八百餘
結內一千結每結捧錢二十二兩除却各樣應納

임술민란당시 선무사 이삼현의 조사보고 2

주도하는 계층은 초기와 달리 빈농 · 소농이었다. 대부분의 요호부민들은 구래의 기득권을 유지하는 데 목적이 있었기 때문에 폭력투쟁까지 나아가는 것을 반대하였다. 그러나 빈농과 소농小農은 달랐다. 분노한 농민들은 농기구나 죽창 등으로 무장하고 부패한 이서배를 죽이거나 평판이 나쁜 양반지주의 집을 파괴, 방화하였다. 이어 적지 않은 지역에서는 난민들이 지방관을 축출하고 이서나 면임 등 지방관아의 하부구성원을 임명하는 등 독자적으로 읍권邑權을 행사하거나 공세公稅를 거두기도 하는 등 지방관과 이서배의 수탈 및 부당한 국세수취에 강력히 반발하였다.

그러나 난민들의 의식은 여전히 성리학적 세계관 속에 갇혀 있었으며, 국왕을 덕정의 주체로 여겨 성역시하였다. 따라서 난민들은 수취제도 자체에 대한 개혁이 아니라 수취제도를 국왕이 정해놓은 법대로 운용하고 법에 정해놓은 액수만큼만 수취해갈 것을 요구하였으며, 행동의 범위도 고을 단위에 국한되어 있었다. 물론 왕법王法을 지키지 않고 부당하게 수탈하는 지방관을 부정하여 추방하기도 하였고, 일부지역에서는 민란이 수차례 걸쳐 연속적으로 일어나기도 했다(제주민란). 그러나 수령에 대해서는 국왕을 대신하여 파견된 목민관牧民官이라는 점을 의식하여 구타하는 경우는 거의 없었으며, 신임 지방관이나 선무사宣撫使 등이 파견되면 스스로 민란을 종식하고 귀가하는 행동양태를 보였다.

농민들은 다양한 개혁 요구안을 제시하였으나, 그 요체는 삼정문란에 대한 시정에 있었다. 삼정이란 조선왕조가 백성들에게 부과하는 가장 중요한 부세인 전정田政·군정軍政·환곡還穀을 말한다. 이 가운데 환곡은 원래 진휼賑恤을 목적으로 한 제도였으나, 조선후기에 오면서 점차 조세화하여 19세기에는 삼정의 하나로 자리 잡을 만큼 중앙이나 지방재정에서 차지하는 비중이 대단히 컸다. 여기서 1862년의 농민항쟁 가운데 가장 격렬한 투쟁이 전개되었던 전라도 함평민란에서 제기한 요구조건을 예시하면 다음과 같다.

1. 漕倉에서 조세를 거둘 때 과도하게 많이 거두는 일.

2. 宮房田의 結價가 높은 일.

3. 虛結을 蒙頉하는 일.

4. 京債의 명목으로 억울하게 거둔 것이 3만 2,000여냥에 이르는 일.

5. 京債의 未收分과 奸吏들이 暗出한 營還錢 7,400냥을 환곡장부에 첨부한 일.

6. 營邸吏의 役價米를 稅米價로 바꾸어 금년에 每 結當 1斗 3승씩을 漕稅에서 붙여 거둔 일.

7. 본읍의 환곡은 丙申年條가 2만 4,000여석이었는데 해마다 증가하여 몇 십만석이나 되는지 알 수 없는 일.

8. 본읍의 每戶 作錢이 매 결당 1냥에 불과하였는데, 지난해에는 牟(보리)로 作錢한 것은 每石當 4냥이고, 租還은 每戶當 9냥 5전으로 하여 매결당 8냥 5전이나 된 일.

9. 流亡한 軍丁의 番錢을 戶와 結에 배정하여 거두는데, 봄과 가을에 매 결당 8~9냥씩 거두는 일.

10. 미납한 조세에 대해 排捧한 것이 매호당 5~6푼에 불과하였는데, 근래에 들어 매결당 1전 8푼에 이르게 된 일.

이와 같이 민란에서는 무엇보다 민중들이 일상생활 속에서 체감하고 그들의 생활이나 생존과 직결되는 문제, 곧 부세수취 제도의 모순과 그에 기생하는 탐관오리들의 횡포와 수탈에 반대하였다. 이는 민란에 주민들을 참여시키는 가장 중요한 동력이 되었고, 1860년 이후 전국에 걸쳐 민란이 그처럼 빈발하는 중요한 요인이었다.

주목되는 점은 19세기 후반부터 빈발한 '民亂'의 요구에는 토지개혁과 관련된 내용이 전혀 없었다는 사실이다. 가장 집중적인 공격대상은 수령이나 이서배 등 수취를 직접 담당하며 부정을 일삼던 하급관리들이었다. 부세부담이 지주-소작관계를 매개로 소작농인에게 전가되는 실정이었지만, 요구조건에는 지대문제나 지세의 부담분제 등 소작조건문제, 그리고 토지소유의 불균등문제 등 토지소유문제에 대해서는 전혀 제기되지 않았다.

민란은 1862년 이후 1893년까지 전국 각지에서 빈발하였으며, 많게는 연간 10~20회 정도의 민란이 분출하고 있었지만, 그들이 내건 요구조건은 기본적으로 1894년의 동학농민전쟁 때까지 이어졌다. 발통취회→정소→봉기로 이어지는 전개과정, 고을 단위에 한정된 투쟁공간, 부세문제와 관련된 읍폐교구邑弊矯捄가 중심이 된 투쟁구호, 주로 부민가에 대한 공격이나 이서배의 살상 등으로 나타나는 투쟁양상 등은 여전하였다. 또한 개항 이후가 되면 '반봉건' 뿐만 아니라 '반외세'의 과제를 동시에 해결할 필요가 있었지만, 민란에서는 '반외세'와 관련된 구호가 거의 제기되지 않고 있었다.

IV. 변란變亂

일부의 '저항적 지식인'이 중심이 되어 기도한 각종 '변란' 역시 이 시대를 대표하는 민중운동의 하나로 볼 수 있을 것이다. 변란은 그 이전 시기에도 없지 않았지만, 특히 1860년을 전후한 시기부터 빈발하며 그 대표적인 사례로는 광양란(光陽亂: 1869)과 이필제란(李弼濟亂: 1871)을 들 수 있다

변란의 발생은 통치기강이 문란해지고 매관매직이 성행하는 조선사회 내부의 모순과 이양선의 출몰 등으로 대외적 위기의식에 따른 사회적 불안과 밀접한 관련이 있었다. 사회적 모순의 심화와 통치기강의 문란 속에서 관직 진출이 좌절되고 경제적 기반

도 없던 한유寒儒 · 빈사층貧士層 가운데 일부는 향촌사회 내부에
서 읍폐邑弊와 민막民瘼을 개혁하기 위해 노력하기도 하였지만,
그 마저 여의치 않게 되었을 때 "제세안민濟世安民"의 뜻을 품고
향촌사회를 떠나 훈장 · 의원 · 약장수 · 지관 등을 생업으로 삼
아 각지를 편력하기도 하였다.

그 과정에서 자신과 뜻을 함께 하는 동지를 만난 이들은 사회
적 불안을 배경으로 민간에 널리 퍼져 있던 정감록류의 비기와
이단사상을 이념적 무기로 받아들이고, 빈민 · 유랑민 등을 동원
하여 병란兵亂을 기도하였다. 변란은 조직과 의식면에서 민란과
차이가 있었다. 우선 주도층이나 참여층이 특정 고을에 국한되
는 것이 아니라, 고을 단위를 벗어난 지역 간에 연계된 조직을 가
지고 있었다. 또 동일한 인물이나 주도층이 일회적인 거사에 그
치는 것이 아니라 수 년, 혹은 수십 년에 걸쳐 여러 차례의 변란
을 연속적으로 시도하였다. 투쟁의 목표 역시 읍폐邑弊의 개혁이
나 수령과 서리배吏胥輩를 징치懲治하는 데 그치는 것이 아니라
조선왕조를 전복하고 중앙권력을 장악하고자 하였다. 또 이 시
기 변란의 발생은 '서세동점西勢東漸'에 따른 대외적 위기의식을
중요한 토양으로 하였던 만큼 상대적으로 일찍부터 단초적으로
나마 반외세의 문제를 제기하고 있었다.

이러한 점들은 변란이 민란과 달리 조직과 이념면에서 외형적
으로는 이미 동학농민전쟁 단계의 그것을 부분적으로는 갖추고
있었음을 의미한다. 그러나 이들의 활동은 생산활동이나 향촌사
회와는 유리되어 있었기 때문에 일상생활 속에서 체감하는 사회
적 모순의 타파를 열망하던 민중들의 지향을 수용하지는 못하였
다. 또한 변란의 주모자들은 삼공육경三公六卿을 미리 정해두기
도 할 정도로 강한 엽관적獵官的 성향을 보이고 있었다. 그들이
내건 '왕조타도'라는 목표도 당시 민중들의 의식수준에 비추어

이필제의 재판기록 1

庫來夜之窺豈得誣天鎮橋一落已罪惡之難逃查
庭再供竟姓名之莫幻情節既輸於邑招吞吐複事
於鞫訊函掉惑甚剮戮尚輕今於平問之下難以取
服請刑推得情　啓依允
同治十年十二月二十二日推考次罪人李弼濟年
四十七白等汝矣身之千罪萬惡亙古所無固是罄
竹難書權髮難數而汝雖戾氣所鍾亦一化育中物
變幻姓名閃秘蹤跡嘯聚徒黨期欲倡亂者是何窮
兇絕慝之膓肚乎一轉而爲湖中煽亂再轉而爲嶺
南興攡曁于寧海作變至惜且毒言亦膳掉登姐之
閃既久漏網之魚尙貸積致神人之所共憤懊又於
鳥嶺賊黨之埋伏包藏兇圖貫盈之極自底就縛孔

이필제의 재판기록 2

볼 때 지나치게 과도한 것이었다. 반외세의 측면에서도 여전히
화이론적 세계관을 극복하지 못하였다. 1851년 구월산 일대에서

변란을 기도한 최봉주는 "병자호란 때의 원수를 갚고 태조의 창업을 계승하기" 위해 전횡도라는 가상의 섬에 모여 살고 있다는 명의 후예와 연합하여 청을 공격하려 하자고 주장하기도 하였다. 이와 같이 변란세력과 농민을 중심으로 한 민중들의 결합은 치명적인 한계를 가지고 있었기 때문에 그 조직기반은 머리만 있고 발은 없는 불구적不具的인 것일 수밖에 없었다. 변란은 개항 이후에도 끊임없이 기도되었지만 이전과 마찬가지의 한계를 노정함으로써 거사에 성공할 수 없었다.

그러나 변란세력은 점차 민란에서 분출되는 폭발적인 힘을 포착하고 그것을 이용하여 거사하려고 하는 등 민중과의 결합을 통한 한 단계 진전된 민중운동을 모색해나가고 있었다. 그러한 단초를 보여주는 것이 광양란과 이필제란이다. 이필제는 진주작변에서 "만약 거사하려면 대의로써 팔방에 포고하고 인의仁義를 행하여 민심을 무휼한 연후라야 일이 이루어질 것이다"고 하였다. 거사의 성공에는 무엇보다 농민들의 지지가 필수적이었음을 깨닫기 시작한 것이다. 또한 광양란에서 민회행도 "이번 거사에 8도가 모두 호응하여 한번 방포하면 경각에 수만 명이 모일 것"이라고 하였다. 이는 진주민란을 전범으로 삼되 전국차원의 거사를 염두에 둔 발언이며, 고부민란을 전라도 일대로 확산하고 그 힘을 모아 중앙권력을 타도하려 했던 전봉준의 봉기계획과 유사하다는 점에서 주목된다.

요컨대 1862년의 농민항쟁을 겪으면서 변란의 주도층은 점차 농민들 속에 내재해 있는 폭발적인 힘을 인식하기 시작했다. 이제 문제는 변란의 주체들이 비로소 발견해낸 농민의 저항력을 어떻게 자기들의 호응 세력으로 끌어들이느냐는 것이었다. 그러나 최후로 시도된 조령작변에서도 서원철폐에 반발하는 유림들을 이용하여 변란을 기도한 데서 단적으로 보이듯이 농민들과 결합

할 수 있는 의식이 구체적으로 확보되지 못하였다. 아직까지도 농민들과 호흡을 같이하며 그들을 견인해내는 것이 아니라 일단 거사를 일으키면 가담할 것으로 막연히 기대하는 수준에 그치고 있었다. 그들 스스로가 농민들을 결집해 내기보다는 불만과 불평이 팽배한 분위기에 편승하려는 수준에 머무르고 있었다. 이필제가 1870년 1월 진주에서 거사를 기도한 것도 정감록의 영향을 받고 지리산일대로 피난 온 사람들이나 차력협술借力挾術하는 자들의 호응을 기대하였기 때문이다. 영해를 세 번째의 변란 모의장소로 택한 것도 같은 맥락에서 이해될 수 있다. 영해는 동학의 초기 포교지역으로 많은 교도가 있었으며 이필제는 이미 존재하는 그들의 조직과 힘을 이용하여 변란을 기도한 것이다.

변란의 주도층들이 직접적으로 농민들을 조직하기보다는 이미 존재하는 어떤 힘이나 분위기에 편승하려는 모습은 항쟁의 지도부를 이룰 변란의 주도층과 기본동력이 될 농민들이 결합해 나가는 과도기적인 성격을 보여준다.

V. 농민전쟁을 향하여

민란과 변란은 19세기에 들어 줄기차게 발발하였으나, 전국적인 항쟁으로 발전하기에는 각기 명백한 한계를 가지고 있었다. 따라서 민란과 변란이 새로운 차원의 항쟁으로 발전하기 위해서는 변란이 획득한 반외세적인 이념과 조직의 지역 간 연계성을 진전시키는 동시에 민란과 같이 농민들과 정서적 공감을 마련하고 그들의 현실적인 요구나 불만을 수용하여야 했다. 그러기 위해서는 무엇보다 농민들의 생활이 이루어지는 향촌사회 내부에서 출발하지 않을 수 없었다.

〈민란〉

① 향촌사회에 뿌리를 두고 그 속에서 생산활동이나 일상적인 생활을 영위해나가던 사람들이, ② 국가권력에 의한 부세수탈이나 수령과 이서배의 부정부패에 대항하여, ③ 발통취회發通聚會와 정소呈訴를 거쳐 봉기하는 것이다. 그러나 민란은 ④ 그 공간이 고을 단위에 국한된 지역적 제한성을 보이고, ⑤ 투쟁의 목표 역시 대체로 특정 고을의 부세수취와 관련한 부당함을 반대하는 고을 단위의 경제 투쟁 차원에 머물렀다.

〈변란〉

① 향촌사회에 뿌리를 내리지 못하고 훈장, 의원, 지관 등을 생업으로 삼아 각지를 편력하던 소외되고 가난한 한유寒儒 · 빈사貧士 중 일부가, ② 정감록류의 이단사상을 이념적 무기로 조선왕조 자체에 불만을 품고, ③ 빈민 · 유랑민 등을 동원, 고을 → 감영 → 서울을 장악하기 위해 병기로 무장하여 반란을 일으키는 것이다. ④ 민란과 달리 참여층이 특정 고을에 국한되는 것이 아니라, 고을 단위를 벗어난 지역 간에 연계된 조직을 가지고, ⑤ 투쟁의 목표 역시 읍폐의 교구나 이서배의 징치나 읍권의 장악에 그치는 것이 아니라 조선왕조를 전복 · 장악하려는 움직임이었다.

그러나 향촌사회의 민중들에게는 아직까지 개항 이후 제기되고 있던 반봉건 반외세의 이중적 과제를 해결할 수 있는 주체적인 역량이 마련되어 있지 못했다. 1880년대 후반부터 격증한 민란은 1890년대에 들면 "민란이 없는 고을이 없다"는 표현이 나올 정도로 빈발하였지만, 아직 기본적인 형태나 내용면에서 이전 시기의 그것과 커다란 차이가 없었다. 대부분의 경우 투쟁공간, 투쟁구호, 투쟁양상 등에서 여전히 개별적인 고을 단위에 매몰되어 있어서 전국적인 규모의 '반란'이나 혁명을 전망하기는 어려웠다. 또 개항 이후가 되면 반봉건 뿐만 아니라 반외세의 과제를 동시에 해결할 필요가 있었지만, 민란에서는 반외세와 관련된 구호가 전혀 제기되지 못하고 있어서 이 시기 민족운동의 단초를 열어가는 데도 기본적인 한계가 있었다. 변란 역시 개항 이후에도 끊임없이 기도되었지만 이전과 마찬가지의 한계를 노정함으로써 거사에 성공할 수 없었다.

이러한 분위기와 관련하여 주목되는 점은 동학교세의 확장과 그것을 이용하려는 '저항적 지식인'의 본격적인 등장이다. 동학

사발통문 : 동학농민 전쟁의 도화선이 된 〈사발통문 거사계획〉이 새겨진 기념비

은 1880년대 중반 무렵부터 강원도의 산간지방을 벗어나 충청·경상·경기·전라지방 등 평야 지대로 진출하면서 교세가 확장되기 시작했다. 동학교세의 확장과 더불어 동학을 이용하여 자신들의 '야심'을 펴려는 변혁지향적인 인물들과 '도道 보다는 난리'에 관심이 많았던 자

들이 대거 입도하였다. 이러한 움직임은 곧 "야심을 품고 초망草
莽에 숨어있던 자"들과 지배층의 수탈에 시달리며 세상이 바뀌
기를 바라던 민중들이 동학조직을 매개로 결합해 나가기 시작했
음을 말한다. 민중운동은 1890년대 초반에 들어 동학을 포착함
으로써 새로운 국면을 열어가고 있었던 것이다.

동학에는 반외세의 이념과 전국적인 조직이 변란의 그것보다
는 훨씬 조직적이고 체계적으로 갖추어져 있었기 때문이다. 동
학을 이용하여 '야심'을 펴려던 인물 가운데 하나가 바로 이 무
렵에 동학에 입도한 전봉준이었다. 전봉준이 동학에 입도한 것
은 동학에서 "마음을 바로한 자의 일치"와 그를 통해 "간악한 관
리를 없애고 보국안민의 업을 이룰 수 있는" 가능성을 보았기 때
문이라고 하였다. 곧 당시 급속히 확산해 가고 있던 동학은 국지
성과 고립성이라는 민란의 한계를 뛰어넘어 자신이 구상한 '보
국안민'의 대업을 이룰 수 있는 조직적 기반을 갖추고 있었기 때
문이다. 이제 저항적 지식인들은 동학을 이용해서 그들이 획득
한 조직과 이념을 강화해 나가는 한편 농민들과의 정서적 교감을
통해 그들을 결집하고 동원할 수 있는 변혁논리를 모색해 갔던
것이다.

이러한 과정은 곧 변란단계에 비해 저항적 지식인의 의식이 성
장해 나가는 과정이었다. 또, 그들의 변혁사상이 반봉건과 반외
세의 양 측면에서 보다 정제되어 가는 과정이자 농민들에게는 고
을 단위로 고립되어 있던 항쟁이 전국 차원의 항쟁으로 폭발할
수 있는 조직이 마련되는 과정이기도 했다. 이러한 과정을 통해
변란과 민란의 한계를 극복한 동학농민전쟁으로 발전할 수 있었
던 것이다.

조선시대의 양반과 족보

이해준 공주대

조선시대의 양반과 족보

I. '양반=사족' 과 조선시대

1. '양반=사족=이 주인이었던 시대(?)

조선시기는 '양반관료제 사회' 라거나, '사족지배체제의 사회' 라고 일컬어진다. 이는 바로 조선시기가 양반, 사족, 선비가 중심이 된 사회였다는 뜻일 것이다. 그렇다면 과연 이러한 지배계층을 이루는 양반, 혹은 사족들은 어떠한 과정을 거치면서 성장하여 왔을까? 또 그들은 어떠한 지배구조와 운영원리 속에서 향촌사회 지배세력으로 존속할 수 있었을까? 나아가 과연 그들의 지위와 역할은 조선시기 전 기간동안, 혹은 모든 지역이 동일하였던가, 아니면 그렇지 않았던가?

사실 조선사회는 동일한 체제로 500년을 지속하지는 않았고, 시기와 지역에 다라서 다양한 사회구조를 가지면서 발전, 변화하고 있었다. 해방이후 사회신분제 연구나 경제사, 나아가 피지배 신분층의 저항, 변혁운동에 관련된 연구들이 증가하면서 이러한 조선시대의 변화모습이 어느 정도 파악되었다고 할 수 있다. 최근에는 연구 범위를 더욱 넓혀, 신흥세력 외에 피지배 촌락농민의 조직과 의식에 대한 연구로도 확대되고 있는 실정이다. 그러나 그럼에도 불구하고 조선의 사회적 성격이 과연 어떠한 패턴으로 변화되었으며, 그 시기구분을 어떻게 하여야 하는지에 대한 명쾌한 답은 아직도 논란의 대상이 되고 있다.

2. 조선시대 바로보기의 필요성

한편 이 기회에 우리가 다시 한번 생각하여 보아야 할 점은 과연 조선시대는 부정과 모순의 시대로 점철되었는가? 하는 점이다. 물론 500여 년의 오랜 역사기간 동안 문제가 있는 시기도 있었고, 다시 기억하기조차 싫은 역사와 사건도 있었다. 그러나 그모두가 한 묶음으로 매도되어서는 안될 것으로 생각된다.

사실 우리가 잘못 인식하고 폄하해서 그렇지 조선 시기는 누가 뭐래도 '도덕과 지성'이 존중된 사회였다. 〈양반 = 사족 = 선비〉의 문화 수준은 적어도 현대 인문학의 수준과는 비교도 안될 만큼 높았다. 우선 방대한 문집의 량, 관심의 폭(문학-정치-사상 종합지식)이 그렇고, 학문 이외의 현실적 관심과 대응력에 있어서도 명실상부한 실력 집단이었다.

그런가하면 그들은 王道, 道學, 聖賢 政治를 추구했던 도덕집단이었다. 〈君子와 小人〉의 격을 가르고, 批判과 公論(輿論)을 통한 민의의 대변자이기도 하였다, 또한 그들은 무엇보다 실천을 중시하였다. 과거 조선시대 선비의 삶은 어쩌면 오늘의 지성들에게 귀감이 될만하다. 그들의 학문적 삶, 도덕적 실천의 삶, 사회문화적 삶, 개성과 자존심의 삶 등 제 부면에서 현대인들이 귀감을 삼고 부러워해야 할 모델들이기 때문이다.

그럼에도 우리는 흔히 조선의 시대를 부정하고 무시하여 왔다. 아직도 조선사회, 성리학, 양반에 대한 이해는 부정이 일반적인 것이다. 그것은 대개 ① 식민사관, 실학, 민족주의사학의 평가, ② 과학, 실증, 경제적 가치에 의한 가치 폄하와 맥락을 같이

한다. 즉 유교망국론, 당쟁과 예송, 관념 · 추상 · 비현실 등이라는 굴레를 씌워서 폄하한 측면이 많다.

　그러나 조선시대는 우리와 가장 친근하여야 할 시대이며, 우리가 전통문화라고 부르는 많은 것들이 밀집되어 존재했던 시기이다. 그리고 그만큼 자료가 많고 다양하여 재음미가 필요한 시대이다. 특히 선비와 어른이 없는 시대, 정신보다는 물질, 도덕보다는 능력과 경제가 우선인 사회, 공동체와 공생보다는 경쟁과 이기심이 앞서는 이 사회에서 우리가 되짚고 되새길 가치가 조선시대에는 매우 많은 것이다.

3. 양반은 '지역성' 지닌 다양한 사회세력들

　16세기의 사족지배체제는 ① 고려 말 이래의 토호적 향리세력 ② 수령권 및 훈척세력 ③ 불교 및 무속적 기반과 이념이라는 복잡한 지배세력 · 이념과의 상충과 대립과정을 겪으면서 나타난 것이었다. 유향소나 경재소의 활용, 향약과 사창제의 시행 등 사림들에 의하여 추진된 일련의 향촌활동도 실은 이러한 재지사족의 지위를 성장시키는 과정과 연결되어 추진된 것이었다.

　이렇게 사족이 매개가 되는 지방통치의 방식은 봉건정부의 당시 입장과도 일정하게 상보적인 관계를 지닌 것이었다. 즉 국가권력으로서도 지방지배에 있어 향촌사회의 공동체적 질서와 물적인 토대가 확고했던 재지사족의 존재를 무시할 수는 없었기 때문이었다. 15세기의 농법의 발달과 그에 수반한 경지의 확대과정은 사족들의 경제력 상승에 크게 기여하였고, 이 같은 생산력의 증대는 전 시기에 비하여 계층적 이해도 완충시킬 수 있었다고 생각된다. 즉 사족들의 상대적인 경제력 확보가 아직은 기층민과의 마찰을 야기하지 않았던 것이다.

그러나 대체로 16~17세기의 사족 지위는 18세기 후반 이후가 되면 급격한 사회경제적 변화를 맞으면서 점차 위축되기 시작하였다. 양반권위의 축소와 자체 분열현상이 바로 그것으로 이는 종래와 같은 사족들의 향촌지배를 불가능하게 만들었다. 이 부면에서도 사족의 지위 약화가 사족의 자체분열에 의한 것인지, 중앙권력의 지방통제(수령권 강화)에 의한 것인지, 또 신흥세력의 도전에 의한 것인지가 계속 논의 되어 왔다. 이러한 향촌사회 구조변화를 특징 지운 향안질서 해이의 모습들에 대한 일련의 연구들은 바로 이 같은 배경과 진전과정에 집중된 것이었다 해도 과언이 아니다.

이 시기 기존의 특권과 경제력을 심각하게 상실한 중앙의 지배세력들은 이를 만회하고 기존의 특권을 확보하고자 치열한 내부 분열을 전개하였다. 특정가문이나 학맥·당파를 기반으로 하는 사족들의 분파적 결집은 사회변화에 대응하는 자세나 현실인식, 학문적인 이해에 따라 심각한 대립을 결과하였다. 그런데 이 같은 중앙정계의 재편과 새로운 지배질서의 마련과정은 이들의 지방기반과 일정하게 연결되어야 했고, 이 과정에서 향촌지배질서나 향촌조직의 재편도 부수되었다. 이 시기에 향촌사회 지배구조에서 가장 먼저 주목할 세력은 역시 기득권을 가졌던 재지사족들이었다. 토호적인 성격이 강했던 이들은 난후 복구과정에서 주도권을 확보하고자 서로 대립하기도 하고, 여기에 더하여 양란 이후의 사회변화과정에서 성장한 신흥세력의 대두로 그들의 지위가 도전받게 되었다. 이에 사족들은 이전과는 다른 형태로 자신들의 지위와 기득권을 유지하려 하였다. 이 같은 유·향(儒·鄕 : 기득권세력과 신흥세력)간의 대립이나 향전鄕戰과 같은 자체분열 과정에서 사족에 대한 중앙정부 및 수령권의 견제도 나타나게 되었다.

이에 대한 반향으로 나타난 현상이 바로 (1) 양반, 사족가문의 문중화 현상과 (2) 농민의식의 성장 및 농민문화의 발전이다. 다음에 소개하는 족보나 성씨관념은 사실 이러한 과정 속에서 조선 전기에 비하여 크게 확대된 것이며, 때로는 오랜 인연을 지닌 가문 간에서, 또같은 성씨 내에서도 치열한 경쟁을 벌일 만큼 첨예한 문제점을 노중하기도 하였다.

II. 한국인의 '집안家門' 의식

1. '집안과 문중'의 구성원인 개인

21세기의 우리 사회에서도 아직 門中의 힘은 강하다. 아마 우리 생활문화 유산 중에서 "집안" "門中"이란 용어만큼 오랜 생명력을 가지고 현대사회에 까지 강한 영향력을 미치는 경우도 드물 것이다. 門中은, 여러 강고 했던 다른 전통문화들이 박편처럼 해체된 것과 비교한다면 정말 예외적인 사례이다. 경제적으로나 선거 판에서도 그렇고, 감히 거부하는 몸짓을 하기 어려울 정도의 법외적 권위도 구사할 수 있는 것이 문중이기도 하다.

물론 고학력자이거나 대부분의 젊은 세대들은 이러한 문중의 모습과 움직임에 대하여 대체로 부정적이거나 시큰둥한 것이 사실이다. 대개 그것은 조선후기의 사회상에 대한 부정적 의식으로 '한때 대단한 지위에 올랐거나 유명했던 선조를 받들면서 특정 지역이나 사회에서 이기적인 결속력과 권위를 행사하는 조직과 그 의식' 정도로 문중이 이해되어 온 탓도 크다.

2. 친족제도의 변화와 소위 '집안'

1) 조선전기의 집안의식

조선전기의 친족제도는 고려시기의 모습을 간직하고 있어서 內外親族이 망라되었다. 그래서 친족에 대한 호칭구분에서 內外親族을 「族」, 「族親」, 「門族」 등으로 구분없이 사용하고, 재산의 男女均分相續, 輪廻奉祀나 立后奉祀의 미정착이 나타난다. 조선전기에는 상속이나 제사관행을 통해서 확인되듯 夫-妻, 子-女, 親孫-外孫을 동일시하는 〈兩係親族 = 非父系親族〉 체계였다. 이러한 친족 관행으로 말미암아 이 시기에는 子女 均分相續과 輪廻奉祀가 일반화하였고, 외손 봉사도 수없이 많았으며, 자녀가 없으면 양자도 하지 않았다. 자손이 없으면 그냥 '無后'라 칭해졌고, 사실상 대가 끊어지는 경우도 다반사였다. 그 대신 처가나 외가, 사위 집안이 모두 同族(異姓同族)이었다.

2) 17세기 중엽이후의 변화

그러나 17세기 중엽이후부터는 族, 門族, 諸族으로 불려지는 父系親 중심의 가계가 정립되며 과거 동일친족의 범위 내에 속했던 外族과 妻族이 일정하게 배제되어 가고 있다. 뿐만 아니라 17세기 후반이후는 같은 선조를 가지더라도 近族과 遠族으로 구분하는 경향이 나타나기도 한다.

대개 우리가 가부장 · 적장자 중심이라고 말하는 父系 親族 체계가 정착되어 적장자의 우대와 권위가 마련된다. 예컨대 재산과 제사의 상속에서 여자의 지분이 사라진다든가 족보에서 남계-

부계 중심의 기록 양상이 일반화하고 대를 잇는 양자와 입양제도
도 일반화한다. 또한 이에 따라 족계나 문중조직의 발달, 동족마
을의 형성이라는 조선후기의 보편적인 사회상이 나타난다.

Ⅲ. 족보에서 읽을 역사 · 문화들

1. 족보의 역사와 종류

우리나라의 족보는 언제부터 생겨났을까? 물론 저명한 가문의
경우는 고려시대부터 족보 형태는 아니나 직계 가족의 인맥을 자
랑하는 族系圖나 家牒類 자료를 지니고 있었고. 그것이 모태가
되어 15세기에 몇 개 성씨들을 중심으로 족보가 만들어진다.

이 당시의 족보는 지금의 우리가 보는 형태와는 아주 다른 형
태의 족보로써 기록 방식도 달랐다. 처가와 외가, 시집간 딸의 가
계도 친가와 동일하게 기록하였고, 적서의 구별도 엄격하며, 남
녀의 기록도 철저히 출생 순서로 기록되고 있었다. 그 뒤에 종법
체계가 달라지고, 가부장 중심의 친족체계가 일반화되면서 17세
기 중엽 이후 모든 가문에서는 족보를 만들게 되었다. 그리고 이
과정의 뒤에 전국을 범위로 하는 대동보의 출판이 붐을 이루게
된다.

그러나, 족보의 종류는 우리가 가장 일반적으로 보는「大同譜」
는 대개 18세기 중후반에 일반화되는데, 이것 말고도「派譜」라
하여 직계 파별로 범위를 축소하여 정리한 것이 있고, 아예 이를
더 줄여서「家乘」이라 부르는 족보도 있다. 그런가하면 內外孫
譜, 妻家譜, 世系圖, 八高祖圖, 家牒, 家譜, 族圖 등등이 있다.

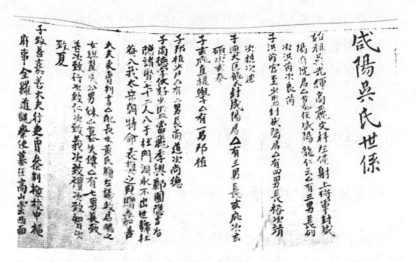

함양오씨세계

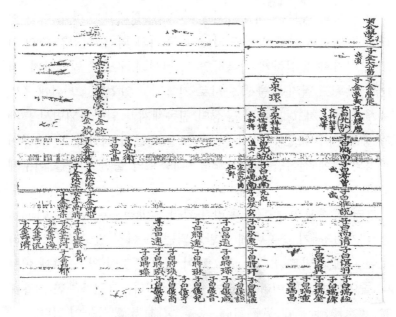

해남윤씨족보

2. 족보 '바로알기'

그런데 족보의 편찬에는 선대에 대한 재창조나 확대, 또 계파 간의 연대와 왜곡이 개재되기도 한다. 또한 양반의 증가에 따른 족보의 위조나 붙임작업도 많아졌다. 그러지 않고는 많은 양반의 존재가 사회적 인증을 받기 어려웠을 것이기 때문이다.

실제로는 조선후기만 하여도 국민의 2~30% 정도만이 양반을 칭하며 족보를 가지고 있었고 나머지의 대다수 백성들은 어느 족보에도 기재되지 못한 상태였을 것이다. 그러다가 불과 100~150여 년 전에 모두가 성과 시조를 갖게 된 셈이며, 사실 특별한 경우가 아니면 그때에 비로소 없던 조상의 성씨와 이름을 만들었다는 사실을 우리는 주목하여야 한다.

따라서 이러한 역사와 시대적 성격을 정확히 감지하지 못하는 경우 족보 만에 의한 연구는 자칫 오류를 범할 가능성이 많다. 실제로 학계에서도 족보가 사료로서의 가치를 인정받는 경우는 많지 않은 실정이다. 그러나 그런 잘못된 경우를 제외하거나, 잘 구분해 낼 수만 있다면 그 것 이외에 족보가 말해주는 무수히 많은 역사와 문화를 우리는 재조명할 수가 있다.

● 본관의 문제 : 족보는 믿을 수 있나? 이런 질문에 대하여 여러 가지로 대답이 가능하다. 그런데 그 중에서도 가장 먼저 궁금한 사실은 본관의 문제이다. 왜냐하면 성씨의 최초 시작은 누군가 역사적 계기를 배경으로 한 사회적 의미이기 때문인데, 기록상 분명한 賜姓이라든가, 分姓, 그런가하면 아예 歸化한 경우라면 문제가 안된다. 그런데 이런 것이 아닌 상태에서 성씨의 시작은 참으로 애매하기 짝이 없다.

始祖도 분명 부모의 자식으로 태어났기 때문이다.

대개 本貫은 지역적 연고를 가지면서 붙여지는 것이기 때문에 연구자들은, 대체로 본관지가 바로 본관이라 생각하고 있다. 예를 들면 고려시대의 기록에 보이는 'ㅇㅇ人'이란 기록이 대개는 본관으로 보아 무리가 아니라는 것이다. 물론 그렇지 않은 경우도 없지는 않다. 그러나 각종 조선 초기 지리지에는 지역마다 성씨가 등재되어 있는데, 土姓, 亡姓, 來姓, 續姓, 歸化姓 등등이 그것이다. 이중 亡姓은 유망한 성씨이고, 續姓은 다른 곳의 토성이 옮겨온 경우, 來姓은 서울(京來姓)이나 중국(唐來姓)에서 이거해 온 경우이다.

결국 토성이 아마도 본관으로 보아야 할 것인데, 조선초기의 기록(세종실록지리지, 신증동국여지승람)들에는 총 4,500여 성씨가 보이나, 현재는 1,100여 개가 줄어든 총 3,400여 개로 파악되고 있다. 이는 17세기 이후에 동성동본으로 合譜(大同譜)를 하거나 계열을 정리하면서 나타난 현상이라고 보아야 한다.

● 족보 작성의 자료는? : 그런데 이런 족보가 편찬되는 과정에서 기초자료가 되거나, 등재의 실증 자료가 되는 것들은 기왕에 편간된 족보가 기본이나, 새롭게 추가, 보완될 경우는 ① 가첩류 ② 비문(지석) ③ 호적, 호구단자 ④ 분재기 등에 의하는 것이 보통이고, 다른 집안의 족보 기록을 참조하여 수정, 보완하는 경우도 왕왕 있다. 첫째 家牒자료들은 집안에 대대로 전해져 오는 자료를 말하며, 족계도나 세계도 등이 이에 해당된다. 둘째의 비문과 지석은 전혀 근거자료가 없다가 이들 새로운 자료가 나타나면서 추가, 수정되는 경우이다. 이들 자료에는 처가나 외가, 형제의 순서, 성명 등등의 1차 사료를 기록하고 있기 때문이다. 셋째의 호적·호

구단자의 경우 생생한 고문서 자료로서 관 문서이기 때문에 주요 증빙자료가 된다. 넷째의 분재기도 재산을 나누어준 기록이므로 자손 관계가 정확하여 참조자료로 활용되기도 한다(# 上代 族譜의 眞僞 문제).

● 족보 기배 방식의 변화 : 족보기록은 조선전기와 후기가 너무나도 다르다. 우선 자손의 기록에 있어서 오늘날의 족보에서 보는 것과 같은 先男後女의 기록방식은 조선후기에 변화된 것이고, 17세기 전반까지는 거의가 生年順 기록이었다. 그런가하면 母나 妻, 婦의 경우에도 男系와 동일하게 직계가계를 모두 기록하여 안동권씨 족보임에도 실제로 안동권씨는 10%도 안되는 이상한 족보가 조선전기의 족보이다. 이상한 것이 아니라, 엄밀한 의미에서 친족 구성 범위가 조선전기에는 그렇게 넓고 異姓親族, 兩系親族개념이었던 것이다.

그래서 과도기에는 별도로 『내외손보』나 『처가보』가 편찬되기도 하였던 것이며, 재산이나 제사의 상속에서 남녀 균분상속, 윤회봉사와 분할봉사도 가능했다. 또 양자의 기록이 거의 없고, '無后'라든가 외손봉사의 경우도 비일비재하였다. 처가살이는 부끄러움이 아니었고 모두가 그랬던 관행이기도 하였다. 아마 현대인들은 이 시기 딸의 사위와 외손녀 사위가 계속해서 자기의 집안 족보에 기록된 것을 전혀 이해하기 어려울 것이다.

그러나 17세기 중엽이후가 되면 여성의 족보기록은 특별한 경우가 아니면 1대에 한하고, 그 내용도 아주 간략하게 축약된다. 무후의 경우 양반들은 대부분 양자를 들이고 있었고, 제사와 상속에서도 장자의 몫과 역할이 점차 증대되는 경향으로 바뀐다.

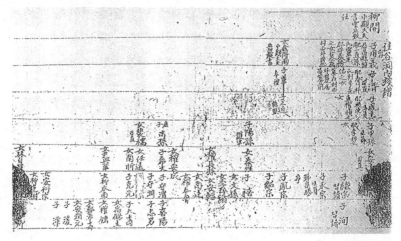

가곡동내 족보

IV. 족보에서 읽는 역사와 문화

족보에서 우선 주목할 것은 조상의 고향마을 入村 과정이다. 누가, 언제, 어디에서, 어떠한 배경과 이유로 해당마을에 정착하였는지, 또 그 성씨 집단이 기존의 마을 주민과 어떠한 관계속에서 성장하고 마을의 운영에 참여하게 되었는지를 밝힐 수만 있다면 마을변천사의 씨줄은 마련된 것이나 마찬가지이기 때문이다. 대개 이같은 특정성씨의 입촌과정은 후손들이 거주하고 있는 경우 족보나 구전자료를 통하여 파악이 가능하다.

그러나 이같이 족보나 구전자료를 통하여 밝혀지는 특정집단의 입촌(입향)사실은 변천사의 일부에 불과하고, 그 이전과 이후의 변화상, 다른 성씨집단의 변천상을 모두 설명할 자료는 되지 못한다. 예컨대 입향조 이전의 유적이나 지명같은 것은 의미가 사라질 수도 있기 때문이다. 따라서 이를 보완하는 노력이 필요하고, 필자의 경험에 의하면 이 같은 입향사적의 추적에서 주목할 부분은 묘소의 위치와 처음 잡은 집터의 위치, 선주성씨의 존재와 그들과의 관련성이다. 대개 경우는 입촌의 동기는 처가나 외가, 혹은 그 이전의 특별한 인연이 있었으며 이는 입향조의 父나 祖, 혹은 子의 혼인관계를 통하여 관련성이 추적되는 것이 보통이다. 한편 마을에서 입향조의 입향 시기는 지금으로부터 3~400년을 소급하지 않는 경우가 보통이므로, 이들 선주했던 성씨들의 토착기반문제가 추적되어야 그 이전시기(조선전기 및 고려시기)의 마을사 복원이 가능하다. 관련성씨의 족보추적이나 유적 확인, 시대를 알 수 없는 구전 지명이나 인물설화들이 이런 선주집단의 흔적일 가능성이 크다.

여기에 덧붙여 마을의 사회경제적 변화로써 집안의 문중기반 확대과정, 예컨대 선산과 묘소의 마련, 재각(제실)건립, 비석건

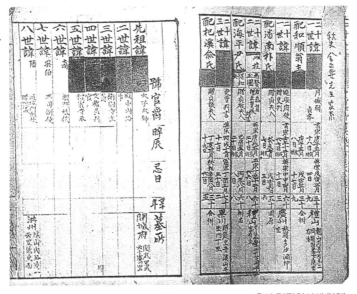

추사 김정희선생 가계

립, 족계의 운영 같은 자료들이나, 마을전체적인 경지확대(보나 제언, 제방, 저수지의 축조)의 시기, 주동인물, 과정 등이 밝혀진 다면 마을의 변천사는 매우 폭넓은 수준에 이를 수 있을 것이다.

조선시대 사람들의 식생활

정연식 서울여대

조선시대 사람들의 식생활

I. 먹는 일에 대한 생각

　동양 고전에는 '식색食色'이란 말이 등장한다. 모든 생명체는 자신의 생명을 유지하려는 식욕과 자신의 유전자를 남기려는 성욕, 두 가지 기본적인 욕망을 지니고 산다는 말이다. 그 중에서도 식욕은 가장 중요한 욕망이다. 사람은 하루도 먹지 않고는 견디기 힘들다. 그래서 사흘을 굶으면 남의 집 담장을 넘지 않을 사람이 없다는 말도 있다. 그런데 그런 점을 감안하더라도 우리민족은 유달리 먹는 일에 대해 높은 관심을 보였다.

　옛 일본인의 글에도 중국 사람은 옷에 사치하고, 일본 사람은 집에 사치하고, 조선 사람은 음식에 사치한다는 이야기가 등장하며, 지금도 돌아다니는 말에 중국음식은 혀로 먹고, 일본 음식은 눈으로 먹고, 한국 음식은 배로 먹는다는 말이 있다.

　우리나라 사람들이 예전부터 먹는 일을 중시했던 것은 언어생활에서도 나타난다. 금강산도 식후경이라는 속담도 있지만 그것 말고도 여러 군데 그 흔적이 보인다. 철쭉꽃이 진달래보다 아름다움은 더하지만 먹지 못하는 철쭉꽃은 개꽃 취급을 받고 먹을 수 있는 진달래는 참꽃으로 대접받았다. 또 우리는 '저녁밥'을 먹는다고도 하지만 통상 '저녁'을 먹는다고 말한다. 마찬가지로 『훈몽자회』에서 '時'를 '끼 니 시'라 풀이했듯이 원래 우리말의

때라는 말과 끼라는 말은 어원이 같은 말이었다. 밥 먹었느냐는 인사도 그렇다. 영어권에서는 "굿 모닝, 굿 이브닝" 하는데 우리 말에는 "밥 먹었느냐" "진지 잡수셨습니까" 하는 말이 있다. 이 말은 사실상 "(아침)밥 먹었느냐, (저녁)밥 먹었느냐" 하는 말이다. 또 우리는 먹는 일을 매우 중시해서 먹을 때 말을 하는 것을 좋지 않은 매너로 여겼다. 물론 이렇게 된 데에는 유교의 영향이 있었던 것으로 보인다. 즉 『논어』에 의하면 공자는 밥을 먹을 때에는 말을 하지 않았고 잠자리에 들어서도 말을 하지 않았다는 것이다(食不語 寢不言).

II. 대식의 전통

한국인은 먹는 것을 중시했을 뿐 아니라 유달리 많이 먹었다. 한말 서양인들의 견문기를 읽어보면 한국인의 대식에 관해 지적한 대목이 매우 많이 나타난다. 미국인 그리피스의 『은자의 나라, 한국』 영

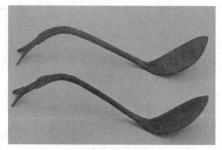

고려시대 청동숟가락

국 여성 비숍의 『한국과 그 이웃나라들』, 오페르트의 『조선기행』 등등 여러 문헌이 한국인의 대식에 대해 지적하고 있다. 심지어 샤를르 달레는 『한국천주교회사』에서 한국인의 성격적 결함 중 가장 큰 것은 식탐이라고 지적하고 있다.

이런 현상은 외국인들의 기록 뿐 아니라 국내 기록에도 일찍부터 지적되고 있다. 15세기 성현의 『용재총화』에서는 조선사람들

이 배가 고픈 것을 참지 못하며 관료들은 여러 끼를 먹고 또 군사들의 이동에도 군량짐이 행렬의 반을 차지한다고 비판했고 그 이후 율곡 이이, 중봉 조헌 등 여러 사람이 이것을 고쳐야 할 병폐로 지적하고 있다. 위생상태가 극히 좋지 않았던 일제시대에도 한국인의 사망 원인 가운데 1, 2위는 늘 소화기계통 질환이었다.

주막 나그네의 한 끼 밥상

그러면 대체 평상시에 얼마나 먹었을까? 예전의 여러 기록들을 종합해 볼 때 일반적으로 한 끼 식사량은 성인남자의 경우 7홉, 성인여자를 5홉, 어린아이들을 3홉으로 계산했다. 성인 남자의 한끼 식사량이 쌀 7홉이었음은 여러 고문서에도 분명히 등장하며 한 끼 7홉이 고정관념으로 자리 잡고 있었던 것은 『박타령』에서 흥부네 식구가 밥을 짓는 대목에서 27식구 식사량을 1말 8되 9홉으로 이야기하고 있는 것에서도 확연히 드러난다. 물론 예전의 1홉은 지금의 0.3홉에 해당되므로 성인 한 끼 7홉은 현2.1홉, 420cc에 해당된다. 이는 지금의 전기밥솥 계량컵으로 1인분 160cc의 근 3인분에 해당되는 양이다. 더구나 어린이 3홉은 180cc로 지금의 어른 1인분보다 많다. 결국 여자, 어린이를 감안하여 1인당 한 끼 평균치를 상정하면 5홉으로 지금 도량형으로 환산하

새옹

면 1.5홉 300cc정도였을 것으로 짐작된다.

왜 이렇게 많이 먹었을까? 아직도 그 원인은 알 수 없다. 그러나 가난해서 그랬다는 것은 분명 사실이 아니다. 사람들은 흔히 우리가 예전에 너무나 어렵게 살아서 먹을 것이 생기면 정신없이 허겁지겁 많이 먹는 습성이 생겨서 그렇다고 말한다. 그러나 예전의 가난이나 기근은 한국에만 있던 것이 아니다. 농업생산력의 비약적인 발전이 있기 이전에는 중국, 일본, 서양 어디서나 흉년, 기근이 들면 엄청나게 많은 사람이 죽었고 심지어 일본에서는 에도시대에도 '마비키[間引]'라고 하는 영아살해 등의 풍습이 횡행했다. 한국인들이 많이 먹었다는 말은 늘 많이 먹었다는 말이지 어쩌다가 한 번 먹을 것이 생겼을 때 닥치는 대로 많이 먹었다는 말이 아니다. 그런데 가난하면 늘 많이 먹을 수 없다.

III. 조선시대의 주식은 쌀

1. 쌀과 보리에 대한 오해

조선시대의 주식은 한 마디로 답하면 쌀이었다. 즉 조선시대 사람들은 주로 쌀밥을 먹고 살았다는 말이다. 일제시대와 1950년대, 60년대에 꽁보리밥으로 끼니를 때운 세대로서는 이러한 주장이 이상하게 들릴 것이다.

예전에 쌀이 귀했던 것에는 일제시대의 식생활문화 왜곡이 큰 영향을 미쳤다. 일제시대에는 수많은 쌀이 일본 국내의 쌀값 안정을 위해, 또는 군량미 비축을 위해 일본에 반출되었다. 1910년 당시 생산량의 약 5%에 달했던 쌀 이출移出은 1930년대 중반에는 50%를 넘기도 했다. 1910년대 초에 비해 1930년대에는 1인당

인천항 쌀수출 (1935년)

곡물 소비량 자체도 줄었지만 소비곡물 가운데 쌀이 차지하는 비중이 42%에서 1930년대에는 30%로 줄었다. 그러므로 쌀을 먹을 수 없었다. 그 결과 만주조, 안남미, 보리 때로는 콩깻묵이 쌀을 대신했다.

해방 이후에는 일본, 만주, 연해주에서 귀국한 동포들로 인해 인구가 갑작스럽게 늘었고, 한국전쟁 이후로는 월남인구로 인해 소비 인구는 대폭 늘어났다. 그러나 생산량은 해방 이전보다 오히려 줄어 1950년대 중반부터 조금씩 상승하기 시작했다. 그러므로 쌀을 제대로 먹을 수 없는 상황이 지속되었다.

종자개량, 산미증식계획 등 일본에 의해 한국 농업에 커다란 변화가 있기 이전 시기로, 비교적 근대적인 통계 조사에 의해 작성된 1910년대 『조선총독부 통계연보』에 의하면 한국은 여전히 쌀 생산국이었다.

그러던 것이 1945년 당시에 비해 1960년에는 쌀 생산량은 1/4 정도밖에 늘지 않은데 비해 보리 생산량은 3배로 늘었다. 그러다 보니 보리밥을 먹게 되었다. 50년대 60년대의 꽁보리밥은 궁핍의 상징이었다. 조선시대는 이보다 더했지 않았겠느냐 하고 추측하겠지만 실제로는 주식으로 할만큼 보리 생산량이 많지 않았다. 1910년대 통계로 보면 보리는 쌀보다 훨씬 미약했다. 그나마 북쪽으로 가면 보리가 거의 없었다.

남쪽은 쌀 생산량이 전체 곡물생산량의 60%에 달했다. 한편 북쪽에서 가장 강세를 보인 것은 조였고 그 다음이 쌀이었다. 한반도는 농업의 주 작물로 구분한다면 북부지역은 중국의 화북지역과 연결되는 잡곡지대이고 남쪽은 미작지대로서 두 가지 문화권이 공존해 있었다. 이런 점을 감안하더라도 남북을 통틀어 말하면 쌀 생산량은 44%로서 1위이고 보리와 조는 15%정도로 2, 3위에 머물러 쌀에 훨씬 미치지 못했다. 조선시대 한국인의 주식을 한 마디로 말하라면 역시 쌀밥이었다.

2. 벼농사와 쌀의 특성

쌀은 여러 가지 면에서 우수한 곡물이다. 우선 영양소가 풍부하며 칼로리가 높지만, 그보다 중요한 것은 필수아미노산을 적절히 보

갈돌과 갈판

유하고 있어 밀보다 완전한 식품에 가깝다는 점이다. 그러므로 밀로 만든 빵을 먹는 유럽에서는 고기를 함께 먹어야 하지만 쌀

필리핀 루손섬의 계단식 논

을 먹는 곳에서는 쌀만으로도 필요한 영양소의 대부분을 섭취할 수 있다. 또한 단위면적당 생산량도 높고 파종량에 비해 수확량도 높다. 유럽, 이집트, 중동 지역의 주식인 밀은 서양 중세때 평균적으로 1알을 뿌리면 5알을 수확했고, 18세기에 가서야 6알을 수확했다. 그러나 쌀은 같은 시기에 1알을 뿌려 27알을 거두었다. 결국 평균적으로 같은 양의 씨를 뿌렸을 때 쌀은 밀의 4배 이상을 수확할 수 있었다. 또 기후조건이 맞으면 동남아시아 지역에서는 삼모작까지도 가능하여 토지이용도도 높다. 그렇지만 유럽 중세 때에는 널리 알려져 있듯이 삼포제 농업, 또는 이포제 농업을 해서 늘 밀을 수확할 수도 없었다. 그래서 같은 면적의 땅에 쌀과 밀과 콩을 심어 거두어 먹거나 땅을 목초지로 만들어 동물을 먹이고 그 고기를 먹는 것과 비교했을 때 벼를 심었을 때는 100명, 밀을 심었을 때는 75명, 콩을 심었을 때는 50명, 목초지를 만들면 9명을 먹여 살릴 수 있다는 연구도 있다. 지금까지도 쌀 소비지역에 인구밀도가 높은 것에는 상당한 이유가 있다. 그러나 반면에 쌀은 재배조건이 까다로우며 손이 매우 많이 간다. 기후, 온도, 강우량 등의 조건이 맞아야 하기 때문이다. 게다가 벼 농사를 짓는 지역에서는 물을 댄 논에 모기가 알을 낳아 말라리아가 크게 번져 수많은 사람을 죽이기도 했다. 그런 단점을 제외한다면 쌀은 역시 가장 우수한 곡물이라 할 수 있다.

IV. 끼니와 끼니 수

1. 끼니의 종류와 개념

아침밥(朝飯; 됴반, 아츰밥·아젹밥과 저녁밥(夕飯; 셕반, 나죗밥, 나조밥) : 조석朝夕 끼니라는 말도 있듯이 아침밥과 저녁밥은 가장 기본적인 식사였다.

낮밥(午飯, 晝飯; 낫밥) : 낮밥은 말 그대로 낮에 먹는 밥이다. 그런데 낮밥은 먹을 수도 있고 안 먹을 수도 있는 밥이라는 점에서 아침밥, 저녁밥과는 다르며 대개 양이 적었다.

점심(點心; 뎜심) : 점심이라는 말은 원래 중국 당나라때부터 시작된 말로 허기로 인해 정신과 마음이 침잠되어 있을 때 마음[心]에 불을 붙여[點] 활기를 회복할 만큼 조금 먹는 간식을 의미하는 말이다. 그러므로 낮에 먹는 것이라는 의미가 없었다. 지금도 중국에서 점심(디엔신)은 간식을 가리키는 말이다. 조선시대 16세기까지만 해도 점심의 본래 의미가 살아 있어 점심을 낮은 물론 아침과 저녁에 먹기도 하고 때로는 새벽이나 밤중에 먹기도 했다. 그런데 낮에는 대개 조금 먹으므로 점심이란 말은 대

개 낮점심의 뜻으로 쓰였
고, 결국 '점심'이라는 말
이 '낮밥'이라는 말을 제
치고 낮에 먹는 밥의 의미
로 굳어진 것이다. 점심이
낮밥의 의미로 완벽하게
쓰이게 된 것은 아마도 18
세기로 짐작되는데 이때
간단히 먹는 식사는 점심
대신에 요기療飢가 떠맡게

공고상

되었다. 점심은 대개 간단히 먹어서 양도 적었고 반찬도 간단했
으며 때로는 소량의 떡, 과일, 국수로 대신했다. 일제시대 여름철
에는 특히 참외 따위가 점심거리로 자주 애용되었다.

이른밥(早飯: 조반) : 예전에는 대개 아침에 일찍 일어나서 활
동을 시작하는 반면에 아침식사 시간은 늦었다. 그러므로 아침
식사 전에 간단히 요기를 하기 위해 먹는 밥이 조반早飯 즉 이른
밥이다. 이는 서양의 'breakfast'와 비슷한 말이다. 서양인들이
낮밥과 저녁밥 두 끼를 기본 식사로 하므로 저녁식사부터 다음날
낮까지의 공백이 길어 이를 단식처럼 여기고 이 단식을 깨는 정
도로 아침에 간단히 먹는 것을 breakfast라 했듯이 조선시대에도
이른 저녁에 먹는 저녁밥과 늦은 아침에 먹는 아침밥 사이에 이
른밥을 먹었다. 이른밥은 밤이 긴 겨울철에 자주 먹었으며 대개
흰죽이 일반적이었다. 또한 잠자리에서 일어나 그 자리에서 먹
는다는 뜻으로 욕식褥食이라고도 하였는데 지금은 자릿조반이라
는 이름으로 남아 있다.

낮것(畫物; 쥬물, 낮것)과 다담(茶啖; 츳담) : 한편 끼니라고는
할 수 없지만 낮것 또는 주물畫物이라 부르는 식사가 있었다. 이

는 낮에 먹는 것으로서 점심 또는 낮밥과는 별도의 것이다. 이는 평상시나 또는 흔히 잔치 때 손님접대를 위해 차려내는 식사이다. 그러므로 꽤 성대한 차림으로 보통 때는 보기 힘든 각종 별식과 함께 과일, 술이 동원되고 때로는 상을 장식하는 조화인 상화床花가 등장하기도 한다. 결국 손님접대용으로 낮에 특별히 차려내는 별식 상인 셈이다.

한편 다담은 지금도 쓰이는 말이거니와, 흔히 차담이라고 불렀는데 지금의 다과상을 말한다. 이는 정식 차림상을 내어오기 전에 우선 요기하라고 내어오기도 하고, 음식을 다 먹은 후 후식으로 내어오기도 하며, 일반 식사와 무관하게 그냥 간식으로 내어오기도 한다.

2. 하루 두 끼에서 세 끼로

예전에는 하루 두끼가 일반적이었다. 이는 왕에서부터 일반 서민에 이르기까지 차별이 없다. 조석끼니라는 말이 이를 증명한다. 이 하루 두끼 전통은 이미 삼국시대부터 있었던 것으로 보인다. 그런데 끼니 수는 상황에 따라 유동적이었다.

우선 여름에는 해가 길고, 또한 농번기이기도 해서 하루 두 끼에 간단한 낮점심이 덧붙여졌다. 그러므로 대개 춘분 전후부터 추분 전후까지는 세 끼를 먹었는데 낮에 중간에 먹는 양이 매우 적어서 굳이 말하자면 2.5끼라고 할 수 있을 것이다.

또 활동량이 많은 일꾼들에게도 낮밥이 제공되었다. 여행객들도 먼 길을 가다 보면 쉽게 허기가 지므로 중화中火라고 하는 점심을 먹었으며 왕도 행차시에는 주정소晝停所에서 낮수라를 먹었다.

한편 지금은 부자나 가난뱅이나 하루 세 끼 먹기는 마찬가지라고 말하지만 예전에는 빈부와 신분의 차이에 따라서도 끼니 수가 달랐다. 성호 이익은 부자들은 하루에 일곱 끼를 먹는다고 말했는데 이는 간단한 간식까지 포함해서 말한 것으로 짐작된다. 또 하루 두 끼만 먹었던 정조도 사람들이 조금만 살림이 나아지면 하루 세 끼를 먹으려 한다고 비판했다. 또 고위 관원들은 낮에 점심이 제공되었고 나머지 사람들은 집에서 점심을 가져다 먹었다. 또한 식량을 아껴야 할 상황이 되면 신분에 따라 끼니 수를 달리하는 일이 잦았다.

그러나 하루 몇 끼였냐고 단적으로 묻는다면 역시 하루 끼니 수는 두 끼라고 답해야 한다. 일제시대 조사한 바로도 끼니 수가 계절에 따라, 경제력에 따라, 활동량이 많고 적은 상황에 따라 달랐지만 일반적으로는 두 끼였다고 한다. 하루 세 끼라는 관념은 20세기 초 도시민의 생활에 통용되기 시작한 것으로 보인다. 그러다가 이런 생활양식이 전 지역, 전 국민에게 보급되고 또 하루 세 끼라는 관념이 확고하게 자리잡은 것은 역시 20세기 후반이라고 보아야 할 것이다. 하루 두 끼에 경우에 따라 소량의 알파가 첨가되기도 하다가 세 끼로 정착된 것이다.

조선시대의 여성

한희숙 숙명여대

조선시대의 여성

I. 머리말

조선시대는 양반들이 지배하던 양반사회이다. 양반들은 가부장적인 가족질서를 확립하고 유교적 사회질서를 구축하기 위해 노력하였으며 그 과정에서 여성들도 큰 영향을 받았다. 성리학적 이데올로기에 의해 여성에게 정절·수절 등이 강요되었고, 혼인제도는 남귀여가혼男歸女家婚에서 친영제도親迎制度로, 가정 내의 부녀는 처와 첩으로 엄격하게 구분되고, 상속제도는 남녀균분상속에서 적장자중심의 차등상속으로 변하였다. 이 같은 성리학적인 이념과 이에 따른 실천과정에서 고려시기에 비하여 부계중심의 가부장제가 강화되어 갔고 여성은 여러 가지 측면에서 많은 제약을 받게 되었다.

조선시대의 여성은 계층에 따라 크게 왕비·후궁들을 비롯한 왕실여성, 양반관료들의 부인인 양반층 여성, 대부분이 농민여성인 양인층과 노비층 여성, 궁녀·기생·무녀·의녀 등 특수직 여성 등으로 나누어 볼 수 있다. 이들은 각 계층에 따라 각기 상당히 다른 형태의 삶과 지위를 지니며 살아야 했다. 그러나 국가에서 여성정책을 시행함에 있어서 가장 관심의 대상이 된 것은 사족 여성 즉 양반층 여성이었다. 지배층에 속하는 이들 여성에 대

신윤복의 여승과 여인 (이승연기) : *장옷을 입은 양반여성의 모습과 보따리를 든 여종의 모습이 보인다.*

한 교화는 자연히 피지배계층의 일반여성들에게 파급되었기 때문이었다. 본고에서는 이러한 점을 염두에 두면서 조선시대 각 계층 여성들의 다양한 삶의 형태에 대해 간략하게나마 살펴보고자 한다.

II. 조선시대 신분으로 보는 여성

1. 왕실 여성

조선시대 궁궐에는 왕실여성으로 왕의 할머니인 대왕대비, 어머니인 대비를 비롯하여 부인인 왕비, 아들인 세자의 부인인 세자빈, 그리고 왕과 세자의 딸들과 후궁 등 다양한 칭호의 여성들이 살고 있었다. 이 가운데 가장 중심은 왕의 정처이며, 국모를 지칭하는 왕비이다. 중궁 또는 모비某妃로 칭해지는 왕비는 대체로 먼저 세자빈으로 간택되었다가 세자가 왕위에 오름에 따라 왕비로 책봉되었다. 그러나 후처인 계비의 경우는 세자빈 시절을 거치지 않고 바로 왕비에 간택되기도 하였다.

왕비나 세자빈을 간택할 때는 전국에 금혼령을 내린다. 금혼령의 대상은 사대부집안의 규수로 나이 제한은 확실치 않으나

조선말 순종비 순정효황후 윤씨
: 조선왕조의 마지막 왕비이다.

대개 8세부터 17세 정도였으며, 이씨 성을 가진 경우는 해당되지 않았다. 왕비나 세자빈을 간택하게 되면 조정에서는 가례도감이라는 임시 관청을 설치하여 간택과 혼례를 주관하였다. 세자빈의 조건은 흠이 없는 가계, 부덕婦德, 미모이며, 이 가운데 가장 중시한 것은 부덕이었다. 또 미모에 치우치지 않기 위해 처녀집을 순방하여 택하고 다시 이들을 궁궐에 모아 간택하였다. 또 비나 세자빈 자리가 비었을 경우, 재간택을 했지만 조선전기에는 후궁 중에서 선택하기도 하였다.

간택은 초간택, 재간택, 삼간택으로 이루어졌으며 최종 단계인 삼간택에는 3명이 후보로 올라간다. 3명 중 1명이 낙점되면 나머

지 둘은 결혼하지 못하고 평생을 혼자서 살거나 왕의 후궁이 되었다고 한다. 그러나 후궁이 된 경우는 조선말기인 헌종(경빈 김씨)과 고종(정화당 김씨) 때에만 그 예를 찾아볼 수 있다.

최종 간택에서 낙점을 받은 처녀는 그날부터 별궁에 들어와 일정기간 궁중예절과 왕비가 되기 위한 교육을 받았다. 예의범절 교육을 마치면 정식으로 혼례를 치르고 왕비나 세자빈이 되었다. 왕비는 내·외명부를 거느렸는데 내명부에는 왕의 후궁과 상궁, 궁녀들이 속해 있었고, 외명부에는 종실의 처, 왕세자의 자녀, 문무반의 부인들이 속해 있었다. 왕비는 원칙적으로 무품無品으로 품계를 초월한 최고의 지위에 있는 여성이었다.

〈표 1〉 조선시대 내명부

품계	정1	종1	정2	종2	정3	종3	정4	종4	정5	종5	정6	종6	정7	종7	정8	종8	정9	종9
호칭	빈	귀인	소의	숙의	소용	숙용	소원	숙원	상궁 상의	상복 상식	상침 상공	상정 상기	전빈 전의 전선	전설 전제 전언	전찬 전식 전약	전등 전채 전정	주궁 주상 주각	주변징 주징 주우 주변궁

왕비는 국모를 상징하며 모든 여성에게 모범을 보여주어야 하는 존재였다. 절검을 미덕으로 삼아 검소한 의식생활을 추구했으며 부덕이란 미명하에 정신생활의 제약을 받았다. 또한 웃전을 잘 보살피고 다음 왕위를 이어갈 세자를 생산하는 것이 가장 큰 의무였다. 그러나 왕비는 아이를 낳는 것과 상관없이 죽어서는 종묘에 신위가 안치되었다.

한편 왕의 첩, 즉 후궁은 정1품 빈, 종1품 귀인, 정2품 소의, 종2품 숙의, 정3품 소용, 종3품 숙용, 정4품 소원, 종4품 숙원으로 나누어진다. 후궁이 되는 방법으로는 궁녀로서 왕의 승은을 입는 경우와 왕비처럼 간택을 거치는 경우가 있었다. 왕비가 아이를 낳지 못하는 경우는 후궁을 간택하였다. 후궁 소생이 세자가 되는 경우 후궁들은 정1품 빈의 품계와 궁호를 특별히 하사받았다. 조선시대 후궁으로 왕의 어머니가 된 사람은 궁정동의 칠궁으로 원종, 경종, 진종, 장조, 영조, 순조, 영친왕의 어머니 등이 있다. 후궁들은 별궁에서 따로 살았으며, 왕이 죽은 후에는 함께 모여 살기도 하였다.

왕비의 주된 생활공간은 내전으로 궁궐의 가장 안쪽에 위치하여 중전이라 하였다. 경복궁의 교태전, 창덕궁의 대조전, 창경궁의 통명전 등이 이곳에 해당한다. 중전의 지붕 위에는 용마루가 없는 것이 특징인데 그것은 용으로 상징되는 왕과 합방하는 신성한 곳이기 때문이라 한다. 왕비는 왕과 합방하는 일도 법도에 따라야 했으며, 동침 날짜를 택일하기도 하였다. 왕과 왕비가 동침하는 방의 구조는 9칸으로 나누어져 있는데 이들은 가장 가운데 방에서 잤다. 잠자는 방에는 장식이나 물건이 하나도 없었으며, 나머지 8칸에서 상궁들이 왕과 왕비의 잠자리를 지켰다.

왕비는 양잠을 권장하기 위해 친잠례를 행하기도 하였다. 친잠 때에는 중궁이 왕세자빈과 내외명부를 모두 인솔하여 채상단 밖에서 의식을 거행하는데, 먼저 뽕나무 잎을 따고, 그 다음에 따놓은 뽕잎을 모아 광주리에 담는다. 왕비가 뽕잎 5개를 따면 내외명부들이 뒤를 따라 뽕잎을 따고 그것을 담았다. 이런 절차가 끝나면 친잠례에 참석한 내외명부의 수고를 치하하고 음식과 물품을 내렸다. 왕비들은 또 여가를 이용하여 저술도 하였는데, 소혜왕후 한씨의 『내훈內訓』, 혜경궁 홍씨의 『한중록閑中錄』 등이 대표적이다.

조선의 왕비는 간택에서 잠자는 곳, 옷 입고 먹는 것 등등에서 예의와 법도를 따라야 했다. 왕비와 후궁들은 궁궐 밖 출입이 엄격히 통제되어 평상시 궁궐 밖 출입은 특별한 경우를 제외하고는 거의 불가능하였다. 그러나 병이 아주 심할 때에는 궐 밖 사가에 나가 병을 치료하였다. 궁중 생활은 많은 어려움이 있었고 인내가 요구되었으며, 외척을 척결한다고 하여 친정이 화를 당하기도 하였다. 인목대비나 인현왕후 같이 정치적 소용돌이 속에서 불행한 삶을 보내는 경우도 있었다.

2. 양반층 여성

조선시대 양반여성은 남편의 직위에 따라 외명부 직첩을 받았다. 관료부인의 산직체계인 외명부에는 당상관 부인은 '부인夫人'이라는 호칭이 붙고, 당하관 부인에게는 '유인孺人'으로부터 '숙인淑人'까지 '인人'자가 뒤에 붙었다. 오늘날 일반사람들이 제사를 지낼 때 어머니의 제방과 축문에 쓰는 '유인'은 당시 9품 직 부인에게 주어지던 호칭이다.

〈표 2〉 조선시대 외명부

품계	1품	2품	정3품 당상관	정3품 당하관	종3품	4품	5품	6품	7품	8품	9품
칭호	貞敬夫人	貞夫人	淑夫人	淑人	淑人	令人	恭人	宜人	安人	端人	孺人

조선시대 양반여성의 가장 중요한 임무는 봉제사奉祭祀와 접빈객接賓客이었다. 제사 범위는 『경국대전經國大典』에 의하면 「문무관 6품 이상은 부모 조부모 증조부모의 3대를 제사하고, 7품 이하는 2대를 제사하며, 서인은 단지 죽은 부모만을 제사한다」고 되어 있다. 즉 지위에 따라 봉사의 대상이 제한되어 있었다. 그러

나 점차 조선후기에 이르면서 양반 집안에서는 4대 봉사가 일반
화 되어 갔고, 심지어 서민들도 따라하였다. 따라서 종가집 여성
들은 차례와 시제를 포함하면 1년에 10번 이상이나 되는 제사를
준비 해야만 했다.

한편 조선전기에는 윤회봉사와 분할봉사가 이루어졌다. 윤회
봉사는 특정 제사를 자손들이 해마다 돌아가면서 지내는 방법이
며, 분할봉사는 아들·딸·손자 등 자손들이 그들 선조 제사 가
운데 특정 제사를 맡아 준비 및 기타 사항을 전담하는 것을 말한
다. 조선전기 양반들은 양자보다 직계인 딸에게 봉사권이나 재
산상속권을 주었다. 16세기까지는 남계 중심의 가계의식보다는
혈족의식이 강하여 딸도 제사를 지냈으며 재산을 상속받았다.
또 조선중기까지도 아들이 없을 경우 외손봉사가 실행되었으며,
기록상 무자無子의 경우도 많이 나타났다. 조선전기에는 여성이
라는 이유 때문에 제사와 재산상속에서 제외되는 경우는 드물
었다.

그러나 종법제의 발달로 17세기 후반 이후가 되면 윤회봉사와
분할봉사가 점차 사라지고, 딸들은 제사와 재산 상속에서 제외되
어 갔다. 아들 중에서도 장자만이 제사를 전담하는 장자상속이
이루어졌으며, 심지어 아들이 없는 경우 양자를 들여서 가계계승
과 제사상속을 이어 나갔다. 따라서 여성들은 결혼을 하면 출가
외인이 되어 갔으며, 가장 중요한 임무는 아들을 낳아 남편의 가
계를 계승해 주는 것이 되었다.

한편 조선사회에서 손님을 접대하는 것(접빈객)은 곧 집안의
품위를 유지하는 것이었다. 접빈객은 양반사회의 대표적인 공조
기능이며, 필수불가결한 유대관계 활성화의 원리였다. 여성들이
접빈객을 담당한 것은 단순히 집안일의 연장선이 아니라 남성들
의 지위유지와 사회활동을 가능하도록 뒷받침하는 역할을 의미

하는 것이었다. 따라서 여성들은 손님을 접대하기 위해 항상 여러 가지 술과 제철 음식을 장만해 두어야 했다.

3. 양인층과 노비층 여성

조선시대 대다수를 차지하는 여성은 양인층과 노비층 여성들이다. 이들은 농사나 가사일을 하고 길쌈을 하는 등 직접적인 생산 노동에 참여하였다. 유수원은 『우서』에서 「농가의 부녀는 농사일하고 식사를 마련하느라 겨를이 없을 정도로 바쁜데, 또 스스로 옷까지 짜서 입어야 하니 그 옷 짜는 것이 막히고 잘 나가지 못한다.」고 하였다. 여성들은 농사일에 있어 김매기를 했으며 밭농사에 많이 종사하였다. 상대적으로 힘이 많이 들어가는 논농사는 남성들이 중심이 되었으나 모심기나 추수기에는 여성들도 도와야 했다.

거의 가족노동에 의지해야 하는 일반 농민들의 경우 여성들이 농사일에 참여하는 비중은 매우 높았다. 일시에 많은 노동력이 요구되는 밭농사에는 전통적으로 여성의 참여율이 매우 높았다. 조선초기의 농서인 『농사직설農事直說』에는 게젓 담그기, 식품저장, 장 담그기 등 여성들이 담당했던 일들도 수록되어 있는데, 이 것은 농가의 가사 일이 농사일정과 매우 관련이 깊음을 의미한다고 하겠다.

양인층과 노비층 여성들은 직조 분야 즉 길쌈에 종사하였다. 길쌈은 농업 못지않게 중요한 생산 활동으로, 신분의 차이에 구애됨이 없이 거의 모든 여성이 해야 하는 일이었다. 「남자는 밭 갈고 여자가 길쌈하는 것은 천하의 대업이다. 밭 갈지 않고 어찌 먹으며 양잠하지 않고 어찌 옷을 입을 수 있겠는가」 라는 조선시대 위정자들의 관념은 당시 성역할 분담 형태를 대변해 준다. 특

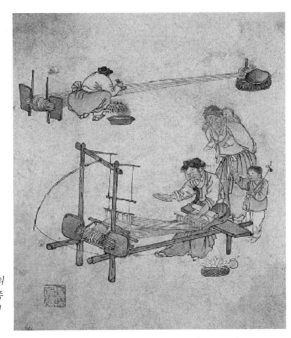

김홍도의 길쌈 : *여성들의* *길쌈 모습뿐만 아니라 가족* *구조·육아모습 등도 보여* *주고 있다.*

히 노비들은 몸값으로 포를 납부하거나 아니면 잠실의 잠모蠶母
로서 누에치는 일을 담당해야 했다.

당시 부녀자들은 농업노동과 가사노동을 하고 남은 시간, 즉
주로 저녁식사 이후의 시간을 이용하여 길쌈을 했다. 따라서 한
꺼번에 생산할 수 있는 양은 많지 않았기 때문에 거의 매일같이
포를 짜야했다. 또한 조선시대의 면포는 의복 마련을 위한 자급
자족적인 수단이 아니라 국가의 세금으로 납부되는 재원이었기
때문에 세금을 내기 위해 급하게 길쌈을 하는 경우도 많았다. 양
인 남자들은 군포로, 노비들은 신공으로 포를 바쳐야 했다. 포가
의복의 재료로써 뿐만 아니라 화폐의 역할을 하였기 때문이다.
국가에서 이들 포에 등급을 매기고 화폐로 유통시킨 것을 고려할
때 여성들의 직조노동이 국가에 기여한 바가 결코 작다고 할 수

없을 것이다.

그러나 여성들의 길쌈은 면이나 베를 짜는 일이 대부분이며, 견 즉 비단직조는 집에서 하지 않았다. 견직에서 여성노동은 누에를 쳐서 고치를 만들어 바치는 일에 한정되며 직조는 중앙이나 지방의 공장에서 이루어졌다.

III. 조선시대 특수직업으로 본 여성

조선시대 직업을 가지고 있던 대표적인 여성으로는 궁녀, 의녀, 기녀, 무녀를 들 수 있다. 이들은 신분상 대부분 천인출신이었지만 각각의 전문성을 가지고 특수직에 종사한 여성들이다.

1. 궁녀

궁녀는 대궐 내의 대전·내전·대비전·세자궁 등과 기타 각종의 별궁에서 일하던 여성들이다. 품계로 본다면 정5품 상궁에서 종9품 주변궁까지가 궁녀의 신분에 해당하였지만, 아무런 품계 없이 궁중에서 천역에 종사했던 수사水賜 같은 '나인' 들도 넓은 의미의 궁녀였다. 궁녀는 '나인內人', '시녀', '궁인' 등으로도 불렸다.

궁녀제도는 태조 6년 조준·정도전 등의 건의에 의해 시작되어 세종대에 명칭과 품계, 직무까지 명시한 여관女官제도가 설치되었다. 성종 때 『경국대전』에 내명부로서 확정되어 조선 말기까지 존속하게 되었다(앞의 〈표 1〉 조선시대 내명부 참조).

궁녀들은 최하 4, 5살에서부터 6살 정도의 어린 나이에 입궁하여 수련을 쌓았는데, 선출방법은 제도화되지 않았다. 왕실에서는 양가의 딸을 뽑고자 하였으나 양가에서는 이를 피해 조혼의 풍습이 생기기도 하였다. 따라서 양가의 딸 대신 관비官婢의 딸을 뽑아 올리게 하였으나 왕이나 왕비를 모시는 경우는 다소 예외가 있었다. 대개 먼저 입궁한 궁녀의 가까운 친척들의 소개로 들어오는 경우가 많았다.

궁녀들은 각기 소속된 처소에 따라 그리고 직분에 따라 서로 다른 명칭을 사용하였다. 가장 격이 높은 지밀상궁 등 중요한 직책의 궁녀들은 한글 · 소학 · 여사서 등 기본적인 지식을 익히고 공손히 앉고 일어서는 법, 절하는 법, 글 쓰는 법 등 궁중생활에 필요한 동작과 용어, 한글 궁체 쓰기 등을 배웠다. 이러한 수련을 거친 궁녀들 중에서는 높은 교양을 쌓은 자들도 있어 『계축일기癸丑日記』, 『인현왕후전仁顯王后傳』과 같은 궁중문학을 남기기도 하였다.

전체 궁녀 수는 제도적으로 확정되어 있지 않아 일정하지 않았다. 궁녀 수는 초기에는 많지 않았는데 후기로 내려오면서 점차 증가하는 추세를 보여 수백명 정도가 있었던 것으로 추정된다. 궁녀들은 궁중에서 일하는 대가로 지위에 따라 차등 있게 월봉과 생활필수품을 지급받았는데 액수가 고정된 것은 아니었다. 또한 국왕이나 세자의 부실副室이 되면 궁녀로서의

조선말의 제조상궁 : 모든 궁녀의 수장으로 막강한 권한을 가졌었다.

신분을 벗어나 후궁으로 승격되기도 하였다.

궁녀들은 일반적으로 하루에 당번과 비번으로 나누어 근무하였으나 시대에 따라 하루 종일 근무하거나 삼번으로 나누어 근무하였다. 또 결혼을 할 수 없었으며, 출궁하는 경우를 제외하고는 외부와의 접촉이 단절되어 불만이 많았다. 따라서 천재지변을 당했을 때에는 여원女怨을 풀어준다는 의미로 궁녀를 내보내는 관행도 있었다. 출궁된 궁녀도 혼인이 금지되었다. 특히 종친이 출궁궁녀를 첩으로 삼는 사례가 생기자 이를 금지하는 조치가 만들어지기도 하였다.

궁녀들에게는 대식對食이라고 하는 동성애가 적지 않게 이루어지고 있었다. 대식이란 '마주 대하여 기를 먹는다'는 뜻이라 한다. 세종은 궁궐 내에서 동성애를 하는 것이 발견되면 곧장 70대를 치도록 영을 내렸고, 그래도 그치지 않자 1백대로 높였다. 그러나 동성애는 없어지지 않았고, 세종대에는 세자빈 봉씨가 궁궐 여종 소쌍과 잠자리를 같이 하다가 발각되어 폐출되고, 궁녀는 처형당한 경우도 있었다.

2. 의녀

의녀는 내외법이 강화된 유교사회에서 여성들의 질병 치료를 돕던 여성들이다. 태종 6년 허도許衜의 건의로 어린소녀 수십 명을 뽑아 맥경·침구법을 가르쳐 제생원濟生院에서 질병을 치료하도록 한 것이 의녀제도의 시초였다. 내외법의 실시로 의녀의 필요성은 증가하는데 비해 의녀 공급이 따르지 못하자 점차 그 수를 늘려나갔다. 또 중앙뿐만 아니라 지방에서도 의녀가 필요하게 되자 10세 이상의 영특한 어린 소녀를 뽑아 제생원에서 교육을 시킨 뒤에 지방으로 되돌려 보내 여성들의 질병을 치료하게 하였다. 세종 17년을 전후해서는 의녀제도는 전국적인 규모로 실시되었다.

세종대에 의녀들은 1년에 두 차례 쌀을 받는 등 국가에서 일정한 보수를 받았고, 더욱 철저한 교육을 받았다. 세조대에는 제생원을 혜민국惠民局에 병합하면서, 의녀 교육을 혜민국에서 맡았으며, '의녀권징조건醫女勸懲條件'을 제정하여 학업성적에 따라 포상하고 징계하는 조처를 취하였다. 성종대에는 '의녀권과조醫女勸課條'라 하여 더 구체적이고 자세한 학습장려책을 제정하였다. 우수한 의녀에게는 월료月料를 지급하고 성적이 나쁜 자는 다모茶母로 삼았다가 성적이 좋아지면 다시 의업에 종사하게 하였다. 이러한 체계적인 교육방침에 의해 의녀들은 의학뿐만 아니라 높은 지식을 쌓아갈 수 있었다.

영조대에는 의녀를 내의녀와 혜민서 의녀로 양분하여 그 인원을 정하고, 그 장려 방법도 달리하였다. 내의녀는 궁중에 출입하며 왕비나 대비 등 왕실 여성의 질병 치료에 종사하였고, 혜민서 의녀는 일반 부녀의 질병 치료에 종사하였다. 왕실의 존귀한 여성을 치료하기 위한 내의녀 선택을 체계화시켜, 마음씨 등 인물선정에 꽤 신경을 썼다. 내의녀는 조선왕조 말기까지 제도적인 시행을 보았다.

의녀들은 여성들의 질병 치료와 함께 질병의 유무를 조사하는 임무도 띠고 있었다. 그런데 의녀의 독자적인 의료 활동은 금지되었다. 여성 환자를 직접 진찰하는 것은 의녀가 하더라도, 환자에 대한 처방은 대개 남자 의원이 맡았다. 단지 남자의원이 여성 환자의 환부를 직접 만질 수 없었기 때문에, 치통·종기 등 약으로 치료할 수 없는 질병은 의녀가 직접 치료하였고 침을 놓는 일도 직접 하였다. 이밖에 여성들의 해산을 돕는 조산원의 역할도 맡았다.

또 의녀들은 의학적 지식이 필요한 다른 임무도 맡았다. 법적으로 가려낼 수 있는 신체상의 이상 여부라든가, 여성 죄인에게 사약을 내릴 때 그 임무를 맡기도 했다. 또한 형사 역할도 하였는데 사대부 집안의 사치스러운 혼수가 폐단이 되자 이를 조사하는 일도 맡았으며, 궁중이나 사대부 집안의 여성에 관한 범죄를 수색하고 죄인을 체포하기도 하였다.

의녀들은 나름대로 전문직 여성이라 할 수 있지만 신분은 천인인 관비나 기생의 딸들이 많았다. 따라서 연산군대에는 각종 연회에 동원되어 여악女樂을 하였는데 이로 인해 이후에는 궁궐 내의 크고 작은 잔치 때 화관을 쓰고 춤을 추는 무희로 변신하기도 하였다. 이들은 흔히 약방기생이라 불리는 기녀 역할을 겸하는 경우도 있었다.

3. 기녀

기녀는 가무나 기예를 익혀서 나라에서 필요로 할 때 봉사하던 여성들이다. 기녀는 신분상으로는 천인이고, 관비官婢에 속했으므로 남녀의 접촉을 금하는 유교 사회에서 남성들과 접촉하며 잔치에서 흥을 돋우고 위안하는 역할을 하였다. 조선왕조에서는 궁중내의 잔치와 외국사절을 환영하는 잔치에 필요한 여악女樂의 담당자로서 기녀를 두었다. 그러나 궁궐 내의 여악 외에도 지방 관청에도 관기를 두어 가무나 기예뿐만 아니라 지방관의 수청을 들게 하였다. 또 기녀들은 시대가 내려올수록 사대부나 변경지방 군사들의 위안부 역할도 하였다.

따라서 기녀를 폐지하자는 논의가 여러 번 있었으나 폐지되지 않았다. 오히려 시대가 내려올수록 기녀의 수는 더욱 증가하였다. 연산군대는 흥청·광희 등 기녀청을 두어 전국에서 어린 소

신윤복의 연못가의 가야금 (청금상련) : 양반들과 여흥을 즐기는 기생들

녀들을 뽑아 올렸고 그들을 유지하기 위해 각종 공물의 수탈이 심해져서 농민들이 큰 피해를 입었다.

　기녀에게는 기둥서방이라 불리는 기부妓夫가 있었다. 기부는 대체로 기녀의 의식주를 주선하면서 동거생활을 하고 있었다. 기부들이 거느린 기녀는 국가에서 주어진 임무를 다하고 기예만을 팔았으며 매음 등은 하지 않았다. 매음은 사창에 해당하는 유녀遊女들이 주로 하였다. 기부의 신분은 대체로 천인이었으나 시대가 내려오면서 각 전殿의 별감, 포도청의 군관, 궁가의 청지기, 무사 등으로 한정되었다.

　기녀는 국왕을 비롯해 연회에서 흥을 돋우기 위해서는 이들의 관심을 끌만한 특기가 필요했으므로 자신의 소질에 맞는 특기를 꾸준히 살려나갔다. 시가詩歌나 서화, 악기나 가무에 능하거나, 또는 재치있는 말씨나 유머를 잘하여 명성을 남겼다. 특히 미모에 여러 가지 특기를 겸비한 기녀는 명기로서 이름을 떨치기도 하였다. 기녀 가운데는 논개와 같이 충절로 이름을 남긴 기녀, 만향과 같이 부모를 극진히 봉양한 효녀, 홍낭·춘절·유지 등과 같이 인연을 맺은 한 남자를 위해 수절하여 절개를 지킨 기녀, 남자를 패가망신하게 만들고 조롱하고 기만하는 기녀들도 많이 있었다.

기녀의 종류와 등급도 세분화되어 갔는데 고종대에 오면 상류사회의 연회에 참석하였던 기생인 1패一牌, 기생출신으로 남몰래 매춘한다고 하는 은근자殷勤者인 2패, 매춘 자체가 직업인 탑앙모리搭仰謀利라고 불리는 3패로 구별되기도 하였다.

4. 무녀

무녀는 만신을 섬기는 일에 종사하여 굿을 전문으로 하는 여성으로 무당이라고도 한다. 무당은 인간의 소망을 신에게 고하고, 신의 의사를 탐지하여 이를 인간에게 계시해 주는 영매자 역할을 한다.

조선시대에는 중앙과 지방에 모두 무녀가 있었는데 궁중에 출입할 수 있는 무녀를 '국무國巫' 또는 '국무녀國巫女', '국무당國巫堂'이라고 불렀고, 주읍의 주무主巫를 '내무녀內巫女' 혹은 '내무당內巫堂'이라고 하였다. 국무는 중앙의 성숙청星宿廳에 소속되어 있으면서, 그 아래 많은 무녀를 거느리고 국가나 왕실의 무속 행사에 동원되었다. 성숙청에 소속된 무녀들은 주로 기우제 등에 빈번하게 동원되었고, 국왕이나 왕실 가족의 병을 물리치기 위해서 고사를 지내거나 복을 빌기 위해서도 동원되었다. 이들

신윤복의 굿 (무녀신무) : 홍철릭을 입은 무당이 춤을 추고 있다.

은 궁중을 출입하면서 많은 영향력을 행사하기도 하였다. 무녀
는 신분상 천인 계층에 속해 그 자식이 관원이 될 수 없었지만,
왕실 내에서 신임을 받게 되면 부귀영화를 누릴 수 있었다.

그러나 유교사회에서 대부분의 무녀는 천대를 받는 존재였다.
세종대에는 도성 내의 무녀들을 성 밖으로 축출하였고, 또 무녀
가 중심이 되어 행해지던 야제野祭와 산천·성황에서의 제사를
금지하였다. 그러나 조선왕조 말기까지 사실상 무녀의 성안 거
주가 가능하였는데 그것은 신앙적인 면에서 많은 사람들이 무속
에 의존하였고 국가나 개인이나 큰 일이 있을 때는 그들을 찾는
경우가 많았기 때문이다. 특히 전염병이 돌 때 행해지던 무녀의
주술적인 치료 활동은 그의 활동을 금지하지 못한 이유 중의 하
나가 되었다. 국가에서는 무녀의 존재는 인정하되, 무녀로 인해
파생되는 사회적 물의를 최소한으로 줄이기 위해 노력하였다.

국무國巫를 제외한 무녀를 모두 동서활인원東西活人院에 소속시
켜 병든 사람을 치료하게 하였다.

무녀들은 무속을 통해 많은 재물을 모을 수 있었고, 그 수도 전
국적으로 매우 많았다. 『목민심서』에 「세 집이 있는 마을에도 모
두 무녀가 있다」고 할 만큼 무녀는 민간에 고루 퍼져 있었다. 무
녀들은 무속행사를 통하여 사람들의 재물을 빼앗아 치부하는 경
우도 자주 있어 폐단이 되기도 하였다.

IV. 조선시대 여성 규제 방식과 생활상

1. 일상생활 속의 여성규제

조선시대 여성들은 생활 가운데 많은 규제를 받아왔지만 그 가
운데 가장 대표적인 것은 사족 부녀자의 사찰출입 금지, 잡신들
에 대한 사신祀神행위 금지, 여성의 복장 규제, 남녀간의 접촉 금
지(內外法) 등이다. 이것은 서로 긴밀한 유기적 관계를 가지고
있는 규제사항으로 위정자들이 지향했던 유교적 윤리규범의 확
립을 위한 조치들이었다. 세종대를 중심으로 여성들의 생활규제
가 적극적으로 시행되었는데 여성들이 쉽게 적응하지 못하자 위
반시 처벌하기도 하였다.

성종대 『경국대전』에는 "사족녀로서 산간수곡山間水曲에서 유
연遊宴하는 자 및 야제자野祭者는 장100에 처한다"고 하였다. 이
것으로 보아 이전에는 서울과 지방의 사족 여성들 사이에서도 꽃
놀이나 야외놀이가 성행했던 것 같다. 그리고 불교 사회였던 고
려의 영향으로 조선 초기에는 여성들이 사찰에 가는 경우가 빈번
하였고, 또 가신을 비롯한 만신을 숭배하는 경우가 많았다. 그러

나 이러한 풍속들이 유교적 국가 정책에 의해 금지되어 갔다.

내외법은 정절사상의 첫걸음으로써 남녀간의 접촉을 철저하게 제한하는 조처였다. 세종대의 『경제육전經濟六典』에 의하면 양반 부녀가 만날 수 있는 범위는 '친정편으로 부모와 친형제자매, 친백부모와 숙부모 및 고모, 친외삼촌과 이모까지' 즉 3촌까지였다. 왕실이나 종실일 경우에도 그 제한이 엄격했다. 엄격한 내외법은 당연히 여성의 외출제한으로 이어졌다.

또 내외법의 실시로 하층 여성들을 제외한 여성들은 얼굴가리개를 쓰고 다녔다. 여성들은 너울 외에 개두, 몽두리蒙頭里 등을 써야 했고, 한말 개화기 무렵에는 쓰개치마를 써야 했다. 그것도 신분에 따라 모양에 차이가 있어 양반여성들은 주로 장옷을, 평민 여성은 쓰개치마를 썼다. 또 양반부녀들은 외출할 때 가마나 말을 탔는데 얼굴을 들어내고 걸어가는 것이 금지되었기 때문이다. 말을 탈 때에도 얼굴을 가려야 했다. 그 외에 기녀들이 외출할 때에도 가마나 말을 이용하였고, 궁녀가 왕의 거동 때나 국혼 때 전후좌우에서 시위하고 갈 때 타기도 했다. 또한 내외법의 실시로 집의 구조도 점점 바뀌어 여성의 공간인 안채와 남성의 공간인 사랑채가 담장으로 분리되어 독립적인 공간으로 구별되었다.

성리학자들에게 여성의 대외활동은 부정적이었다. 대신 현모양처를 이상적인 여성상으로 설정하고 이러한 내용을 중심으로 한 여성교훈서를 편찬·보급하였다. 『삼강행실도三綱行實圖』를 편찬한 것이나 『내훈』을 펴낸 것도 이러한 정책의 산물이었다. 이 외에 사대부들도 『여사서女四書』, 『사소절士小節』 등 여러 여성교훈서를 만들어 딸과 며느리들에게 여성의 정절 및 출가 후 시부모와 남편을 섬기는 도리, 형제 친척과 화목하게 지내는 도리 등을 교육하였다.

열녀문 : 조선시대 여성에게 주어진 가장 큰 명예의 전당이었다.

정절을 지킨 여성에게 주어진 열녀문은 양반에게는 가문의 영
광을 만들어 주었고, 양인에게는 과중한 역을 면제받게 했으며,
천인에게는 면천免賤의 기회로 작용하였다. 이렇게 되면서 여성
에게 지나친 정절과 효도가 강요되었다. 열녀의 기준을 국가에
서 공식적으로 정하지는 않았지만 다양한 유형에 따라 열녀로 포
상되었다. 또 왜란과 호란을 겪고 난 조선후기에는 열녀에 대한
관념이 극단적으로 나타나 남편이 죽으면 따라 죽는 경우도 많아
졌다.

2. 혼인제도의 변화와 여성의 지위

조선시대의 결혼은 위로는 조상을 받들고 아래로는 후사를 잇
기 위한 것이었다. 혼인은 결혼 당사자가 아니라 혼주 즉 가장에
의해 결정이 이루어졌고, 이성의 결합이라기보다는 두 가문의 결
합을 통해 가문을 높이는 계기로 인식되었다.

우리나라의 혼인 풍속은 오랫동안 남귀여가혼男歸女家婚 혹은

김홍도의 신행 : 신부가 말을 타고 얼굴을 가린채 시댁으로 가고 있다.

솔서혼率壻婚으로 불리우는 것으로 신랑이 신부집으로 '장가' 드
는 형태의 혼인이 이루어져 왔다. 이것은 신랑이 신부의 집에서
혼례를 올린 후 바로 자기 집으로 돌아가지 않고 1년 혹은 그 이
상을 처가에서 머무는 혼인 방식이다. 남귀여가혼은 자녀들이
외가에서 성장할 수 있는 기회를 줌으로써 부계중심의 친족결합
에 방해가 되었고, 또 상대적으로 여성들은 친정에 머물기 때문
에 그 권한이 커질 수 있었다.

따라서 가부장중심의 종법宗法을 실시하고자 하는 지배층은
여자가 남자의 집으로 시집을 가는 혼인형태인 친영제親迎制를
실시해야 한다고 주장하였다. 정도전은 당시 여성들이 남귀여가

혼 때문에 남편에 대해 교만한 자세를 갖는다고 비판하며, 친영 제도로 바꾸어야 한다고 강하게 주장하였다. 왕실에서는 먼저 친영의 모범을 보여 일반인이 이를 따르게 하였다. 세종은 파원군 윤평과 숙신옹주와의 혼인을 친영의식으로 거행하였다. 그러나 사대부들조차 쉽게 친영례를 행하고자 하는 사람은 많지 않았다.

친영례가 조선사회의 혼인제도에 영향을 미치기 시작하는 것은 명종대였다. '반친영半親迎'이라는 이름으로 이전의 혼인제도와 절충되었는데 이것은 혼례는 여전히 여자집에서 하되 혼례 후 여자집에 머무는 기간을 대폭 줄여 2~3일로 하는 것이었다. 그리고 이후 친영제도가 조선사회에 완전하게 뿌리내리게 되는 것은 조선후기에 이르러서였다. 그러면서 '겉보리 서 말만 있어도 처가살이는 안한다'거나 '처가와 뒷간은 멀수록 좋다'는 등 여자 집을 멀리 할 것을 강조하는 말들이 생겨났다.

한편 조선시대에는 과부재가가 금지되어 갔다. 성종 이전에는 재혼이 그다지 문제가 되지 않아 태종은 '처 없는 남자와 남편 없는 여자가 서로 혼인하려는 것을 왜 문책해야 하느냐'라고 하였고, 세조대까지도 여성이 세 번 결혼하는 것이 문제가 되었지 재혼은 별 문제가 없었다. 그러나 유교사회가 정착되고 심화되어 가는 성종대에 이르면 '충신은 두 임금을 섬기지 않고 열녀는 두 남편을 섬기지 않는다.'라는 논리에 의해 여성의 재혼이 문제가 되었다. 당시 논의에 참가했던 대부분의 사람들은 여자들의 재혼을 모두 금지하는 것은 너무 가혹하니 가난하고 의지할 데 없는 청상과부의 재혼은 인정해주자고 하였다. 그러나 성종은 '배고파 죽는 것은 작은 일이요, 절개를 잃는 것은 큰일이다'라고 주장하는 극소수의 의견을 채택하였다. 결국 『경국대전』에 「재가하거나 실절失節한 부녀의 아들 및 손자·서얼 자손은 문과

생원·진사시에 응시하지 못한다.」라고 하는 '재가녀자손금고
법'이 제정되었다. 이것은 두 번 이상 시집간 여자의 자손은 관
직 등용에서 불이익을 받도록 한 법으로 '자식의 출세'를 담보로
여성의 재가를 금지한 것이다.

이후 이 법은 확대되어 재혼 여성을 아내로 받아들인 자, 여성
의 재혼을 주선한 자까지도 처벌대상이 되면서 모든 양반 가문은
자신의 가문이 벼슬을 못하고 신분이 추락하는 것을 막기 위해
여성들에게 수절을 강요하였다. 과부재가금지법은 1894년 갑오
개혁 이전까지 여성들을 억압하는 악법으로 존재하였다.

이외에도 문란한 행실을 한 여성은 자녀안恣女案에 올려 자손
들의 관직 진출을 막았다. 죄과를 당사자가 아닌 자손에게 돌리
는 방법은 여자 스스로 일탈할 수 없게 만들 뿐 아니라 죄를 대신
받지 않기 위해 여자의 가족이 서로 감시자가 되어 여성의 행동
을 통제하게 되므로 정책의 효율성을 극대화할 수 있었다. 국가
는 문란한 여성에 대해 직접적인 통제를 행사하지 않아도 가족단
위로 자체적으로 여성을 통제할 수 있는 고도의 가족정책을 이용
하여 여성의 정절을 강요할 수 있었다.

혼인과 마찬가지로 이혼도 가부장적 가족제도를 유지하기 위
해 이루어졌다. 이혼의 경우는 남편의 요구에 의해서만 가능하
였다. 여성들은 칠거지악七去之惡과 삼종지도三從之道 등의 의식
교육을 통해 자신의 의지와 판단으로 이혼할 수 없게 되었다. 칠
거지악이란 시부모를 잘 모시지 못하는 경우, 아들을 낳지 못한
경우, 음란(간통), 질투, 나쁜 병, 도둑질, 수다 등으로 아내를 쫓
아낼 수 있는 7가지 명분을 제시한 것이다. 그러나 자세히 살펴
보면 이 가운데 대부분은 상당히 강제적이고 가부장적인 조치
라 할 수 있다. 반면에 삼불거三不去는 이혼을 막는 법으로 처가
쫓겨나면 돌아 갈 곳이 없는 경우, 부모의 3년 상을 같이 치른 경

우, 가난할 때 시집와서 뒤에 부유하게 된 경우 처를 버리지 못하도록 하는 것을 말한다.

농업사회에서 이혼하는 여성들이 많아질 경우 그것은 커다란 사회적인 문제가 될 수밖에 없다. 사회로 나온 여성을 수용할 공간이 없기 때문이다. 따라서 국가는 여성들의 이혼을 쉽게 허락하지 않았다. 여성들은 부당한 경우를 당할 때에도 참을 수밖에 없었다. 따라서 여성들에게 인내심을 키우기 위해 교육했던 부분이 삼종지도다. 삼종지도란 어려서는 아버지를, 결혼하면 남편을, 남편이 죽으면 아들을 따르는 것이 여성의 도리라 하여 철저하게 남성의 뜻에 순종하는 여성의 삶을 강조한 것이다.

조선시대에는 처첩의 구분이 엄격하였다. 여성은 정처일 경우 국가로부터 그 지위를 보장 받았다. 국가는 특별한 경우가 아닌 이상 본처와의 이혼을 원칙적으로 금하였고, 본처와 첩의 자리를 뒤바꾸는 일을 허용하지 않았다. 또 첩을 두고 본처를 소박했을 때는 관인의 경우 파면하고 유배시켜 처를 내쫓았을 때보다 중형으로 다스리기도 하였다. 그러나 국가는 축첩제를 허용하였고 남성들이 첩을 두는 것을 금지하지 않았다.

3. 여성 생활의 이모저모

조선시대에는 종법의 발달로 인해 아들 중심의 가계계승과 제사상속이 이어지자 아들을 낳지 못하는 여성들의 지위는 불안했다. 뿐만 아니라 사회활동이 금지된 여성들은 아들과 손자들의 성공을 통해 성취욕을 충족할 수밖에 없었다. 아들이야 말로 가정 내에서의 여성의 지위를 보장해 주는 유일한 존재였다. 따라서 조선시대에는 기자신앙祈子信仰이 발달하였다. 아이를 갖기 위한 노력, 특히 아들을 바라는 노력이 하나의 신앙처럼 굳어진 것이 기자신앙이다. 이처럼 아들을 낳으려고 한 가장 큰 원인은 '가계계승'과 '제사' 때문이었다. 아들이란 가계를 계승하는 존재이기 때문에 아들을 낳는 것이야 말로 효의 기본이요 조상에 대한 의무라 여겨졌다. 따라서 아들을 낳기 위한 온갖 노력들이 이루어졌다. 이는 17세기를 전후하여 철저한 남성위주의 가부장적 질서가 정착되면서 더욱 심해졌다. 아

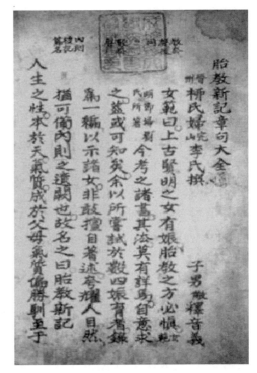

사주당 이씨의 태교신기 : 여성이 아이를 가졌을 때 해야 할 태교에 관한 내용을 기록하고 있다.

들은 집안의 대를 잇고 제사를 모시는 데 꼭 필요한 존재로 중시된 반면 딸은 이 모든 것에서 제외된 채 '출가외인'이 되어갔다.

이에 따라 여성들에게 주어졌던 성교육은 바로 아들을 낳기 위한 여러 가지 비방과 금기를 배우는 것이었다. 아들을 낳지 못할 때 그 책임은 대개 여자 쪽으로 돌려졌으며 여성들은 그것을 면하기 위해 온갖 행위를 해서라도 아들을 낳아야 할 필요가 있었다. 따라서 딸을 낳으면 실망할 수밖에 없었고 딸만 낳은 며느리는 죄인 취급을 당하였다.

한편 조선시대에는 신분에 따라 복식에도 차이가 있었다. 양반

여성의 치마는 폭이 넓고 길이도 땅에 닿을 정도로 길었으며, 치마 아랫단에 금박을 찍거나 글자나 꽃무늬를 찍은 '스란' 단을 붙여 화려하게 입었다. 그러나 양인이나 천인여성은 황색·자색·홍색 등의 옷을 입지 못하였고, 삼회장저고리도 입을 수 없었다. 치마는 무늬가 없는 민치마를 입었으며 일할 때에는 편하도록 치마를 걷어 올리고 허리띠를 맸다. 천민 여성은 폭이 좁고 속바지가 앞무릎까지 노출될 정도로 길이가 짧은 '두루치'를 입었다. 특히 백정 여성은 치맛단에 검정색 천을 대어 그 신분을 나타내게 하였다.

신윤복의 미인도 : 가채를 하고 짧은 저고리에 풍성한 치마를 입고 있다.

저고리 길이가 짧아지고 치마가 풍성해지는 여성복의 형태는 조선시대 기녀의 옷차림에서 비롯되었다. 기방을 드나들던 양반 남성들이 이것을 선호하여 처와 첩 등에게 권하게 됨으로써 양반 여성들 사이에서도 유행하게 된 것으로 보인다. 남성복의 경우 평민들이 양반 옷을 모방하는 상향적인 추세를 보였던 것과 달리 여성복은 양반 여성들까지 하층 신분인 기녀의 옷을 모방했다는 점에서 대조를 이룬다. 섹슈얼리티를 나타내고자 하는 마음은 양반여성이나 기녀나 마찬가지였던 모양이다.

조선시대의 여성들도 화장을 했으며 머리장식도 매우 발달하였다. 부녀자들 사이에는 얹은머리인 가체加髢가 성행하였다. 특히 가체의 값은 매우 비싸서 실학자들로부터 사치가 극에 달했다는 비판을 받기도 했다. 또 가체를 한 13살의 신부가 시집간 첫날에 시부모에게 문안인사를 하고 일어서다 목뼈가 부러지는 일까지 생겼다한다. 이에 영조대에는 국가에서 가체금지령을 내리고 족두리를 대신하게 하였다.

한편 젖먹이를 가진 여성들이 가슴을 저고리 밖으로 드러내고 다니는 특이한 옷차림도 있었다. 이러한 옷차림은 양반여성들보다는 양인이하 천인여성들 사이에서 유행했던 것으로 보이는데 언제부터 시작되었는지 그 시기는 정확하지 않다. 이것은 아들 선호의식과 관련된 것으로 보인다. 여성들은 아들을 낳으면 자랑스럽게 젖을 물리게 되었고, 나아가 젖가슴을 당당하게 드러내는 것이 하나의 풍속으로 자리 잡게 된 것으로 보인다. 즉 아들을 낳아 여성으로서 할일을 다하고 있다는 자긍심이 가슴을 드러내는 옷차림으로 나타난 것이라 하겠다.

판소리란 무엇인가

유영대 고려대

판소리란 무엇인가

　판소리는 조선 후기에 산출된 민중 예술의 하나로, 민중의 삶을 구체적으로 반영시켜 노래한 서민 예술이다. 조선 후기의 민중 회화가 사실주의적 기풍을 지녔던 것과 마찬가지로 판소리도 역시 사설과 창곡뿐만 아니라 지향한 정신까지 사실적이었다.

　판소리는 광대가 마당이나 공연장에 돗자리만 펼치고, 무대 장치도 없는 데서 고수의 북 반주로 서너 시간 정도 걸리는 긴 이야기를, 몸짓을 섞어 가며 흥미롭게 노래하는 판의 예술이다. 연행하는 형태로 보자면 음악극이기도 하고, 담고 있는 내용으로 보자면 재미난 서사극이기도 하다. 이른바 '판'에서 이루어지는 종합 예술의 형태가 바로 판소리인 것이다.

　광대는 오른 손에 부채를 들고 소리를 하는데, 잘 들어보면 노래로 하는 부분과 말로 하는 부분이 교차되어 나타난다. 노래로 부르는 부분을 '창唱'이라 하고, 말로 하는 부분을 '아니리'라고 한다. 또 광대는 서서 노래만 하는 것이 아니고, 연극적 동작도 하는데, 이를 '발림', 혹은 '너름새'라고 한다. 고수는 북을 쳐서 반주하면서, 소리 중간 중간에 '얼씨구', '좋다' 따위의 추임새를 연발한다.

　판소리는 애초에 '소리'라는 범칭과, 타령打令, 잡가雜歌, 광대소리, 극가劇歌, 창극조唱劇調 등의 용어로 불렸다. 판소리라는 명칭은 20세기 초반의 신문에 널리 퍼져 사용되었고, 정노식의 〈조

모흥갑 판소리도 : 평양감사 연희도

선창극사〉에도 창극과 판소리를 정식 용어로 사용하고 있다.
'판소리' 라는 용어는 '판' 과 '소리' 두 단어의 결합으로 이루어
진 합성어이다. '판' 은 장면이나 무대 또는 여러 사람이 모인 공
간을 뜻한다. 유흥을 위하여 마련된 이 공간을 우리는 '놀이판'
이라고 부른다. 놀이판에서는 여러 종류의 놀이가 벌어진다. 전
통 사회에서는 유랑 예능인들이 놀이판을 마련하고 땅재주나 줄
타기 등의 곡예를 공연했다. 그들이 공연한 무대를 '굿판' 이라
하며, 또한 이 굿판에서 벌인 여러 예술 형태를 묶어서 '판굿' 혹
은 '판놀음' 이라 불렀다. 판소리는 전통 사회에서 예능인들이
벌인 놀이판에서 청중을 대상으로 부르는 소리라는 의미가 강하

다. 따라서 판소리는 판놀음의 여러 레퍼토리 가운데 하나였던 것으로 이해할 수 있다. 명창들이 개인 집 안마당이나 고을 관아 또는 궁중의 정원 등 많은 사람들이 모일 수 있는 곳에서, 긴 이야기를 노래로 부른 판소리의 가창 방식을 주목할 필요가 있다.

'판을 짜다'라는 말에서 알 수 있듯, 판소리는 긴 노래의 사설과 악조樂調를 배합한 하나의 완결된 형태, 즉 판으로 짜서 부르는 노래라는 의미로 다시 이해할 필요가 있다. 판창板唱

유가 : 장원급제 행렬도

이 일정한 장단을 가진 악조로 부르는 노래라는, 동아시아권에는 흔히 있던 일반적 구송 예술을 지칭하는 개념으로 쓰인다면, 판소리는 판에 꽉 짜서 부르는 구체적인 우리 노래라는 의미가 된다. '판에 박히다'라는 표현에서 알 수 있듯이 판소리는 일정한 줄거리의 이야기를 '일정한 상투적 양식에 따라 부르는 소리'라는 의미가 있다. 그러나 공연 현장에서 명창은 관중과 호흡을 맞추는 과정에서 원래 짜여진 판과는 다른 방식으로 변화된 소리를 부르기도 한다.

판소리는 일제 때 이르러 창극이라는 포괄적이고 의미하는 바가 다양한 용어로도 불렸다. 창극은 판소리를 무대 상황에 맞게 연극으로 바꾼 것으로, 20세기 초반에 분창, 혹은 입체창의 형태를 거쳐 이뤄낸 것이기도 하다. 이 때문에 판소리와 창극은 그 의미하는 바가 다르면서도 혼용되었던 것으로 보인다. 창극은 또한 판소리의 연극적 판짜기라고도 부를 만하다. 송만갑이 판소리 창자를 극창가劇唱家라고 부르기도 했는데, 이는 판소리 창자가 노래부르면서 연극적 동작도 보여준다는 뜻으로 이해할

『소설춘향전』구활자본

수 있다.

판소리 창자를 지칭하는 용어로 가장 전통적인 것은 '판소리 광대'이다. 이들은 작품의 문학적 이해와 그에 근거한 음악적 표현 기술을 동시에 갖추고 있었다. 그러므로 광대는 전통 사회의 예술인으로서 음유 시인이자, 작곡가이며, 가수라 할 수 있다.

판소리 창자는 우선 훌륭한 가수로서 좋은 목과 오랜 훈련을 통하여 완성한 성음을 구사해야 한다. '득음得音'은 판소리에서 필요로 하는 음색과 여러 가지 발성의 기교를 습득하는 것을 가리킨다. 판소리는 쉬어서 거친 듯 하고 탁한 목소리를 구사하여 연행한다. 그러나 탁하면서도 맑아야하고, 거칠면서도 부드러운 소리를 지향한다. 제대로 구사된 소리를 '곰삭았다'고 말한다. 판소리는 목소리를 표현 매체로 사용하는 예술이기 때문에, 목소리의 특징을 설명하는 '목', '성음聲音' 등의 용어로 소리의 특징과 완성도를 규명하고 있다.

'성음'은 명창이 내는 소리의 특질을 해명하는 용어로, '통성', '수리성', '천구성', '떡목' 같이 등급과 완성도를 표상하고 있다. '통성'은 뱃속에서 바로 위로 뽑아 내는 호방한 소리를 말하며, '수리성'은 쉰 목소리와 같이 껄껄하게 나오는 소리를 의미한다. '천구성'은 거칠고도 맑으면서 높은 음역으로 내는 슬픈 선율의 소리를 말하며, 가장 좋은 '성음'으로 친다. 그리고 '떡목'은 텁텁하고 얼붙어서 별 조화를 내지 못 하는 목소리를 의미한다. 이밖에도 '양성', '노랑목', '귀곡성' 등과 같이 소리의 특징을 규정해주는 용어가 많이 있다.

판소리 창자는 일종의 배우로서 소리뿐 아니라 몸짓을 통해서도 판소리를 구연한다. 광대가 소리를 하면서 보여주는 몸짓이나 연기를 '너름새'와 '발림'이라고 말한다. 이 너름새는 광대들이 자기가 부르고 있는 사설이 나타내고 있는 장면을 춤이나 동작으로 보여줌으로써 관중의 이해를 돕는 몸짓이다. 부채를 펴서 박을 타는 흉내를 내거나, 부채를 떨어뜨려 심청이 인당수에 빠지는 비양을 하듯, 너름새는 상징화되고 양식화된 방법을 사용한다. 너름새는 사설이 지향하는 분위기나 의미를 사실적으로 표현하는 한도 안에서만 이루어져야 하는 것이지 과장되어서는 아니 된다. 신재효는 그의 〈광대가〉에서 광대가 갖춰야 할 요건으로 '인물치레', '사설치레', '득음', '너름새'의 네 가지 덕목을 꼽고, 그 가운데서도 순식간에 천태만상을 보여주기 위하여 '너름새'를 개발해야 한다고 말했다.

명창들은 음악가이자 배우이고, 연출가의 역할을 동시에 수행한, 판짜기의 명수들이라 할 수 있다. 우리가 문학 작품의 작가에 관한 검토를 '작가론'이라는 분야에서 다루듯 이들 명창들의 계통과 소리의 특징 등을 종합적으로 검토하는 '광대론'이 활성화될 필요가 있다. 예컨대 '정정렬론', '송만갑론', '임방울론' 등이 가능하고도 필요하다.

이 밖에 판소리 창자를 표현하는 용어로는 '명창名唱', '국창國唱', '광대廣大', '대광大廣', '가왕歌王' 등의 표현이 있다. 광대는 대체로 무속 등 전통적인 예인 집단에서 충원되었고, 세습적인 경우가 대부분이었다. 그런데 세습 집단이 아닌 곳에서 충원되는 경우도 있었다. '비가비 광대'는 전통적인 예인 집단이 아니라 양반층에서 충원된 광대를 특별히 지칭하는 말이다. 양반 출신이면서 명창이 된 권삼득 같은 경우가 대표적인 예라 하겠다. 그리고 창하는 솜씨는 뛰어나지 않으나 재담 등으로 판을 휘어잡는 솜씨가 뛰어난 명창을 '아니리 광대'라고 부르기도 한다.

광대는 오랜 시간 연창하는 서사적인 내용의 판소리를 부르기에 앞서 짤막한 서정적인 노래를 부르는데, 이 노래가 단가短歌이

다. 단가는 허두가虛頭歌, 초두가初頭歌, 영산靈山 등으로 불리기
도 하는데, 광대들이 긴 내용의 서사적 내용을 가진 판소리를 부
르기 전에 목을 풀기 위하여 부르는 소리이다. 단가를 부르면서
광대는 목의 건강 상태를 점검하고, 고수와 호흡을 조절하며, 청
중의 분위기나 수준을 포착하는 것이다. 단가는 대체로 중모리
장단에 우조로 짜여져 있다. 현재까지 전하고 있는 단가는 40여
가지가 되는데, 이 가운데 〈진국명산〉, 〈죽장망혜〉, 〈편시춘〉,
〈적벽부〉, 〈사철가〉, 〈백발가〉, 〈이산저산〉, 〈호남가〉 등이 자주
불린다.

　짤막한 허두가를 부르고 난 다음, 광대는 본격적인 판소리를
말로 하는 대목과 노래로 하는 대목을 서로 교체해 가면서 순차
적으로 구연한다. 말로 하는 것을 '아니리'라고 하고 창으로 하
는 부분은 '소리'라고 하는데, 판소리는 아니리와 소리를 서로
교차하여 부르면서 극적인 내용을 고조시키기도 하고 풀어주기
도 하는 연출 방식으로 노래한다. 단순화시켜 말하면 판소리는
아니리+소리+아니리+소리+아니리+소리의 연속으로 이루어진
서사시라 할 수 있다. 무엇보다도 아니리는 소리와 소리 사이에
평탄한 말로 이야기의 줄거리를 요약해주면서 광대 스스로는 목
을 쉬기도 하며, 소리를 들을 때의 긴장된 분위기를 이완시켜주
기도 한다. 아니리를 하면서 광대는 지금 막 들었던 노래에서 지
녔을 법한 청중의 긴장을 풀어주면서 스스로는 숨을 돌려 다음의
소리를 대비하는 기능을 한다.

　소리는 장단이 있기 때문에 고수가 장단에 맞춰서 북을 친다.
그런데 소리 가운데는 장단은 그대로 달아두면서 말로 하는 부분
이 있다. 이 부분을 도섭이라고 부른다. 도섭은 아니리하는 도중
에 장단없이 소리하는 대목을 이르기도 하는 말이다. 창 속에 들
어 있는 말로 하는 부분이나, 아니리 속에 포함되어 노래처럼 창

조로 부르는 대목을 '도섭'이라고 한다.

판소리가 성립되면서 성장하던 19세기 초반까지, 판소리 공연은 지금처럼 완창할 경우 보통 서너 시간 정도가 걸리는 긴 작품은 아니었다. 시간이 지나면서 줄거리가 확장되고 더늠이 늘어나면서 아주 긴 노래가 되었다. 그러나 한판을 완창하는 데는 시간이 지나치게 오래 걸리기 때문에, 한 작품 전체가 한 자리에서 공연되는 경우는 드물었으며, 나중에 19세기에 이르러 판소리가 양반층의 애호물이 되면서 전판이 공연되는 경우가 생겨났다. 방만춘이나 주덕기 같은 명창이 밤을 새워가면서 〈적벽가〉를 완창했다는 기록이 그것이다.

판소리는 연행되는 형식에 따라 전체 내용이 완창되는 경우도 있고, 한 대목만을 따로 떼어서 부르기도 한다. 한 대목의 판소리가 불리는 것을 '토막 소리'라고 하며, 완창되는 소리 전판을 '바탕 소리'라고 부른다. 일제 때 많은 명창들이 유성기 음반으로 소리를 박아 넣었는데, 이때는 소리가 음반의 규격에 맞게 짜여져서 보통 3분 정도의 토막 소리로 규격화되기도 하였다. 예컨대 일제 때 명창인 임방울이 부른 〈쑥대머리〉는 유명한 토막 소리이다.

판소리는 사설에 악곡과 장단을 배합하여 짜 맞춘 형식으로 이루어져 있다. 내용으로 보면 연극적인 성격이 강한 문학 작품이지만, 다른 한편으로 보자면 노래극이기도 하다. 판소리는 각각의 사설들이 있고, 이 사설의 의미에 부합하는 악곡과 장단을 짜 넣어서 완성한 음악극의 형식이다. 판소리의 사설은 일정한 장단과 악상에 따라서 그 정서가 결정된다. 보통 슬픈 내용의 사설은 느린 장단에 슬픈 악상으로 결합하고 있으나, 어떤 사설이 빠른 장단에 슬픈 악상으로 결합되어 있다면 그 슬픔의 정도가 훨씬 강화될 것이다. 실제로 판소리 사설에 장단과 악상이 결합하

김준권 판소리도-1

김준권 판소리도-2

는 양상을 보면 아주 다채로우며, 사설을 그런 방식으로 곡을 붙인 의미까지도 따져볼 수 있다.

서양음악의 장조는 기쁘고, 씩씩하고, 남성적인 악상을 주고, 단조는 슬프고, 어둡고, 여성적인 느낌을 주듯이 판소리의 조에도 우조와 평조, 그리고 계면조가 있다. 악상에는 슬픈 가락과 즐거운 가락이 있고, 장단에는 느린 장단과 빠른 장단이 있어서, 이 둘의 결합 방식에 따라 흥겨운 느낌이나 장중한 느낌, 슬픈 느낌 등이 강화되기 마련이다. 소리의 각 대목은 소리결의 미의식이나 지향에 따라 우조, 평조, 계면조 등의 정서로 구분된다. 이들의 특징을 살펴보기로 하자.

우조羽調 : 맑고, 씩씩하고, 거세다. 가곡, 시조와 같은 정악의 가락을 판소리에 응용한 것으로 웅장하고 씩씩한 느낌을 주기 때문에 장엄한 장면, 남성다운 장면, 영웅적인 인물의 호탕하고 씩씩한 기상을 표현하는 장면에서 적용되는 방식이다. 〈춘향가〉 중 「적성가」와 〈심청가〉 중 「장승상 부 인」 대목이 우조로 노래된다.

평조平調 : 평조의 성률은 정대하고 화평하다. 슬프되 편안하고, 웅심하며 화평하다. 가곡과 시조의 가락을 판소리에 응용한 것으로, 명랑하고 화창한 느낌을 주기 때문에, 기쁜 장면, 영웅적 인물의 유유한 거동, 흥겹고 화평한 분위기를 보여주는 장면에 주로 쓰인다. 〈춘향가〉의 「기산영수」 같은 대목을 들 수 있다.

계면조界面調 : 매우 슬프게 흐느낀다. 판소리의 가장 기본이 되는 조로서, 〈육자배기〉나 〈흥타령〉같은 전라도 민요의 가락을 판소리에 적용한 것이다. 슬프고 부드러운 느낌을 주기 때문에, 애절히 탄식하는 장면, 슬픈 이별의 정서를 노래하는 장면이나 여자의 거동을 묘사하는 데 흔히 쓰인다. 〈춘향가〉가운데서 「이별가」나 〈심청가〉 가운데서 「추월만정」이 계면조의 방식으로 노래된다.

어떤 종류의 소리에도 거기에 합당한 장단이 있으며, 고수가 북으로 반주한다. 장단은 서양음악의 박자와 마찬가지로 소리의 속도를 북으로 조절해주는 기능을 말한다. 어떤 대목에서는 북이 강하게 각을 쳐서 소리의 진행을 강조하기도 하고, 어떤 대목은 소리의 미진함을 보완하며, 다른 부분에서는 북소리를 거의 내지 않아 소리의 흐름을 터주면서, 소리와 북반주의 조화를 이루어내는 것이 고수의 반주 방식이다. 판소리에 사용되는 장단으로 가장 느린 진양조부터 중모리, 중중모리, 자진모리, 휘모리 등으로 빨라지며, 이 밖에 엇모리, 엇중모리 등의 장단이 있어서 소리의 빠르기를 규정하고 호흡을 조절한다. 판소리에서 쓰이고 있는 장단의 박자는 다음과 같다.

1) 진양조: 24박(6박×4)
2) 중모리: 12박
3) 중중모리: 12박
4) 자진모리: 4박
5) 휘모리: 4박
6) 엇모리: 5박(혹은 10박)
7) 엇중모리: 6박

판소리 광대의 소리에 북으로 장단을 맞춰 주는 사람을 고수라고 한다. 고수는 단순히 기계적으로 정해진 리듬을 치는 것뿐만 아니라, 소리의 완급과 사설이 가진 정서까지를 조절하는 기능을 한다. 고수는 다양한 장단의 틀을 가지고 창자의 소리 운용 태도에 따라 기교를 달리하여 북을 친다. 소리에 장단을 부쳐 가는 방식으로는 '대마디 대장단'이나 '부침새' 등이 있으며, 고수는 소리의 흐름을 적절히 파악하여 다양한 기교를 사용하여 북을 쳐서 반주하는 것이다. '대마디 대장단'이라면 박자의 첫 박이 시작함과 동시에 사설의 구절도 시작하며, 끝날 때도 함께 끝나야한다. 규칙적이면서도 엄격한 기준이 있어서 쉽게 소리의 흐름을 예견할 수 있다. '부침새'의 기교로는 '엇부침', '잉애걸이', '완자걸이', '괴대죽' 등이 사용된다. 우리 몸에는 적절한 리듬감이 있기 때문에 강하게 북이 쳐줘야할 대목을 생득적으로 느끼고 있다. 그런데 예상하고 있는데도 강박이 나오지 않거나, 미리 강한 박이 나오면 자연 그 대목에서 더욱 긴장하여 소리에 몰입하게 된다. 엇붙임 같은 기교가 노래의 절정부분에서 많이 연출되는 것도 이같은 효과를 제대로 구현하기 위한 것이다.

소리의 맥을 제대로 살려 주는 고수의 기능 및 역할을 중요시하여 예전부터 '일고수 이명창'이란 말로 고수의 위치를 높여 주기도 했다. 고수가 소리판의 분위기를 흥겹게 만들고 창자를 북돋아주기 위하여 '얼씨구'라든지, '좋다' 등 일정한 조흥구를 노래의 사이에 집어넣기도 하는데, 이를 추임새라고 부른다. 특히 소리꾼의 컨디션이나 입장을 잘 헤아려 적절히 북반주하는 것을 '보비위' 한다고 말한다. 고수가 내는 추임새는 광대의 구연 의욕을 북돋우기 위한 적극적 탄성이지만, 관중도 감상하는 자리에서 추임새를 발할 수 있다. 관중의 추임새는 판소리를 들으면서 야기된 감흥을 자연스럽게 발산하는 감탄사이며, 생동적인 판으로 이끌어 나가는데 중요한 기능을 한다.

조선후기 풍속화와 민화

이태호 명지대

조선후기 풍속화와 민화

-조선후기 회화의 조선풍 · 독창성 · 사실정신-

Ⅰ. 찬란한 위업을 남긴 18세기의 회화

우리 미술사를 통틀어서 조선 후기만큼 매력적인 시기는 없을 것이다. 그 어느 때보다 창조적 문화역량을 한껏 발휘하였기 때문이다. 조선 후기 미술의 발전은 건축, 도자기, 목칠과 금속공예, 불교미술, 민예나 민속미술 등에 이르기까지 다방면에 걸쳐 풍성하였지만, 무엇보다 회화가 백미이다. 경제성장을 토대로 한 봉건사회 해체기 내지 근대로의 이행기라는 커다란 사회변동 속에서 다른 분야보다 당대 사람들의 의식변화와 미적 이상, 삶의 정취와 시대 향기, 예술성을 구체적이고 생동감 넘치게 발산하고 있기 때문이다.

한국미술사에서 조선 후기 회화의 찬란한 업적은, 먼저 조선풍의 고전적 전형을 완성한 점에 있다. 우리의 땅과 삶을 담는 그릇으로서 민족적 형식을 이룩한 것이다. 조선의 산천과 생활상을 직접 대상으로 한 진경산수나 풍속화가 본격적으로 발전하였고, 아울러서 사실묘사를 중시한 초상화와 동물화, 생활장식 그림인 민화, 중국 도상을 소화한 남종산수화南宗山水畵와 도석道釋 · 고

사인물화高士人物畵, 그리고 불교회화까지 민족회화로서 조선적 형식을 다져내었다.

다음으로 위대한 업적은 조선풍의 독창성을 이끌어내었다는 데 있다. 중국 회화에 대한 감화에서 벗어나 조선의 화가가 조선을 그리는 양식이 확립된 것이다. 진경산수眞景山水나 풍속화는 물론이려니와 심지어 당시 회화발전에 한몫을 한『고씨역대명인화보顧氏歷代名人畵譜』, 『개자원화전芥子園畵傳』 등 중국 화보를 수용하여 자주적 화풍으로 재창조해내었다. 그만큼 문화적 주체성에 대한 확신과 긍지를 다진 것이다. 이는 단순히 시류에 따르는 데 그치지 않고, 당대 화가들의 개성미가 적극적으로 표출되면서 이룩되었다. 다시 말해서 봉건적 계급구조가 이완되면서 일정하게나마 개인적 자아실현의 길이 열리고, 자유의지에 따라 천부적 예술성과 창조성을 발산한 작가들이 많이 배출된 것이다.

조선풍과 개성적 독창성을 가능케 한 조선 후기의 회화사상은 사실주의寫實主義 정신이다. 경제적 주도권을 장악한 계층 사이에서는 자신들의 이상을 구현할 현실에 애정을 쏟으려는 풍조와 함께 주체적 문예의식이 싹텄다. 그래서 옛 것을 본받기보다 새롭게 창작되는 당대 문예를 긍정적으로 바라보게 된다. 또한 사대부 사회에서도 국정에서 소외된 세력이 성장하면서 현실비판적 성향이 부상되었다. 이와 더불어 사실묘사력의 발전이 두드러졌다. 세심한 대상 관찰을 통한 '실득實得'(윤두서)으로부터 살아있는 그림을 위해 현장 사생을 시도한 '즉물사진卽物寫眞'(조영석)으로 사실주의적 창작방식을 강조한 주장과 형상 묘사를 완벽하게 구현한 '곡진물태曲盡物態'(김홍도 그림에 대한 강세황의 평)의 경지에 이르기까지, 후기의 그림을 통해서 직접 확인할 수 있다. 나아가 당시 소개되기 시작한 서양화에 대하여도

정선-만폭동

입체감이나 원근법 등 사실적 묘사기법의 장점을 수용하려는 태도로 접근하였다.

II. 사회 변동기 화가의 신분과 사회적 갈등

조선 후기가 변동기였던 만큼 창작자인 화가는 신분상으로 사회적 갈등의 부침이 컸다. 그것을 극복하는 가운데 미술사적 업적이 달성된 것이다. 그리고 현실의식과 예술관의 변모에 따른 후기 회화의 예술적 완성과 쇠퇴를 엿볼 수 있다. 특히 화가들의 위상 변화와 예술의지는 신분상승 욕구나 사회에 대한 저항으로 드러나며 전체적으로는 근대를 지향하고 있다.

주지하다시피 유교적인 조선사회의 회화로 장식적인 실용화나 기록화, 종교화도 있지만, 감상을 위한 그림[畵]은 시詩 · 서書 · 악樂과 함께 정치 · 경제 · 문화를 주도한 지배층의 이념이 실린 필수 교양에 해당되었다. 왕공 사대부들도 풍류와 수신덕목인 시 · 서 · 화를 빌려 미적 이상을 구현하는 가운데 특출한 화가가 되기도 하였다. 그처럼 회화는 유교적 인간상을 기르는 데 도움이 되는 영역이면서도, 정통 학문의 정진에 방해 요인이 되거나 화원畵員의 일로 천시되는 경향이 함께 존재하였다. 그래서 일반 사대부층의 경우, 그림 그리는 일을 회피하거나 내색하지 않으려는 태도를 취하기도 하였다. 한편 궁중의 실용화나 종교화, 사대부의 교양을 충족시킬 회화가 요구된 탓에 국가기관으로 도화서圖畵署를 두고 엄격하게 화원을 양성하였다. 따라서 조선시대의 화가는 사대부층에서 배출된 선비화가와 직업적인 화원으로 구분되는 셈이다.

조선시대의 회화는 이들 양자의 교류와 보완을 통해서 발전하였다. 왕의 초상화 제작시 선비화가를 감독으로 발탁하여 품위를 높였듯이, 선비화가는 화론과 격조에, 화원은 묘사기량에 초점을 맞추었을 것이다. 그런데 화원은 중인기술직에 해당되어 반상의 구분 속에서 인간적 갈등을 겪을 수밖에 없었다. 군왕의 초상화나 궁중그림을 제작한 공로로 양반직 벼슬을 제수받기도 했고, 교양인으로서 손색이 없으면서도 제대로 대접을 못 받는 처지였기 때문이다. 화원들의 신분상승 욕구는 초기부터 분출될 수밖에 없었다.

우선 15세기 노비 출신인 이상좌李上佐나 염장 출신인 최경崔涇, 19세기 지물포 점원이었던 장승업張承業 등 서민이나 천민층에서 화원이 된 사례가 있다. 또 화원이 되면 일정하게 신분이 안정되었기에 의관·역관·율사·악사 등과 마찬가지로 세습적인 대물림이나 혼인을 통해 명문가를 형성하기도 하였다. 그러나 화원으로 출세하여 군직이나 동반직 벼슬에 오르더라도 본인으로 그칠 뿐이었다. 호적의 '연連'을 '연蓮'으로 위조하여 아들을 생원진사시에 응시시켰다가 발각된 15세기 배련裵連의 사건은 그러한 정황을 반증한다. 갈등의 양상은 그 정도로 그치지 않았다. 어용화사御用畵師로 동반직을 제수받게 될 경우 사대부 관료의 반발이 일었다. 당상관으로 승급시에는 더욱 물의를 빚었는데, 성종 때의 최경과 안귀생安貴生이 그런 경우를 당했다. 영조때는 양반 출신인 정선鄭敾의 승진에 대해서도 화가로 입신한 인물이라 하여 이의가 제기되기도 하였다.

화원들의 신분상승 욕구는 사회적 제약을 극복하고자 하는 당연한 인간적 속성일 터이다. 그것이 창작의지로 표출된 사례를 보면, 대체로 술의 힘을 빌리거나 범인과 다른 독특한 개성으로 드러난다. 조선시대 화가 중에서 기행奇行과 술로 인한 일화를 많이 남긴 이로 세 사람이 꼽힌다. 그 하나가 17세기의 김명국金

明國이고, 18세기의 최북崔北과 19세기의 장승업이 나머지 두 사람이다. 이들이 남긴 일화는 자신들의 그림을 필요로 하고 좋아하던 사대부들과의 갈등이 외화된 것이다. 여기에는 임진왜란 이후의 격변기에 나타나는 근대적 인간으로의 꿈틀거림이 들어 있다.

거친 필치로 '화원풍의 누습을 벗은'(윤두서, 『기졸記拙』) 김명국에 대한 일화는 대부분 술과 관련되어 있다. 양반사회에 대한 반항이라고 해석될 만한 김명국의 행적들은 술을 빌려서야 가능했음을 말해주는 것이다. 그는 만년에 아호를 '취옹醉翁'이라 쓰기도 했으며 '주광酒狂'이라는 별명을 얻었을 정도이다. 최북의 경우 대갓집 하인이 자기 보고 직장直長이라고 부르자 '직장을 지낸 적이 없으니 기왕이면 최 정승이라 부르라'고 했다는 것이나, 어느 재상집에서 그림을 펼쳐 보이는데, 그 자제들이 그림을 모른다고 하는 소리에 '그럼 다른 것은 아느냐'고 다그쳤다는 일화들이 전한다. 그의 괴팍한 기행에는 역시 현실에 대한 불만이 불거져 있다. 또 장승업은 자기 집에 그림을 얻으러 오는 양반들이 고개를 숙이고 들어오도록 대문의 높이를 낮추었다고 한다.

화원들의 신분상승 욕구는 후기에 오면 당당한 교양인으로서 사대부층과 교유하면서 풍류를 즐기려는 의식으로 변화되어 나타난다. 그 대표적인 사례가 김홍도金弘道의 화단 활동이다. 김홍도는 시·서·악을 즐겼고, 그 용모조차 헌칠하고 신선 같다는 평을 들을 정도였다. 선비화가인 강세황姜世晃이나 사대부 학자 등과의 밀접한 교유, 중인인 강희언姜熙彦·정란鄭瀾과 사대부 풍속인 '진솔회眞率會'(1781)를 갖고 「단원도檀園圖」(1784)를 제작한 일, 정조의 은총으로 동반직인 안기찰방과 연풍현감에 올랐으나 연풍현감에서 해임된 일화, 말년에 매화음梅花飮을 즐긴 생활

태도 등은 나이가 들수록 상류문화를 지향한 세계관의 변화를 보여준다. 특히 연풍현감 해직의 이유가 "중매나 일삼고 관리들에게 노비와 가축을 상납케 하고, 사냥에 군정을 강제로 동원시킨 일"(『일성록日省錄』)로 인한 것이었음은 당시의 사대부 관료행태와 별반 다를 바 없다. 또한 '그림값으로 3천 냥을 받자 2천 냥으로 매화를 구하고 8백 냥으로 술을 사다가 친구를 모아 매화음을 즐긴 일'(조희룡, 『호산외사壺山外史』)은 풍류를 즐긴 김홍도의 말년 생활상 그대로이다. 또 아호雅號 '단원'을 명나라 선비화가인 이유방李流芳에서 따온 것이나, 60대 이후에 별호로 신선이 사는 땅이라는 '단구丹邱'나 도연명의 '권농勸農' 등을 사용한 것 역시 마찬가지이다. 이는 30~40대의 풍속화와 진경산

김홍도-마상청앵

수에 현실감이 넘쳤던 김홍도의 회화가 50대 이후 당송시의唐宋 詩意적 산수인물도 등 관념화로 흐른 경향과 맞닿아 있다. 결국 김홍도의 세계관은 근대적 진보성보다는 상류층을 좇았지만, 중인신분으로서 겪었던 사회적 갈등과 인간적 고뇌를 예술적 깊이로 이끌어낸 것이다.

조선 후기 화원들이 사회적 위상을 확인하려 애쓴 흔적은 중인 지식인들과의 교유에서도 확인된다. 최북 · 김홍도 · 이인문李寅文 등이 여항문학閭巷文學의 대표적 모임인 천수경天壽慶의 옥계시사玉溪詩社에 참여하였고, 그 가운데에서 임득명林得明 같은 화가가 배출되기도 하였다. 그리고 19세기의 전기田琦 · 김수철金秀哲 · 유숙劉淑 · 이한철李漢喆 등처럼 김정희金正喜 문하에 들락거리면서 사대부적 교양을 익히려는 화원이나 중인층 화가들의 노력은 지속되었다. 이는 조선 후기 회화가 커다란 성과를 이루었음에도 불구하고 봉건성에서 일탈하지 못한 한계로 지적할 수 있겠다.

화원 출신 작가들과 함께 사대부층 선비화가의 위상 변화도 적지 않았다. 특히 18세기가 배출한 윤두서尹斗緖 · 정선鄭歚 · 조영석趙榮祏 · 심사정沈師正 · 이인상李麟祥 · 강세황姜世晃 등의 경우는 그 이전 사대부 관료나 학자의 여기적 수준을 넘어 표현기량도 화원 못지않았다. 이들 대부분이 사대부적 자존심을 지키며 전업화가로 성장하게 된 것이다. 그 계기는 역시 정치적 소외와 무관하지 않다. 노론 정권 아래에서 윤두서는 남인으로, 강세황은 관료에 오르는 60대 이전까지 재야인사로 지냈다. 노론계이면서도 정선과 조영석은 과거를 거치지 않아서, 심사정은 할아버지의 과거시험 부정으로 인하여, 이인상은 서출의 후손이었기 때문에 관료사회의 중심과는 거리가 있었다. 이러한 처지에서 선비화가들은 그림 그리는 일을 정치적 도피 수단으로 삼으면서 사

대부적 식견을 바탕으로 예술적 진보를 이루어낸 것이다. 누구
보다 앞서 민중의 삶을 자신의 회화세계로 끌어들인 윤두서와 조
영석은 풍속화의 선구로서, 정선은 진경산수를 완성한 대가로서,
심사정·이인상·강세황은 중국의 남종화풍을 조선적으로 소화
해낸 장본인으로서, 제각각 미술사적 주요 위치를 차지하고 있
다. 또한 이들 18세기 선비화가는 지식인으로서 화원보다 먼저
현실인식에 눈뜨고 사실주의적 방향을 제시하였다. 김두량金斗
樑과 강희언이 윤두서를 공부하여 김홍도에게 전수해주었고, 김
홍도는 어려서부터 강세황 아래서 그림공부를 하였다. 정선의
진경산수화풍은 김응환金應煥·이인문·김홍도 등 화원에게 이
어졌고, 심사정의 화풍 역시 최북·이인문·김홍도 등에게 영향
을 미쳤다. 그래서 후기 화단은 정선파와 심사정파에서 김홍도
파, 김정희 일파에 이르기까지 직접적인 사승師承관계를 통한 화

강세황−영통동구

파 형성으로 점철되어 있다.

조선 후기 회화를 풍성하게 하고 진보시킨 데는 창작자의 노고가 컸지만 그림을 감상할 수 있는 계층의 역할도 무시할 수 없었다. 영조와 정조의 서화기량은 수준급이었고, 김광국金光國 · 김광수金光遂 등 감식안 높은 수장가가 배출되었으며, 윤두서 · 남태응南泰膺 · 이하곤李夏坤 · 강세황 · 이긍익李肯翊 · 남공철南公轍 · 정약용丁若鏞 · 서유구徐有榘 · 김정희 · 박규수朴珪壽 등 문인학자들의 서화비평이 어느 때보다 활발하였다.

이와 함께 후기 화단에서 주목되는 것은 향수층의 증가이다. 그림이 거래되는 사례가 많았고, 그림으로 먹고 산다는 의미로 '호생관毫生館'이라는 아호를 쓴 최북, 윤두서의 그림을 많이 사들였다는 수표교의 중인 출신 최씨(남태응,『청죽화사聽竹畵史』), 김홍도를 후원해준 염상 김한태(金漢泰;김홍도가 영원재에서 그린 나비그림에 오세창이 쓴 화제) 등의 일화는 새로운 향수층의 발생을 시사한다. 궁중과 사대부의 전유물이나 다름없던 회화가 환전되고, 부를 축적한 서민층에까지 확대된 것이다. 또 교양을 갖추려는 부민층의 성장은 화단구조의 근대적 변화를 예고하는 것이다.

진경산수나 풍속화의 사실주의적 경향이 대중의 인기를 끌고 평범하고 친숙한 소재로 이루어졌음은 그러한 변화와 무관하지 않을 것이다. 특히 여속女俗이나 남녀의 애정, 기방풍정 등을 즐겨 다룬 신윤복申潤福류의 풍속화나 춘화첩春畵帖의 유행은 새로운 향수층의 취향과 연계시켜 생각할 수 있다. 또한 섬세하고 화사한 채색의 동물화와 화조화를 비롯해서 장식용 민화의 유행과 소박하면서도 해학적인 형식미에는 바로 그들의 생활감정이 담긴 것으로 파악된다.

이상의 정황 속에서 위업을 달성한 조선 후기 회화는 봉건왕조의 5백 년 문예전통을 집약한 것이다. 또 근대의 문을 두드리는 사회상에 따라 한 시대양식으로 부상하여 발전하고 퇴조하였다. 즉 조선풍의 독창성과 사실주의 창작방식은 17세기에 새롭게 그 기운이 일었고, 18세기에 완성을 보게 된다. 18세기 회화가 봉건문화의 틀 속에서 번영한 만큼 19세기에는 시대적 갈등이 심화되고 지배체제가 흔들리면서 형식화로 치닫는다.

Ⅲ. 18세기의 회화 동향 — 진경산수와 풍속화

18세기는 문예부흥기라고 일컬어지듯이 회화뿐만이 아니라 역사 · 지리 등 국학과 실학 · 애정소설 · 사설시조 등의 문학, 서예, 판소리에 이르기까지 주체적 학문과 예술이 진흥되었다. 양대 전란(壬辰 1592, 丙子 1636)의 상처를 씻고 당쟁의 진정책으로 말미암은 정치 · 사회 · 경제적 변동의 바탕 위에 이룩된 것이다. 그것은 왕조 중심의 권력기반을 재확립해가는 과정에 편승한 것이지만, 신분질서의 해체, 자본주의 맹아론등 근대를 향한 자체적 변혁의 움직임을 배태한 준비단계의 양상으로 평가된다. 그러니까 18세기 회화는 정치 경제적인 여건의 호전에 따른 지배권력층의 상승국면을 타고 사대부 지식인층 문화의 활성화가 뒷받침된 것이다. 조선 후기를 대표하는 진경산수화와 풍속화, 나아가 당대의 제반 회화 동향은 조선시대 봉건문화의 꽃을 만개하게 한 하나의 매듭을 지어낸 것이다.

진경산수와 풍속화의 발달은 조선시대 회화사에서 그 이전과 이후의 시기를 구분하는 단서가 된다. 예컨대 중국 산수화 형식에 의존하여 관념성 짙게 전개되던 조선 회화에 진경산수가 출현함은 미술계의 새로운 변화 그 자체이다. 이는 동시기 풍속화의

발달과 마찬가지이다. 그만큼 진경산수나 풍속화는 다른 유형의
회화와 달리 주제의식과 표현형식에서 후기의 시대정신에 맞는
예술의지를 담고 있다.

먼저 진경산수화는 정선의 활동시기인 18세기 초·중반 영조
년간에 가장 널리 유행하였다. 이때는 청조가 들어선 가운데 명
나라의 법통을 유지하려는 주자학적 종본주의宗本主義 혹은 조선
중화사상의 입장을 취한 서인—노론계의 권력 장악이 이루어진
후이다. 이런 변화와 성리학적 원론에 대한 심취는 진경산수의
발전과 연계된다. 즉 선계仙界다운 절경을 담은 18세기 진경산수
의 배경에는 조선 선비들의 기행 탐승하는 풍류적 성향 및 이이
李珥의 석담구곡石潭九曲, 송시열宋時烈의 화양구곡華陽九曲, 김수
증金壽增의 곡운구곡谷雲九曲 등 주자朱子의 무이구곡武夷九曲을
본받아 그것을 조선 산천에서 실현하고자 한 이상주의적 은일사
상이 깔려 있기 때문이다. 정선이 당시 노론 정권의 핵심인 김창
집金昌集의 후원으로 출세한 사실은 그러한 배경과도 맞아떨어진
다. 이에 비하여 당시 정치에서 소외된 남인계 실학파의 비판적
지식인들은 생산력과 관계 깊은 경제지리적인 지도학에 관심을
두었다. 근대적 지도학 발달의 바탕이 되는 윤두서의 「동국여지
지도東國輿地之圖」와 정상기鄭尙驥의 「동국지도」는 그 산물이다.
이처럼 18세기에는 지배계층의 국토를 보는 시각에 차이가 난
다. 그런 관계가 동시대에 제기된 가운데 진경산수화의 질적 발
전과 유행을 가져왔던 것이다.

진경산수에 이은 김홍도·김득신金得臣·신윤복의 풍속화는
18세기 후반~19세기 초 절정에 이른다. 조선 회화에서 풍속화
적 요소는 이전의 궁중행사나 사대부층의 시회를 담아온 기록화
에서도 찾아지는데, 후기 풍속도의 발전은 17~18세기 기록화의
형식 변화를 통해 엿볼 수 있다. 엄격했던 궁중이나 사대부 행사

의 기록화에 행사와 무관한 구경꾼이나 민중의 생활상이 등장하기 시작한 것이다. 나아가 18세기 후반 김홍도 · 신윤복의 풍속화가 독립된 회화 장르로 정착되는 것은 18세기 전반 윤두서나 조영석 등의 사대부 지식인들로부터 출발한다. 여기에는 이전에 볼 수 없었던 혁신적 시각이 담겨 있다. 신분질서의 이완 속에서 직접생산자인 민民의 성장을 의미하는, 즉 사회변화를 시사하는 것이다.

그러나 당대에 속된 삶을 표현한 그림이라는 의미로 '속화俗畵'라고 불렀듯이, 풍속화는 사대부층의 애민의식, 곧 내려다보는 시각에서 비롯되었다. 이는 주로 서민층의 삶을 다룬 김홍도의 인기와 달리, 도시의 시정풍물이나 기방 등 사대부층의 생활상을 적나라하게 드러낸 신윤복이 도화서에서 쫓겨났다고 전해오는 일화에서도 엿볼 수 있다. 또 풍속화는 조선 후기의 시대상을 다른 어느 회화 유형보다 구체적으로 읽을 수 있는 문화사료이다. 변혁기의 생활상과 미의식의 민감한 변화가 뚜렷이 드러나기 때문이다. 예컨대 김홍도에서 신윤복으로 풍속도의 내용 및 형식의 변화는 18세기 중엽과 후반의 사회변화를 반영하고 있다. 특히 신윤복의 여성과 기방풍속을 중심으로 한 주제와 화사하고 섬세한 표현기법은 당시 새롭게 형성되는 도회문화의 단면을 포착한 것이다. 이는 근대적 시민계급의 예술로 발전할 가능성에 근접한 것인데, 신윤복류의 사실주의 경향은 그 이후 근대회화로의 발전이 저지되고 19세기의 풍속화는 오히려 형식화와 함께 중국식 경직도耕織圖류의 농경도로 퇴행하고 말았다.

진경산수나 풍속화, 여타의 회화영역에서 큰 성장을 보인 영조와 정조년간은 전후반기로 구분할 수 있을 만큼 약간 다른 발전과정을 보여준다. 전반부는 숙종(재위 1674~1720) 말기에서 영조(재위 1724~76)년간까지, 후반부는 영조 말 정조(재위 1776~

1800)년간에서 영·정조 문화의 여파가 어느 정도 지속된 것으로 보이는 순조(재위 1800~34)년간 초기 1810년대까지이다.

　전반기는 정선의 출현과 함께 이루어진 진경산수화의 정립과 유행이 대변한다. 그리고 선비화가인 공재恭齋 윤두서(尹斗緒;1668~1715), 관아재觀我齋 조영석(趙榮祏;1686~1761) 등이 중기의 전통화풍을 따르면서도 남종화풍과 풍속화의 선구로 등장하였고, 현재玄齋 심사정(沈師正;1707~69), 능호관凌壺觀 이인상(李麟祥;1710~60), 표암豹菴 강세황(姜世晃;1713~91) 등 윤두서나 조영석보다 한 세대 정도 후배 화가들 사이에서는 중국

정선-금강전도

원·명체의 남종문인화가 본격적으로 수용되었다. 남종화풍이 조선적 감성으로 정착되는 데는 정선에 공감하여 활발해진 기행 사경이 작용하였다. 한편 사대부 그림과 화원 그림을 구분하기 위해 설정된 남종화 이념의 수용은 조선 후기 선비화가들 사이에 문예의 계급인식을 일깨운 반면, 보수성으로 기울게 한 요인이 되었다.

또한 이 시기 화단에서 표현기량의 성장은 도화서 출신 화가 남리南里 김두량(金斗樑;1696~1763), 화재和齋 변상벽(卞相璧;18세기) 등의 완벽한 묘사력을 바탕으로 한 사생정신의 동물

김두량-흑구도

변상벽-묘작도

화와 초상화에서 나타난다. 이 외에 중국의 명현이나 풍류객을 담은 고사인물도, 신선도 계통의 도석인물화도 궁중기록화나 실용화, 불교 회화와 더불어 후기에 조선풍의 형식미를 구축한 영역으로 손꼽을 수 있다.

이러한 18세기 전반부 회화는 정조년간까지 장수한 작가들에 의해서 후반부로 이어진다. 그 가운데서도 다리 역할을 한 인물이 강세황이다. 그는 영조년간에 화가로, 특히 비평가로 활동하였는데, 당대 화단에 새롭게 떠오른 진경산수나 풍속화, 남종화 등 회화의 현실감각과 사의寫意정신을 진작시킨 인물이다. 강세황의 화론적 뒷받침에 힘입어 대성한 작가가 바로 김홍도이다.

김홍도는 18세기의 후반부를 풍미하면서 산수화 · 풍속화 · 고사인물도 · 도석인물화 · 화조 · 영모화 · 사군자 등을 두루 섭렵하였고, 타고난 예술가 자질과 자유자재의 표현력으로 사실상 후기 회화를 집약한 화가이다. 그 이전에 찾아 볼 수 없는 천재성이

김홍도—빨래터

김홍도—주막

돈보이며 후기 문화를 융성케 한 전형적 작가상이다. 김홍도의
회화는 현장을 정확한 시각으로 그려낸 풍속화와 진경산수, 그리
고 완숙한 경지의 다른 회화 유형까지 정조년간의 시대적 미의식
을 대표하는 것이다.

김홍도와 함께 정조와 순조년간에 활동하며 동참한 작가로는
산수화에 고송류수관도인古松流水館道人 이인문(李寅文;1745~
1821), 풍속화에 혜원蕙園 신윤복(18세기 후반~19세기 초), 그리
고 그의 화풍을 따른 김득신金得臣·김석신金碩臣·엄치욱嚴致郁
등의 화원들이 있고, 개성이 뚜렷한 선비화가로 지우재之又齋 정
수영(鄭遂榮;1743~1831), 학산鶴山 윤제홍(尹濟弘;1764~?) 등
을 떠올릴 수 있다. 이들은 김홍도에 못지않은 화격으로 나름의

신윤복-주사거배

회화세계를 형성하여 18세기~19세기 초의 화단을 살찌웠다.

이와 같이 18세기는 전후반의 미의식과 예술 성향에 차이가 난다. 전반기에는 새로운 시각의 부상으로 다양성이 파급되었는데, 그 가운데 정선의 진경산수화가 단연 우뚝하였다. 후반기에는 전반기의 다양한 회화를 고루 섭렵하며 질적 발전을 이룩한 김홍도에 의해 주도되면서 현실감을 반영한 풍속화가 자리를 잡았다. 또한 영조년간 정선의 진경산수는 우리 산천의 특성에 주목한 직선적 엄격성과 대상 해석의 변형이 감명깊게 이루어졌다. 반면에 풍속화 중심의 정조년간 김홍도 회화는 현장감에 충실한 시각의 친근감과 완숙함이 돋보인다. 사선식 화면구성이나 필묵법과 담채의 세련미가 그것이다.

이러한 변화는 전반부의 양식적인 엄격성이 후반부에 점차 유연해지면서 절정에 다다른 것이다. 영·정조년간은 다같이 문화적으로 상승기이지만 전반부는 권력 재편과정에서 숙종 때까지 심화된 당쟁의 불을 끄기 위해 실시한 영조의 탕평책으로 유발된 경직성이 반영된 듯싶다. 이를 계승한 정조년간에는 보다 진전된 상공업의 발달로 정계와 지식인 사회는 물론 신흥 교양층에까지 확대된 문화·예술 활동이 성숙된 것이다. 학문과 문예감각이 뛰어났던 정조의 개인적 역량도 언급할 만하다. 덧붙여서 18세기 회화의 구획은 당대에 새로운 학문으로 등장한 실학實學의 경향과도 합치한다. 즉 진경산수가 유행한 18세기 전반은 농경 중흥을 기반으로 한 실사구시實事求是의 이익(李瀷;1681~1763)의 실학으로, 풍속화가 유행한 후반부는 상공경제적 이용후생의 박지원(朴趾源;1737~1805)·박제가(朴齊家;1750~1815)의 북학파 계열로 대별되는 것이다.

IV. 19세기의 회화 동향
— 화단의 보수화와 사실주의의 퇴조

순조년간 이후 일시 안정되었던 18세기의 정치적 균형이 깨지면서 말기에 이를수록 봉건적 모순은 극대화된다. 주지하다시피 19세기는 본격적으로 봉건사회가 해체되는 시기이다. 즉 조선시대를 지탱한 유교적 신분제가 와해되면서 근대로 향하는 변혁기이다. 커다란 역사의 분수령인 셈이다. 권력의 상층부는 세도정치를 펴면서 체제유지에 급급하였고, 18세기 이후 경제력 상승과 신분질서의 혼란에 편승한 농·공·상의 부민층, 치부한 하급관리나 중인 잡직·아전·이속 등의 계층상승 욕구로 성리학을 기저로 한 체제 경영이 심각한 지경에 와 있었다. 삼정三政의 문란과 더불어 사회 전반에 부패상이 만연되고 민중수탈이 심화되면서 봉건적 계급갈등과 대립은 민란 형태의 항쟁으로 폭발하였다.

이런 시대상황에서 19세기 문예는 양반 사대부 문화의 보수화와 변혁을 갈망하는 민중의식의 고양에 따른 민중문화의 기운이 복합되어 있다. 먼저 민중문화의 성장은 생활공예, 무속화나 민화, 민불, 탈, 옹기, 마을공동체의 중심 조형물인 장승과 솟대 등에서 찾아볼 수 있다. 그런데 이들에서 민중의 생활정서와 전통적 민중미술의 조형성이 읽혀지기는 하지만, 근대성의 기준으로 삼기에는 무속적인 성격이 강하다. 전체적으로 당대의 변혁의지를 실현할 만한 문화적 대안이 미비했던 점과 같이한다. 우리 근대미술사의 출발 시기와 미술의 근대성을 파악하는 데 있어서 봉착하는 문제이기도 하다. 아무튼 18~19세기 민중의식의 성장은 자신들의 어법으로 시대정서를 유감없이 표출한 민중문화와 예술의 발달과 연결된다. 그래서 거기에는 민요나 구비문학, 연희 등과 마찬가지로 변혁의 주체로서 역사 전면에 부상한 민중의 생활감정과 변혁기의 시대적 역동성이 꾸밈없이 담겨 있는 것이다.

이러한 동향에 비하여 지배층의 몰락 속에서 형성된 19세기의 회화는 초라하기 그지없다. 18세기를 답습한 산수 · 인물 · 초상 · 화조 등 감상화는 물론 기록화나 불화에 이르기까지 수요층의 증가가 있었으나, 18세기 회화와 상당한 차이가 있다. 자신감 넘치는 기량과 탁월한 미의식과 현실감에서 그러하다. 퇴락된 양상은 회화뿐만 아니라 도자기 · 공예 · 불교미술 · 조각 · 건축 등 전체 미술분야의 공통된 흐름이다.

그럼에도 불구하고 사대부층의 이념을 표방한 남종문인화풍의 위력은 오히려 강세를 보였다. 문기文氣와 사의寫意, 서권기書卷氣와 문자향文字香을 내세운 추사秋史 김정희(金正喜;1786~1856) 일파의 형성이 그 전형적인 예이다. 이들의 회화는 풍류와 사색의 선비적 아취를 담으려 한 데서 알 수 있듯이 간일하고 담백하며 조용한 화풍이다.

김정희는 자신의 탁월한 감수성과 개성미를 예술성으로 극대화해내었다. 그러나 남종화의 관념성 강조는 19세기 지배층이 문화적 정체성을 확인하고 유지하려는 데서 나온 것으로 해석된다. 또 그것은 개성주의나 사의적 형식미의 새로운 사조를 제시한 듯하나, 중국 지향의 사대주의적 양상을 띠고 있다. 이는 김정희 문하의 진도 출신 선비화가 허련(許鍊;1809~92)을 통해 잘 드러난다. 김정희의 사랑을 받으면서 서화가로 성장한 허련이 이름과 자字를 중국 남종화의 창시자인 왕유王維를 따라 '유維'와 '마힐摩詰'이라 한 점, 아호를 원나라 선비화가 황공망黃公望의 '대치大癡'(큰 바보)를 따라 '소치小癡'라 한 점, 진도의 화실 이름을 역시 원나라 선비화가 예찬倪瓚의 아호를 따라 '운림산방

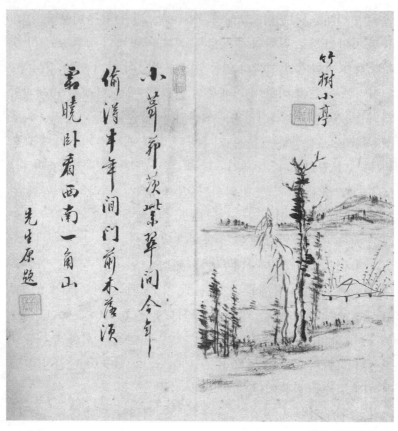

허련-방완당산수도

雲林山房' 한 점만으로도 알 수 있다.

　그 한 연원은 북학파에서도 찾아진다. 박제가나 박지원 등에서 김정희까지, 그들이 중국에서 만난 문인 서화가는 남종화풍을 토대로 한 개성주의 화파와 실증주의적 고증학파였다. 근대화를 앞당기기 위해 청조의 선진문명을 수용하자는 주장과는 별도로 문예는 보수적 측면으로 기운 것이다. 그리하여 18세기에 이룬 국풍의 진경산수나 풍속화의 성과를 계승하기보다 중국적 사대주의를 부추기는 결과를 낳았다.

그런데 남종화풍의 관념적 형식은 성호 이익이나 다산 정약용에서 박규수 등 개화파에 이르기까지 '못된 화가'들이 '뜻만 앞세워 형사를 무시한다(畵意不畵形)'라는 당대의 비판이 없지 않았으나, 봉건사회의 몰락과는 운명을 달리하였다. 오히려 남종화의 맥은 다른 어떤 전통미술의 영역보다 끈질기게 20세기로 전승되었다. 봉건적 모순을 내재한 채 곧바로 식민화한 우리 근대사의 특수성이 빚어낸 결과이다.

한편 그런대로 격조를 유지한 19세기 진경산수화나 풍속화도 남종화의 위세에 밀렸다. 김홍도 화풍이 계승은 되었지만 그 진의가 약해졌고, 변화된 현실을 담을 새로운 시각이나 창조성을 강구하지 못한 채 형식적 퇴조로 치닫는다. 18세기와 비교해서 봉건왕조의 말기라는 사회적 여건이 그 문화에 봉사해온 화가들의 참신한 감각을 일깨우지 못한 것이다. 이는 19세기 회화의 성격을 규명하는 단서이기도 하다.

19세기 진경산수화와 풍속화는 18세기를 답습하는 형식화 경향을 띠면서도 양적으로는 늘어났다. 경제력 상승에 따라 사대부층은 물론 일정하게 부를 축적한 하급관리·향리·이속·부민층에 이르기까지 그림의 향수층이 넓어졌음을 의미한다. 19세기 회화는 창작과 소비관계의 증진에도 불구하고 그 내용과 형식에서 근대성과 거리가 먼 모순을 지니고 있다. 낡은 형식에 안주하려 했던 19세기 문화의 진취적이지 못한 성격을 반영하는 것이다. 또 풍속화나 진경산수가 근대적 사실주의로 변모하지 못한 데는 그 회화 장르 자체가 지닌 봉건적 성격도 작용하였다. 그런 데다 격동기의 사대부나 새로 부상한 향수층의 안목과 미의식이 18세기에 못 미친 때문이기도 하다.

이처럼 19세기 회화는 18세기와 달리 변혁기의 갈등을 승화시켜내지는 못하였지만, 미흡하나마 회화 수준을 유지하고 시대성향을 읽을 수 있는 작품은 나왔다. 회화적 수준은 김홍도의 화법을 계승한 것이었다. 김홍도의 영향은 이재관李在寬 · 조정규趙廷奎 · 유운홍劉運弘 · 이한철李漢喆 · 유숙劉淑 · 백은배白殷培 등부터 '단원'과 '혜원'의 아호를 따라 '오원吾園'이라 지은 장승업에 이르기까지 19세기를 풍미한다. 그러나 이들은 우리 회화사에서 차지하는 김홍도 회화의 고전적 가치를 재확인시키는 역할로 그치고 말았다.

화원에 비하여 19세기 선비화가나 중인 출신 화가들은 18세기보다 한층 뒤져 있다. 조희룡趙熙龍 · 전기田琦 · 허련 등 김정희 일파를 포함한 19세기 선비화가들은, 풍속화를 개척하고 진경산수를 토대로 남종화를 조선풍으로 소화하고 화론을 통해 화원화가들의 자질을 계발시킨 18세기의 분위기와는 사뭇 달랐던 것이다. 앞서 거론했듯이 신분적 위상이 크게 흔들리는 변혁기에 보수성에만 집착한 데 따른 결과이다. 이런 풍조 속에서 북산北山 김수철金秀哲, 석창石窓 홍세섭(洪世燮;1832~84) 등 간일하게 맑은 먹과 담채를 구사하는 독특한 감각의 작가들이 배출되었다.

또한 여기적餘技的 수준으로 장기를 내세우며 개성미를 풍기려한 화가들도 있었다. 남계우南啓宇의 섬세한 채색풍 나비그림, 흥선대원군 이하응李昰應의 묵란도, 석연石然 양기훈楊基薰의 노안도蘆雁圖, 몽인夢人 정학교丁學敎의 괴석도怪石圖, 운미芸楣 민영익閔泳翊의 난초와 대나무 그림 등이 그 사례이다.

이상 19세기 회화에서 근대로의 분수령에는 구한말 장승업이 자리하고 있다. 비록 그 주제의식은 현실감이나 시대정신과 거리가 있는 복고풍에 머물렀지만, 뛰어난 표현기량으로 묘사력을 진척시켰다. 그의 회화사적 위상은 조선 후기 회화를 20세기 초 조석진趙錫晋과 안중식安中植을 통하여 근현대 회화로 연결시키는 교량이라는 점이다.

  근대사가 시작되는 구한말 회화의 특징은 서울 중심에서 탈피
하여 그림의 수요 증가에 따라 각 지역의 특성을 바탕으로 한 지
역화단의 형성에 있다. 전라도 지역을 중심으로 한 허련 일파나
평양의 양기훈과 김윤보金允輔 등의 활약은 낡은 회화형식에 머
물러 있지만, 나름대로 중앙문화에서 벗어나려 한 미술계의 새로
운 움직임으로 볼 수 있다. 이는 민화에 지역적 개성이 두드러지
는 점과 함께 당시 안성의 방짜유기, 해주나 고창의 도자기, 강화
나 평양의 반닫이, 충무 장, 나주 소반 등 지역경제와 특성에 기
초한 민간공예의 융성과도 같이하는 것이다.
  또한 제국주의의 침략에 맞서 민족적 항거가 지속된 19세기 말
~20세기 초의 시대상황에 부응한 회화 경향도 없지 않았다. 우
리 근대사의 특수성을 감안할 때 근대미술의 출발로서 무엇보다
중요하면서도 아직 정리되지 않은 상태이고, 회화적 수준이 떨어
져 관심에서 멀어진 채이지만 김준근金俊根과 김윤보의 풍속도,
채용신蔡龍臣의 항일지사 초상화와 기록적 성격의 그림, 이도영
李道榮의 신문삽화 등이 있다. 이들에게서 당시 사회현실의 풍자
나 민족애가 담긴 근대적 경향성을 읽을 수 있다. 이 외에도 위정
척사파로서 한계를 갖지만 항일 의병장들의 절개있는 서화도 따
져보아야 할 과제이다. 국권회복이 급선무였던 당대의 민족현실
과 관련지어서 말이다.

▌참고문헌▌
이태호, 『조선후기 회화의 사실정신』(학고재, 1996)

조선시대 도자공예

구일회 국립제주박물관

조선시대 도자공예

Ⅰ. 분청사기粉靑沙器

1. 용어

분청사기란 말은 1930년대 우리나라 미술사연구의 선도자였던 우현又玄 고유섭(高裕燮 : 1904~1944)선생께서 이름지은 회청색의 분장사기 즉 '분장회청사기粉粧灰靑沙器'의 약칭으로, 회색 또는 회흑색 태토 위에 백토를 분장한 다음 유약을 입혀서 구워낸 자기이다.

2. 특징 및 종류

분청사기의 특징은 청자나 백자에서는 볼 수 없는 자유분방하고 활력에 넘치면서도 실용성을 잃지 않는 형태와 다양한 분장기법, 그리고 의미와 특성을 살리면서도 때로는 대담하게 생략·변형시켜 재구성한 문양이라 할 수 있다. 분청사기의 문양은 선보다는 면으로 나타나는 문양이 주가 된다.

특히 분장은 그 방법에 따라서 전체의 분위기나 무늬의 효과가 달라져 분청사기의 가장 큰 특징이 되며, 이에 따라 일곱 종류로 나뉜다.

1) 상감분청

상감기법은 고려상감청자와 직결되며 초기의 상감분청은 말기의 상감청자와 구분이 어렵다. 그러나 기형 · 태토 · 유약 · 문양에서 분청사기의 특징이 나타난다. 정종의 상왕부上王府로서 1400년부터 1420년까지 존속했던 공안부恭安府나 세자부世子府로서 1402년부터 1418년까지 있었던 경승부敬承府에서 사용했던 대접들에서 흑백상감된 무늬가 고려시대의 청자상감대접에 상감된 문양과는 다른 운동감을 보이고 있는 것이 그것이다. 그 밖에 정소공주(1412~1424)묘 출토의 분청상감초화문사이호는 활달하게 상감된 초화무늬가 그릇 전체에 시문되었으며 인화기법의 학鶴무늬가 곁들여진 전형적인 상감기법의 분청사기이며, 분

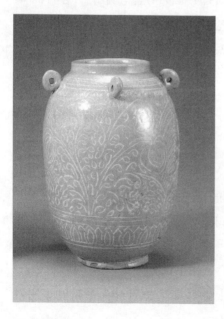

분청사기 상감초화문사이호 - 높이 21cm

청상감 '정통5년(正統五年:1440)' 명연어문대반은 일종의 묘지로
서 그릇 안에 연어蓮魚무늬와 지문誌文을 흑백상감하고 있다. 상
감분청은 태토와 유약은 고려청자와 유사하나 무늬와 상감기법
은 분청사기의 특징을 갖추고 있다.

2) 인화분청

인화기법은 국화 · 나비 · 연판 · 여의두 · 연주連珠 등의 문양
을 도장으로 찍은 뒤 백토로 분장하고 닦아내면 도장이 찍힌 부
분에는 백토가 감입되어 무늬가 흰색으로 나타나는 기법으로, 일
종의 상감기법으로 볼 수 있다.

세종대부터 단종대(1453~1455)까지는 인화기법이 발전 · 완

인화기법의 분청사기 − 오른쪽, 높이 26cm

성되는 시기인데 '정통3년(正統三年:1438)' 명 묘지와 함께 출토
된 '장흥고長興庫' 명 대접에서 인화분청의 조형祖形을 볼 수 있
다. 즉 주문양인 국화무늬가 작아지고 무늬 사이에 여백이 보이
는 것이 그것이다. 세조대가 되면 1455~1457년까지 존속했던
'덕녕부德寧府' 명대접, '삼가인수三加仁壽' 명대접, '군위인수부
軍威仁壽府' 명대접, 그리고 '천순 6년(天順六年:1462)' 명월산군
태지와 함께 발견된 분청인화국화문호 등에서 인화분청은 최고
의 세련을 보인다. 전면이 인화기법으로 메워져 백토의 분장이
증가하며, 무늬도 개체의 국화무늬 내지는 연주무늬로 세련됨과
동시에 여백이 없어지고 질서정연한 문양대가 성립된다.

3) 조화분청

조화彫花기법은 박지기법과 함께 사용되는 경우가 많으므로
특별히 따로 취급하기가 애매하다. 그러나 선조線彫의 음각수법

분청사기 조화모란엽문편병
- 높이 21cm

만으로 백토분장한 표면에 무늬를 그린 것을 박지기법과 구별해
서 따로 조화기법이라고 한다. 결국 백색의 배경에 흑색선의 무
늬가 나타나게 된다. 병·편병·항아리 등에 많이 사용되었고
호남지방에서 성행하였다.

4) 박지분청

박지기법은 귀얄로 백토분장하거나 백토물에 담갔다가 꺼낸
뒤 무늬를 그리고, 무늬 이외의 배경을 긁어내 태토의 검은색과
분장한 백토무늬의 대비로 문양을 선명히 나타나게 하는 시문기
법이다. 박지분청의 성립·발전·쇠퇴의 과정을 밝힐 자료가 현
재로는 불충분하나 세종 12년(1430) 입적한 송광사의 고봉화상
사리탑에서 발견된 분청박지연어문호의 연어무늬의 능숙한 표
현과 연판무늬의 배치가 상당히 세련되어 1430년 이전부터 박지
기법이 사용되었으리라고 추정된다.

분청사기 박지모란문 철재자라병 – 높이 9cm

5) 철화분청

철화기법은 회흑색의 태토위에 귀얄로 백토분장을 한 뒤에 철분안료로 무늬를 그리고, 유약을 입혀 구워 문양이 흑색을 띠는 기법이다. 철화분청의 편년자료로는 1927년 계룡산록도요지 발굴조사 때 출토된 묘지편墓誌片들이 있다. 즉 '성화23년(成化二十三年:1487)'·'홍치3년(弘治三年:1490)'·'가정15년(嘉靖十五年:1536)'의 명문이 있는 이들 묘지편을 통해 볼 때 철화기법은 인화기법이나 상감기법보다는 다소 늦은 15세기 후반경에 시작하여 16세기 전반경까지 계속되었다고 생각된다. 기형으로는 병·항아리·장군·대접 등에 많이 이용되었고 무늬는 당초·연화·연당초·모란·삼엽·버들 등의 식물무늬가 많으며, 이밖에 물고기·연지어조蓮池魚鳥무늬가 있다. 특히 무늬의 재구성

철화기법의 분청사기 – *가운데, 높이 27cm*

과 추상화는 주목할 만하다. 충청남도 공주시 반포면 학봉리일
대 계룡산록 가마에서 주로 제작되었다.

6) 귀얄분청

귀얄기법은 분청사기에 있어서 모든 백토분장기법의 기초를
이루는 방법이다. 특히 귀얄분청이라 함은 귀얄자국 외에는 다
른 문양시문기법이 더해지지 않은 분청사기를 말한다. 회흑색의
태토 위에 귀얄로 빠른 속도로 백토를 바르기 때문에 백토흔적과
태토색과의 대비로 힘찬 운동감을 나타낼 뿐 아니라 추상화적인
무늬 효과까지 있으므로 신선한 분위기를 자아낸다. 16세기에
성행하여 우리 나라 전지역에서 제작되었고, 각 지방에 따라 또
귀얄의 재료에 따라 백토분장에 차이가 있다.

분청사기 귀얄문발 ― 높이 15cm

7) 덤벙기법

백토물에 덤벙 담갔다가 꺼낸 뒤 유약을 입혀 구운 분청사기이다. 백토분장은 침착하고 조용한 분위기를 효과적으로 나타내며, 대개의 경우 손으로 굽을 잡고 거꾸로 담그므로 굽 언저리에 백토가 묻지 않아 상하로 암회색의 태토와 대비를 이루어 경쾌한 느낌을 준다. 호남지방에서 많이 생산했으며 16세기 백자로 변해 가는 과정을 보여준다.

* 명문銘文

분청사기에는, 태종 17년(1417) 호조戶曹에서 관물官物 도용盜用의 폐단을 막고자 또 세종 3년(1421) 공조工曹에서 제품의 질質을 높이고자 상소한 내용에 의해, 사용할 관청이름이나 그 분청

분청사기 덤벙문제기 – 높이 13cm

사기를 만든 제작지나 장인 등에 관한 명문銘文이 있는 것들이
있다. 이들 관청 중에는 일정기간 존속되다가 없어진 관청들도
있어 분청사기의 편년編年이나 당시 도자기의 제작 양상을 파악
하는데 좋은 자료가 된다.

분청사기에 새겨진 관사와 존속기관

관 청 명	존속 기간	명 문
공안부(恭安府)	1400~1420	恭安府, 恭安
경승부(敬承府)	1402~1418	敬承府
인녕부(仁寧府)	1400~1421	仁寧府
인수부(仁壽府)	1400~1556	仁壽府
덕녕부(德寧府)	1455~1457	德寧府, 德寧
내섬시(內贍寺)	1403~1800	內贍, 內用, 內
내자시(內資寺)	1403~1882	內資, 內資執用
예빈시(禮賓寺)	1392~1894	禮賓寺, 禮
장흥고(長興庫)	1419~1437	長興庫, 長興, 長

3. 시기구분

분청사기는 크게 네 시기로 구분되는 바,
전기(발생기 : 1360~1420) : 고려 상감청자의 변모, 상감·인
　　　　　　　　　　　　화분청의 발생.
중기(발전기 : 1420~1480) : 상감·인화분청의 발전. 조화·
　　　　　　　　　　　　박지분청의 발생.
후기(쇠퇴기 : 1480~1540) : 상감·인화분청의 쇠퇴.
　　　　　　　　　　　　조화·박지·철화·귀얄·덤벙
　　　　　　　　　　　　분청의 성행.

말기(소멸기 : 1540~1600) : 귀얄 · 덤벙분청의 소멸.
이 그것이다.

결국 상감 · 인화분청이 조선 초기부터 거의 동시에 제작되었고, 이어서 박지 · 조화 · 철화 · 귀얄 · 덤벙분청의 순으로 발달하였음을 보여준다. 15세기 중엽에 이르면 상감 · 인화 · 조화 · 박지분청 등이 더욱 세련되어 갔고, 철화 · 귀얄 · 덤벙분청은 15세기 후반에 성행했다. 16세기에 들어오면 귀얄분청과 덤벙분청이 더욱 증가한다. 따라서 무늬보다는 백토분장이 주가 되고 차츰 태토와 표면분장 상태가 백자화 되어 간다. 더욱이 중앙 관요의 영향이 지방으로 파급되어 백자의 생산이 계속 증가되는 16세기 중엽 이후부터 분청사기는 생산이 급격히 줄어들었고 임진왜란 이후에는 백자가 조선 도자기의 주류를 이루었다.

II. 백자白磁

조선시대에는 어기御器 · 왕실용기王室用器 · 제기祭器 등에 백자를 전용하였는데, 이는 유교사회로서 항상 규격화된 엄정한 용기가 필요했기 때문이었다. 따라서 국가적인 차원에서 좋은 백자를 만들기 위한 양질의 백토 확보에 고심했으며, 일단 채취된 백토도 시험 번조 후 합격된 것만 사용하는 등 좋은 색의 백자를 만들기 위해 많은 노력을 경주하였다.

1. 연질백자軟質白磁와 경질백자硬質白磁

조선시대 백자는 크게 두 종류로 나뉜다.

하나는 고려시대 백자의 계통을 이은 연질백자로 경상도지방을 중심으로 제작되었다. 주로 순백자와 상감백자에 그 예가 많다. 태토는 석고백색石膏白色이고, 표면발색은 옅은 상아색象牙色으로 부드러운 감이 있다. 맑고 투명한 유약이 시유되었으나 미세한 유빙렬釉氷裂이 있으며, 유약의 박락剝落이 쉽다.

다른 하나는 중국에서 원말·명초에 제작되기 시작한 소위 추부계樞府系백자의 영향을 받아 생겨난 경질백자로 기형의 곡선이 세련되었으며 관요가 있던 경기도 광주지방 가마에서 주로 만들어졌다. 조선시대 전기에 제작되던 두 종류의 백자 중 고려백자의 맥을 잇던 연질백자는 15세기경 그 생산이 중단되어 16세기 이후부터는 경질백자가 주류를 이루어 오늘에 이르고 있다.

2. 특징 및 종류

조선시대 백자의 특징은 기본적으로 백색에 있다. 즉, 아무 문양이 없는 청정무구한 순백자의 기품이 조선백자의 가장 드높은 아름다움이며, 또한 특징이다.

백자의 또 다른 특징으로는 너그러운 둥근 선을 들 수 있다. 조선시대 백자의 기교 없는 단아한 선의 흐름은 엄정하면서도 포용력 있는 넉넉함을 내포하고 있다.

한마디로 조선백자는 기형과 문양의 지나친 기교나 실용과 기능에 벗어나는 예가 없으며, 언제나 단순·간결한 데서 아름다움을 찾았다. 그러한 백자들은 문양을 시문하는 방법에 의해 아래의 종류로 나뉜다.

1) 순백자純白磁

문양이 없는 백자. 조선 초부터 말까지 백자의 큰 줄기는 순백

백자호 – 높이 41cm

자로, 순도 높은 백색 태토에 투명한 석회유를 씌워 고화도에서
번조한 백자이다. 15세기 전반은 조선백자의 발생기로 볼 수 있다.

2) 상감백자象嵌白磁

고려시대 청자의 상감기법이 조선시대의 백자에 남은 것이다.
표면에 문양을 새긴 후 자토赭土를 감입하여, 문양이 검게 나타나
는 백자이다. 15세기까지 많이 생산되다가 이후 거의 생산이 중

백자상감 연당초문발 – 높이 8cm

청화백자 화조문호
– 높이 16cm

단되었다. 상감백자는 경기도 광주지방의 15세기 가마터에서 주로 발견된다.

3) 청화백자青華白磁

산화코발트 안료를 사용하여 문양을 그려, 문양이 푸른색을 띠는 백자이다. 세종때에 중국 청화자기의 유입 기록이 있으며, 당시 중국 명에서는 비싼 안료로 제작된 청화백자의 국외반출을 금지시키고 있다. 수입 청화자기에 익숙해있던 국내 소비층을 위해 세조때에는 국내산 청화백자 제작을 위해 노력하였다.

청화백자 운룡문호 − 높이 52cm

4) 동화백자銅畵白磁

산화동 안료를 사용하여 문양을 그려, 문양이 붉은 색을 띠는 백자이다. 동화기법은 12세기 이후 청자에서 부분적으로 이용되었고, 조선시대에는 18~19세기에 지방 가마에서 주로 쓰여졌다. 동화백자에 등장하는 문양소재는 불교적인 내용이 많으며, 색을 내기가 어려워 자주 사용하지는 않았다.

백자동화연화문항아리
— 높이 30cm

5) 철화백자鐵畵白磁

산화철 안료를 사용하여 문양을 그려, 문양이 검은 색을 띠는 백자이다. 고려시대의 철화청자나 15세기~16세기 철화분청도 같은 시문기법을 사용한 것이다. 백자에서는 17세기에 들어서 본격적으로 제작되었다. 철화백자에는 특히 한국적인 해학을 엿볼 수 있는 문양소재들이 많이 사용되었다.

백자철화 매죽문호
— 높이 40.5cm

* 백태청자白胎青磁

일명 조선청자. 고려시대의 청자와는 다른 것으로, 순백색 태토에 철분이 함유된 청자유약을 씌워 만든 것이다. 관요에서 백자와 같이 만들었으며, 기형은 백자와 거의 같다. 광해군 8년(1616)의 '대전大殿에서는 백사기를, 동궁東宮에서는 청사기를 사용한다.' 는 기록에 의해 동궁에서는 조선청자를 썼던 것으로 여겨진다. 17세기까지 제작되었던 기록이 남아 있다.

조선청자호 – 높이 23cm

3. 시기구분

백자의 시기구분에는 여러 가지 구분방법과 의견이 있으나 여기에서는 경기도 광주지방에 설치된 관요官窯에서 생산된 백자의 변천에 의해 전기·중기·후기로 나눈다.

1) 전기(1392~1600)

15세기 초에는 광주지역에 아직 관요가 설치되지 않아, 국가에서 소용되는 자기는 각 지역에서 공물로 받아 사용했고, 남아있는 자기로 보아 백자보다는 분청사기가 더 비중 있게 제작되던 시기였다. 하지만 세종대인 15세기 전반기에는 백자를 어기御器로 전용할 만큼 우수한 백자도 만들어졌다.

『경국대전經國大典』에 의하면 세조 13년(1468) 사옹방이 사옹원으로 개칭되면서 사옹원 소속으로 380명의 사기장이 등록되었다. 이때부터 토산공물로서 자기를 조달하던 방식에서 탈피하여 국가가 직접 가마 운영에 개입하여 순백자 · 청화백자 · 상감백자 · 조선청자 등 필요한 자기를 만든 것으로 여겨진다.

전기의 백자는 기선器線이 부드러운 곡선을 이루며, 너그러운 양감이 있어 안정감과 기품이 있다.

청화백자는 1460년대에 국산 청화안료를 구하기 위한 기록이 있는 것으로 보아 세조 이전부터 생산되기 시작한 것으로 추정된다. 초기 청화백자의 문양은 명 청화백자의 영향이 짙은 보상당초문계통이 주류를 이루나 점차 송죽 · 매조 · 매죽같은 회화형태로 변한다.

16세기에는 회백색과 백색의 백자가 혼재하며, 명기明器제작이 많아진다. 15세기~16세기 백자가마터인 광주군 번천리 · 도마리 · 우산리 지역에서는 굽 안바닥의 유약을 긁어 쓴 '天 · 地 · 玄 · 黃 · 左 · 右 · 別' 등이 있는 자기편이 수습되었다.

2) 중기(1600~1751)

임진왜란 이후부터 관요가 더 이상 이동하지 않고 현재의 분원리分院里에 자리 잡는 1752년 이전까지의 시기이다. 전기에 비해 세장준수細長俊秀해 지며, 풍만한 항아리도 구연부와 몸체에서 끊고 맺는 맛을 풍기며 면을 대담하게 쳐서 각이 진 형태가 많다.

17세기에는 회백색의 백자가 많이 제작되며, 청화백자를 대신해서 철화백자의 생산이 늘어난다. 문양은 전기와 달리 해학적이거나 간략한 사군자 등이 시문된다.

17세기 후반~18세기 중엽까지 백자는 좋은 태토를 구하기 위하여 노력한 결과 설백색雪白色을 띤다.

18세기에 들어서면 백태청자의 생산이 중단되고 청화백자의 생산이 다시 활발해지며 문양에서 패랭이, 난초 같은 작은 꽃이 많이 시문된다.

3) 후기(1752~1884)

현재의 광주군 남종면 분원리로 관요가 옮긴 후 민영화되는 1884년까지로, 처음에는 중기의 최종 가마인 금사리요 백자와 비슷하지만 나중에는 점차 대중화와 대량생산의 과정을 보여준다.

청화백자의 생산이 대폭 증가되며, 철화백자의 생산이 아주 줄어들어 지방민요에서의 생산은 거의 없고 중앙관요에서도 특수한 경우에 아주 희귀하게 제작되었으며, 그 대신 동화백자의 생산이 많아진다. 후기에는 일상생활 용기 외에 문방구 · 제기 · 화장용기 등 특수한 용도의 기종들이 중기 후반부터 세련되기 시작되어 괄목할 만하게 발전하였다. 특히 문방구류가 다양해져 서민문화의 확대를 엿볼 수 있으며, 유리유의 사용과 함께 철유자 · 흑유자의 생산이 많아진다.

∎참고문헌∎

姜敬淑, 『粉靑沙器硏究』, 一志社, 1986.

鄭良謨, 『韓國의 陶磁器』, 文藝出版社, 1991.

尹龍二, 『韓國陶瓷史 硏究』, 文藝出版社, 1993.

국립제주박물관 문화총서 **3**

조선시대의 중앙과 지방

초판 인쇄일 2004년 8월 5일
초판 발행일 2004년 8월 10일

편   자 국립제주박물관

발행인 김 선 경
발행처 **서 경**
 서울특별시 종로구 동숭동 199 – 15(105호)
 TEL : 743 – 8203
 FAX : 743 – 8210
 E-mail : sk8203@chollian.net

등록번호 1-1664호

값 14,000원
ISBN 89 – 86931 – 72 – 9(93900)

＊잘못된 책은 교환해 드립니다.
＊저자와의 협의하에 인지는 생략합니다.